中国博士后科学基金第62批面上项目（2017M621374）研究成果

宁波市哲学社会科学地方政府研究基地课题"宁波市'最多跑一次'深化改革研究"（JD18DZF-2）成果

政府治理现代化研究

ZHENGFU ZHILI XIANDAIHUA YANJIU

吕承文 著

中国社会科学出版社

图书在版编目(CIP)数据

政府治理现代化研究/吕承文著. —北京：中国社会科学出版社，2019.11
ISBN 978-7-5203-3842-4

Ⅰ.①政⋯ Ⅱ.①吕⋯ Ⅲ.①国家行政机关—行政管理—现代化管理—中国 Ⅳ.①D630.1

中国版本图书馆 CIP 数据核字（2019）第 000458 号

出 版 人	赵剑英
责任编辑	田　文
责任校对	张爱华
责任印制	王　超

出　　版	中国社会科学出版社
社　　址	北京鼓楼西大街甲 158 号
邮　　编	100720
网　　址	http://www.csspw.cn
发 行 部	010-84083685
门 市 部	010-84029450
经　　销	新华书店及其他书店

印　　刷	北京君升印刷有限公司
装　　订	廊坊市广阳区广增装订厂
版　　次	2019 年 11 月第 1 版
印　　次	2019 年 11 月第 1 次印刷

开　　本	710×1000　1/16
印　　张	16.5
插　　页	2
字　　数	238 千字
定　　价	89.00 元

凡购买中国社会科学出版社图书，如有质量问题请与本社营销中心联系调换
电话：010-84083683
版权所有　侵权必究

前　言

党的十九大报告指出，在第一个阶段，即从 2020 年到 2035 年，法治国家、法治政府、法治社会基本建成，各方面制度更加完善，国家治理体系和治理能力现代化基本实现，且现代社会治理格局基本形成。这说明目前在离 2035 年还有短短十几年的时间里，对于中国政府而言，迅速实现治理现代化目标的挑战是巨大的，但又是前景宏大的。只有政府的治理能力不断提升，乃至全面实现现代化，才能高效地增长中国作为现代国家的治理绩效，并促使我国政治—行政体制的日益完善。

正是由于这个宏大目标的提出，我们才有必要去深刻且认真地对待政府治理体系完善及其能力提高问题，随着政府公共管理任务的日益繁重，传统的统治职能已表现得并非那么突出，反而，在现代国家与社会之间的良性互动之中，被赋予了越来越多的社会治理职能，在治理方面越来越强调柔性治理取代硬性治理、社会治理取代政治管理、人性治理取代机械治理等基本特征。

本书是由笔者多年来关于本科及 MPA 研究生教学上课的讲义及发表相关主题的文章，整理而成，主要关于政府治理及其制度变革方面的论述，包括了官僚制、政府治理、政府绩效、网络政府、政府权力等相关主题。考虑到政府治理现代化是我们国家自党的十八大以来提出的时兴课题，对其密切关注与深入研究将有利于为我国现代政府体制形成及完善提供一定的思路与启示。

本书所涵盖的部分章节原是在公开期刊上发表的独立文章，这些期刊主要包括《福建行政学院学报》《领导科学》《管理学刊》

《理论研究》《大连干部学刊》及《新华文摘》、中国人民大学复印报刊资料《公共行政》与《管理科学》。由于得到上述期刊的支持，本书中不少的内容得以提前面世，笔者深表感谢。

我国是一个拥有数千年历史之久的传统的古典文明国家，以致在现实发展过程中出现了辩证的矛盾困境：一方面，传统政治思想包袱给政府现代化治理进程带来一定的困境，这意味着我们可能需要用最短的时间去完成西方国家曾经花上数百年的时间才能完成的治理现代化的任务；另一方面，传统政制也是我们的政治制度源头，同时也给我们政治—行政体制的完善提供了无尽的历史文化宝藏，对其充分且有效地发掘，将有利于我们走出困境、推进治理现代化进程。

西方中世纪以后的这段岁月里，发生了决定欧洲近代崛起的两件标志性历史事件：一是文艺复兴，文艺复兴在政治思想层面最重要的做法是罗马法复兴，这把原本愚昧落后的欧罗巴大陆引入宪政民主的先进文明时代；二是宗教改革，基督教也是西方文明中不可忽视的政治遗产，其对西方政治文明的发展具有不可估量的价值，通过对基督教的人本意义回归确保了宗教符合政治改革的价值目标。从法治角度来看，"西方法制现代化的进程首先表现为法律的形式主义运动。这一运动之所以首先在西方兴起，是有其深厚的社会基础的。……西欧中世纪晚期的市民社会构成了进度西方法律形式主义运动赖以生成和发展的重要社会基础"[1]。

罗马法复兴推动了西方的近代崛起进程的结果，是由其政治制度在当时领先于世界决定的。历史总是可不可思议地重现，暗示任何政治活动及现象背后都会受到相同的或相似的规律左右和支配。中国人猛然觉醒自己的政治制度落后于西方是在清朝以后，也恰是在西方人凭借船坚炮利的淫威恐吓中国屡屡得逞之时。救弊拯危的良方无非复古与效仿两途，可是盲目地移植西方政治制度所导致的后果是民初中国的邯郸学步，至今贻害不浅。如果忘记了自己的政

---

[1] 公丕祥：《法制现代化的理论逻辑》，中国政法大学出版社1999年版，第162页。

治制度渊源是极其不利于本国的政治建设的。

"中国历史上历次试图对政治制度进行重大改革，无不借用《周礼》，或对之加以新的解释。"[1] 诸如，历史上均地处西陲的秦国与北周在对华夏传统文明继承几至断层之时主动采用了一条复古加变革的政治改革路径，这是一条趋近于保守与激进之间理性改革之路，确保了政治改革在不偏离国情轨道的前提下取得了令世人瞩目的制度成功——前者孕育秦汉帝国，后者催生隋唐帝国。

商鞅变法是中国历史上仅有的一次改革成功经验。彻底的变法难免会带来国家肌体的阵痛，但是对于治愈国家沉疴宿疾却是有着长远功效。其他历代改革，却终究损折在社会既得利益阶层的个人私心之中，这些人不愿放弃眼前如浮云般的既得利益，最终不得不被仓皇赶下政权神坛。一如后世的唐之杨炎"两税法"改革、宋之王安石青苗变法、明之张居正"一条鞭"变法、清之李鸿章与张之洞的洋务运动，不仅变革只涉足经济领域，而且改革初衷也被狭隘地定格在"解决当下问题"之上，一旦难关渡过则当权统治者又开始不思进取，这是历代改革不彻底的顽症固瘤所在。原因何在？恰如西汉时期有人总结得那样：

> 治国有常，而利民为本；政教有经，而令行为上。苟利于民，不必法古；苟周于事，不必循旧。夫夏、商之衰也，不变法而亡；三代之起也，不相袭而王。故圣人法与时变，礼与俗化。（《淮南子·氾论训》）

由是，当年主持清末修律的清廷大臣沈家本就以为中西法"道理自在天壤，说道真确处，古今中外归为一，不必左右袒也"[2]。换句话说，"所以如果为了时髦而放弃固有的，坚强的道理传统

---

[1] 韦庆远、柏桦：《中国官制史》，中国出版集团2006年版，第8页。
[2] 转引自马小红等编《中国法律思想史研究》，中国人民大学出版社2007年版，第18页。

思想，代以外国输入的思想，那将铸成一个重大错误"①。秦国强盛始于彻底变法，而有宋则毁于局部变革。原先作为中华封贡体系成员的日韩诸国曾举国辍朝痛哭"宋以后无华夏，明以后无中国"，岂不是它们目睹中国改革不成、国力日削之缘故？近百年来的屈辱史决定了中国首要的政务依然是政制改革。没有一整套先进于世界且与本国国民精神信仰相匹配的政治制度，"国家不可战胜于朝廷"，即便是中国拥有遥领世界一时的科技技术，亦未能够扬国威于海外、立自尊于世界。

故而，《淮南子》总结道：

> 耳不知清浊之分者，不可令调音；心不知治乱之源者，不可令制法。必有独闻之耳，独见之明，然后能擅道而行矣。夫殷变夏，周变殷，春秋变周，三代之礼不同，何古之从！大人作而弟子循。知法治所由生，则应时而变；不知法治之源，虽循古，终乱。（《淮南子·氾论训》）

改革是一种旨在全面或局部调整社会利益关系的政治活动。那么，中国改革就是已然或者即将发生在中国境内但影响范围可能会跃出中国国境的政治调整活动，其基本内容是由我国独特的国情属性和人文社情决定的。从历史的源头中把握我国政府治理的基本规律，将有助于我们快速推进治理现代化目标的实现。而且，现代民主政府的一个核心价值是"回应"，即政府行为能达到"与人民的偏好相一致"②。通过公众的参与来巩固政府的外在约束机制使得政府的公共行政行为能够真正形成制度性的边界，在根本上保障了人本理念在现代治理过程中得到真正的制度体现。作为现代治理的逻辑起点，人本导向对政府与民众双方都提出了必然的公共行动要

---

① 王健：《西法东渐——外国人与中国法的近代变革》，中国政法大学出版社2001年版，第479页。

② ［美］劳伦斯·迈耶：《比较政治学》，罗飞等译，华夏出版社2001年版，第36页。

求,使二者能够在理性的引导下通过国家规则的力量(即法治)来解决社会中各种利益矛盾问题。习近平总书记指出,"中国特色社会主义进入了新时代"。而且,当下的转型期意味着我们的社会正面临着传统与现代、东方与西方之间更替与交织的困境,我们的政府治理也由此正处于半现代化的历史阶段。因此,如何在21世纪中叶之前有效且快速地推进我国政府治理现代化目标的实现将成为时下一个关键而又迫切的研究命题。

目　　录

导　论 …………………………………………………… (1)
 第一节　基本概念 ………………………………………… (1)
 第二节　学术回顾 ………………………………………… (3)
 第三节　研究框架 ………………………………………… (7)

第一章　政府治理现代化的组织架构 ……………………… (12)
 第一节　官僚制的理论模型 ……………………………… (12)
 第二节　官僚制的信息交互 ……………………………… (29)
 第三节　政府编制管理与改革 …………………………… (39)
 第四节　行政服务中心改革思考 ………………………… (48)

第二章　政府治理现代化的权力基础 ……………………… (68)
 第一节　政府治理的权力困境 …………………………… (68)
 第二节　权力清单制度 …………………………………… (77)
 第三节　政府与社会组织管理法治化 …………………… (81)

第三章　政府治理现代化的职能定位 ……………………… (92)
 第一节　服务型政府构建 ………………………………… (92)
 第二节　服务型政府的角色定位 ………………………… (107)
 第三节　政府管理与精准扶贫 …………………………… (114)
 第四节　政府社会管理职能 ……………………………… (123)

第四章　政府治理现代化的方式转型 …………………（132）
  第一节　运动治理 ……………………………………（132）
  第二节　法治治理 ……………………………………（140）
  第三节　基层协同治理 ………………………………（154）
  第四节　宁波基层治理创新案例及其特点 …………（161）

第五章　政府治理现代化的科技革命 …………………（174）
  第一节　从电子政府到网络政府 ……………………（174）
  第二节　网络政府的审视 ……………………………（185）
  第三节　网络政府的利弊 ……………………………（191）

第六章　政府治理现代化的激励机制 …………………（198）
  第一节　政绩导向的困境 ……………………………（198）
  第二节　政绩驱动失灵 ………………………………（204）
  第三节　政绩评估机制 ………………………………（210）
  第四节　政绩机制法治化 ……………………………（216）

第七章　结论与思考 ……………………………………（224）

参考文献 …………………………………………………（236）

后　记 ……………………………………………………（253）

导　　论

党的十九大报告指出："从二〇三五年到本世纪中叶，在基本实现现代化的基础上，再奋斗十五年，把我国建成富强民主文明和谐美丽的社会主义现代化强国。"政府治理是国家治理中的一个重要组成部分，与制度设计（立法体系）、司法裁决、政治监察等共同构成了国家治理的基本内容。如果将政府视为广义的概念而非狭义的行政内容，则政府治理与国家治理的内涵与外延基本就趋同了。在平行的时空中，与政府治理紧密关联的概念主要有"政府治理体系""政府治理能力""政府治理现代化"。这些概念之间存在的逻辑是，须先拥有一个完整而健全的政府治理体系，后才会出现一个行动高效的政府治理能力，也即意味着政府治理由传统向现代转型，实现现代化的过程。这种逻辑也是学者杨光斌（2017）认为的"体制吸纳＋制度整合力＋政策执行力"的范畴，由宏观而微观地界定了一个政府治理的视域。

第一节　基本概念

在治理国家事务和社会公共事务的过程中，政府治理致力于最大化地增进公共利益、服务社会公众。政府治理体系是直接决定政府能否实现最大化地增进公共利益、服务社会公众的政府治理目标的功能结构。政府治理能力的强弱，关乎政府合法性是否持久，关乎政府能否有力地调节经济社会，关乎政府能否让老百姓安居乐业和享受较高的社会福利。新时期，政府治理及其体系的根本发展目标是政府治理现代化。

政府治理体系

政府治理体系意指政府作为主体所要实现的公共治理目标的制度要素构成，可以包括治理赖以实现的公共目标、治理手段、治理方式、治理效果等。政府治理体系其实是一种制度化的政治现象，它自身的程序耦合度越强，那么，政府治理体系的完整及健全程度就越高，从而决定了一个国家的治理效果状态。分析政府体系应以政府自身的官僚体系为抓手。

在政府治理体系中，公共目标一般是多元的，可以是政治的合法性追求，也可以是经济的赋税收支均衡，还可以是社会的繁荣与民意汲取，甚至是生态的环保效果实施等。不同的公共目标决定了政府治理体系的构造差异性。政府治理体系中关键的政绩机制也在其中发挥着重要的影响作用。为了获得理想的治理手段、方式及效果，人们为政府量身定制了许多办法与方案，比如，协同治理，以克服传统政府、官僚结构的碎片化问题；而"互联网+政府"不仅实现了政府上网，充分利用到了网络便利条件，还使得政府公共服务出现了更多的现代化特征。

政府治理能力

如果采用政治学的系统论观念，在"结构—功能"视角下，政府治理能力可视为结构，政府治理体系的功能表现，二者皆可以作为理论分析，还可以从现实情况展开调查，意在通过比较找出理论与现实之间的差距，更好地推进制度的更新与完善。

政府治理能力可以由不同的表现要素（指标体系）来体现，至于是否可以简化为政绩体系，则本身就存在着较大的争议，传统政府的追求是国家税收汲取与社会稳定（特别是治水），而随着社会的时代变化，政府的公共服务职能日益突出，于是，衡量政府治理能力的大小强弱，也不再局限于政治维度，还应包括多元的经济、社会、生态等维度。

政府治理现代化

正如亨廷顿所说,"现代化带来稳定,现代性导致不稳定",政府治理现代化就是通过相关的制度设计及变革来克服现代社会中的现代性不稳定问题,实现治理现代目标。政府治理现代化的逻辑从传统政府治理中衍生与演化而来,因此,就包含着政府治理体系与治理能力的现代化,即由传统到现代的转型。这需要首先解答传统政府治理困境问题,然后才能更好地思考传统政府如何向现代化治理转变的方案。

政府治理现代化是一个超时空的政治问题,即意味着一个漫长的经历过程。任何一蹴而就的念头和做法都会导致政府治理由于"待产期"不足而出现"早产",甚至"流产"的悲剧。政府治理现代化这个命题涉及传统政府治理与现代政府治理,由于不同时期、不同阶段的政府治理的重点与焦点所在不一,前者侧重于政治性的征服与统治;后者偏向于社会性的管理与服务,故而,政府治理现代化非常具有时代的必要性,即将传统的硬性管理转化为现代的柔性治理。正所谓一切治理的奥秘恰在于人心。只有深刻地把握了人心,政府治理才能顺畅地推进自身的深化变革。

第二节 学术回顾

改革开放 40 年来,尤其是进入 21 世纪后,我国经济社会取得了突飞猛进的发展,其中,政府强大的治理能力发挥了不可替代的主导作用。治理能力学被应用到公共事务的解决领域由来已久,政府治理能力已成为最重要的议题之一。截至 2017 年,中国知网上显示以"政府治理"为关键词的文献有 43751 篇;以"政府治理能力"为关键词的文献有 23161 篇;以"政府治理体系"为关键词的文献有 25869 篇,而以"政府治理现代化"为关键词的文献则有 8768 篇。学界最早探讨"政府治理现代化"命题是在 1989 年,可以追溯到高狄在《党政论坛》上发表的《治理现代化的国家必须有完备的法律》一文。

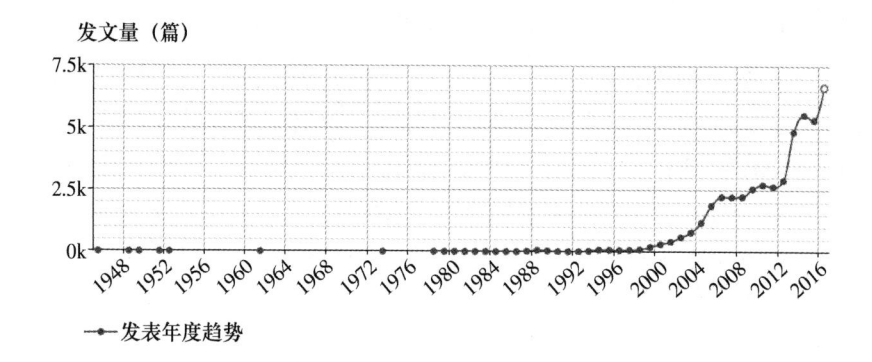

图 0-1 中国知网"政府治理"方面的文献发表情况

表 0-1　　　　近五年相关主题的发表情况

| 政府治理 || 政府治理体系 || 政府治理现代化 ||
年份	数量/篇	年份	数量/篇	年份	数量/篇
2013	2879	2013	1870	2013	344
2014	4835	2014	3338	2014	1509
2015	5519	2015	3777	2015	1906
2016	5322	2016	3908	2016	1888
2017	4551	2017	2500	2017	1281

一　政府治理能力的概念

20世纪80年代末，治理理念在西方新公共管理运动中诞生。政府治理能力是在该理论兴起之后，运用它研究政府在"多中心治理"体系中能力和作用的一个全新概念。关于政府治理能力的定义，虽然目前学术界还没有完全统一和明确，但是有研究者对政府治理能力作出过类似相关的界定尝试。

在总结了前人所作研究的基础上，李献策（2010）给出了自己的定义，他认为政府治理能力是指政府在多元治理时代的网络治理体系中，治理国家事务和社会事务所具有的潜在的或现实的能量和力量，是政府治理的质量和水平的综合反映。易学志（2009）则认为政府治理能力的含义可以归纳为政府治理国家事务和社会公共事务所具有的能量和力量，而且这种治理所要达到的境界是善治。李穆基（2005）认为政府治理能力就是在各种不同的制度关系中运用权力去引导、控制和规范公民的各种活动，以最大限度地增进公共利益所具有的能力。此外，胡鞍钢、魏星（2009）依据世界治理的指标作了实证研究，在他们的成果中，治理能力被认为反映了政府治理行为的水平和质量，是对政府治理模式稳定性、有效性和合法性的直观度量；较高的治理能力意味着政府对经济社会运行具有较强的调节能力，能够较好地规避市场失灵，提高社会成员的总体福利水平。

二 政府治理能力的构成要素

针对政府治理能力的构成要素问题，不同的学者对国家治理体系给出了不同的答案。经过分析与综合，笔者认为研究者们从以下几个方面阐述了政府治理能力的构成要素：（1）政府治理能力与善治。俞可平（2008）对善治理论作了比较客观科学的研究，认为善治的基本要素有十个方面，即合法性、法治、透明性、责任性、回应、有效、参与、稳定、廉洁和公正。（2）政府治理能力与政府职能。李献策（2010）认为，如果从一个政府各个方面的能力来分析政府治理能力的话，政府的治理能力主要由以下八项构成：政府权力的行使方式以及范围、政府财政能力、政府诚信力、公务人力资源能力、制度安排能力、政府的公共政策能力、统筹经济社会发展能力、提供公共物品和服务的能力。梁学轩（2006）则从政府职能所包含的问题角度，即一个政府各个方面的能力来分析政府治理能力的构成。基于此，他认为政府治理能力主要由以下各项组成：政府权力的大小以及行使方式、公共财政能力、人力资源能力、政府公信力、政府的公共政策能力、制度能力、统筹社会发展的能力、提供公共物品的能力。（3）政府治理能力与政府能力。俞可平（2008）将政府能力划分为十个方面，即市场规制能力、公共服务能力、公共政策执行能力、信用能力、软环境维护能力、人力资源开发能力、生态平衡能力、社会公正与秩序维护能力、危机处置能力、制度创新能力；还有的学者，如高洁（2004）认为，政府能力主要由资源提取能力、价值分配能力、社会调控能力、合法化能力、内部协调能力和管制能力六大要素构成。政府治理能力的主要构成要素可以从多个方面来划分。从内容上来划分，可分为政府政治治理能力、经济治理能力、文化治理能力、社会治理能力；从我国政府当前履行的主要职能来划分，则可以分为经济调节能力、市场监管能力、社会管理能力和公共服务能力；按照政府过程来看，政府治理能力包含决策和计划能力、执行能力和监督能力。

三 政府治理能力的评价标准

治理理论诞生后，其重要性得到了越来越多人的认同。为了实现理论支持并服务于决策的目的，国内外的一些国际投资者、发展分析师、专家学者乃至援助机构提出了一些具体的指标来衡量政府的治理能力，使得治理理论更具可操作性。国内外学者对政府治理能力评价标准的探讨主要可以归结为如下内容：克里斯蒂娜·阿恩特和查尔斯·欧曼（2007）在他们的合著《政府治理指标》中介绍了四种常用的政府治理指标——国际国别风险指南的治理指标、自由之家的治理指标、透明国际的治理指标和世界银行的治理指标。关于判断政府治理能力的路径，王敬尧（2010）则认为治理能力是判断地方政府治理绩效的重要指标。

四 增强政府治理能力的路径选择

俞可平（2008）认为，政府能力建设，应当从以下三个方面着手进行：一是积极推动政府改革与创新；二是大力促进市场经济与公民社会的发展并与之建立合作伙伴关系；三是主动参与国际竞争与合作。提高基层治理能力，实现有效治理是各国政府治理改革的着力点。

杨雪冬（2011）认为，如果不能提高治理主体的能力，那么任何完美的设计或规划都无法实现；各级党委、政府都非常重视基层组织的能力建设，将其列入日常工作安排之中。钱振明（2005）则把具体的着眼点放在城市政府治理能力的提高上，城市政府必须通过自身"再造"，提高其治理能力，增进政府治理的有效性。黄晴、刘华兴（2010）认为应充分发挥"软实力"的积极作用，以提升我国地方政府治理能力。梁学轩（2006）认为西部地区的县市要实现超常规发展，就必须努力提升自身的治理能力。

五　简要评述

无论是在"新公共管理"时代，还是在"新公共服务"时代，政府在诸多领域中发挥主导作用将会是一个长期存在的现象。在此种情形下，各级政府不断根据周边环境的变化探索加强其自身治理能力的路径是今后必须抓牢、做好的一个重点。从上述学者们所做的相关研究来看，目前，学术界对政府治理能力已经做了不少的研究，表明政府治理能力的提升是大势所趋。通过对学者们所做相关研究的分析与综合，不难发现，政府治理能力某些领域的研究工作做得还是不够充分和完备。例如，学术界对政府在提升自身治理能力的过程中所面临的困境及遇到的阻力缺乏深入的分析和探讨，尤其是在持续了两千多年的农业税得以全面取消以及全国上下普遍要求基本公共服务能够惠及广大公众的大环境下，政府治理能力势必会遇到新的"拦路虎"。总而言之，政府治理能力是十分重要的，提升政府治理能力是时代的要求，这使得对其进行全方位、多角度的研究将成为应有的题中之义。

第三节　研究框架

政府治理在根本上是为了实现顺畅的国家的政治统治，对于国家而言，它的人口、政府（机构）、疆域等要素皆可在地图上静态地展现出来，但是，作为动态化要素——人心（文化）却无法通过一张图纸体现出来。因此，当代的时代性发展变化不只是给政府治理提出了更高的要求，还提出了全新的要求。把握和顺应这个时代变化，将意味着政府治理的现代化转型。

我们从政府的核心——官僚制理论开始进行检讨，考察其在政府现代化过程中的实际情形与影响，并作了一定的历史制度分析，简要考察了官僚制中的信息传播情况。政府绩效考核是历来的难题，取消与否都对政府的治理行为产生了严重的路径依赖。我国政府治理模式一直未摆脱运动治理的困境，从这里开始延伸出对政府服务的审视，并认真地结合现实案例反思此前兴起的服务型政府理论。随后，从权力清单制度开始，进而审视政府权力在政府体制的影响作用。政府社会管理须从人心把握，才能促进畅通有序的政民互动。网络政府虽然给政府治理及其体制变革带来了技术上的优势，但也存在着一定的弊端与困境。最后，本书从政府（国家）与社会互动的视角全面审视政府治理与变革问题，力图寻求政府治理现代化进程的规律、思路与启示。

政府治理现代化是中国政府在转型期面临的重大使命，同时也是首要难题。由于历史传统的影响，中国政府的传统式简单统治与管理方式在现实中存在严重的路径依赖。不同时期、不同地区、不同政府，均有不同的症状表现。改革开放40年来，中国无论是在政治上，还是在经济上都发生了天翻地覆的变化，这些变化对中国政府提出了迫切的从管理统制到治理服务的时代转变要求。东中西部地区不同地方经济社会发展差距客观存在，发达地区相对于后发地区的政治治理现代化程度较深，例如，浙江率先展开了以法治政府为目标的权力清单制度建设；当然，一些后发地区的政治发展潜力与制度创新热情并不比发达地区的政府低，例如，湖南、江西等地曾开展过政府法律顾问制度与行政程序条例建设，而且，力度要比习惯上被当作发达地区的江浙地区（江苏、浙江、上海）、珠三角（广州、深圳、珠海）等地还要积极。有时省级层面的高级地方政府由于具有较高的行政权威，率先推进各类治理现代化的制度创新，诸如权力清单就是由浙江省政府层面推行与实施的；也有低层

导 论

面的地方政府，如县、市政府，由于直面社会公众，所以对社会公共服务需求捕捉的敏感度特别强烈，早在20世纪90年代地处金华地区的义乌市率先开展了政务超市建设，这促成了日后中华大地轰轰烈烈的行政审批改革和行政服务中心建设。总而言之，中国政府治理现代化进程表现为全面法治建设的万花筒，多年来已积累了丰富又细腻的制度经验。

毕竟，政府治理现代化并非某一时期、某一地区、某一政府的事情，既不能一劳永逸，也不能由单一的政府去实现。在充分地总结与整理改革开放40年来的制度创新经验基础上，还应立足于全局性与整体性的全国制度建设布局。谋万年与谋朝夕，谋全域与谋一隅，本质上是辩证统一的。并且，由机制上升到体制、制度的高度是实现彻底的政治发展目的的必由之途。

官僚制是审视政府治理的首要逻辑立足点，体现了政府自身的组织架构与设计，它是政府赖以实现治理的制度保障。先前我们的官僚制理论舶于西方，理论范式若非马克斯·韦伯的理想模型，便是公共选择学派的行为主义模型，这些西方理论在一定程度上只可以解释中国政府与外国政府相似之处，但受到国情影响的不同之处也使得解释受到了种种限制。中国官僚制的历史渊源是商鞅变法以来的秦制，一种特别注重（政治）权力二分与制约结构，即行政与监察二分（军事依附于君主立法，而且本身并不是用来与行政权相制衡的）。

政绩问题是中国政府实施目标管理体系后的效率驱动产物，在近些年发挥了巨大作用，学界对政绩驱动的机理作了深刻的探讨，然而，正是由于现代社会的瞬息万变，采用了多年的政绩驱动机制就像汽车发动机一样进入了保养与维修的境况，如果它的运作机理得不到长足更新的话，政府在治理现代化过程中也会遭遇发展的困境。重新在绩效评估的学理角度上来看待政府的政绩机制，有利于还原政府的公平价值追求导向，恢复政府自身内在"权力民赋"的本质。

运动治理是革命年代紧密联系群众的法宝，由于革命自身的破坏性与政府（执政）内在的建设性之间存在矛盾与冲突，而且运动治理的行动无序性也与现代政府所赖以维系的法治稳定性之间更是冲突不止。运动治理对当代政府行动产生了巨大的路径依赖作用。从长远来看，中国政府亟须从公共服务的本质内涵出发，建构一系列法治化运作程序与机制，从而实现全面向现代政府的转型。政府社会管理、精准扶贫是当代政府治理行动的基本体现。政府在完成自身公共服务职能的同时，是否还需要将自己"有形的手"更进一步地延伸到社会之中，这也有待人们深刻去认识。

政府权力是政府治理的核心变量，也是法治政府建设的基本控制标的对象，即法治制约权力。行政管理学中有一条瓦格纳定律，即指行政权力扩张的判断法则，这是政府无法避免的自我膨胀规律与趋势，使得政府有了极大的制约与约束的必要。在政府权力的考察过程中，政府与市场、社会，政府内部中央政府与地方政府及各级政府之间会存在不同的利益博弈现象，政府作为治理者在行为与认知上都会产生一定的差异，这体现在人与制度之间的互动问题，同时也是法治政府亟须解决的根本问题。权力清单制度最早在浙江推行与实施，最终在中央政府的大力支持下，已向全国范围内进行了推广和应用；然而，权力清单解决的问题是权力的授予问题，至于核心的权力制约与监控、监督等问题并不是由一纸政府规范性文件就能解决的，赋权之后必是制权，须从不同级别的政府性质探究出发，也自然成了下一步推广权力清单制度的必经步骤。

政府组织是在转型期考察政府与社会、市场之间的关系，仔细审视政民之间的互动关系，以此作为实施职能设计与安排的依据，这是由政府治理现代化转型决定的。转型期，不少社会矛盾确实是由于政府不恰当的或者说是滞时的管理方式引起的，这时政府过分地重视行政效率而忘却了服务宗旨和公共目标。编制是解决政府组织架构的重要方式，不仅体现在人员及其素质的控制上，还表现在机构的制度建设方面，它是具有中国国情特色的公共部门人力资源管理活动。当前我国政府编制问题在于权限分散、重视前数据调控轻视后能力管控、监督权威缺乏等，致使编制背后存在着让人无法想象的行政机关膨胀的怪现象。政府组织规模的精简与"瘦身"应立足于整个国家行政体制的完善,从消除"懒庸贪顽"现象着手,首先推动基层的乡镇与社区实现公共服务化,采用便民服务中心替代一级政府管理机构的方式来进一步推进政府治理现代化。

网络政府的兴起是伴随着互联网信息技术发展的产物,从第一代的电子政府开始,实现政府上网,再到公共服务上网,实现"互联网+政府",推进了政府由"WEB 1.0"跨入"WEB 3.0"时代。在很大程度上,网络政府借助互联网实现了有限的政务公开,不少公共服务也可以在网上得到实时获取。问题是政府从一开始就把网络技术当作工具来对待,价值理性明显不足。直至2016年,浙江乌镇召开了世界互联网峰会,昭示了政府对待网络的态度,这也把"互联网+政府"捧到史无前例的高度。未来政府的发展方向需要利用好网络平台,建设互联网平台,通过"人机合一"的形式,为公众提供高效优质的公共服务。

在本书的末尾,我们对新时期政府治理现代化的基本规律进行了一定的总结,对未来政府治理蓝图进行了展望,认为应坚持"全面依法治国"方略,将"全心全意为人民服务"的宗旨深刻贯彻于治理体系及能力建设上面,并将党的"带领人民创造美好生活"的始终不渝的奋斗目标贯彻到底,在2035年到来之际迎接一个全新的、高效能的现代政府。

第一章 政府治理现代化的组织架构

官僚制从定义上来看，也称为科层制，是由于其中的科层结构设计的缘故，同时又与国家政治紧密联系，所以还被称为"官僚政治"或"官僚机器"。西方官僚制在理论模型研究总体上可分为经典的韦伯理想模型与现代的利益博弈模型，可是韦伯的理想模型追求理性却犯下了"官僚主义"弊端，利益博弈模型追求效率则难免忽略韦伯所说的（基督）文明价值。官僚制作为国家政权机器之一，需要切实履行政治统治与社会管理之职能。这启示新的官僚模型可以基于价值—规则—行动三大要素进行建构，并通过强化对与之密切关联的官僚集团及组织机构的政治约束，来实现官僚制中的公共权力符合精神价值的运作。这种精神价值一旦发生时代更新，就会导致官僚制变革的发生。其实，官僚制的根本变革路径是法治化，这决定了在合理抉择人的因素还是制度因素的情形下妥善安排官僚制的变革方式。

第一节 官僚制的理论模型

一 官僚制的定义

官僚制的提法是法国17—18世纪伴随其国家政权机器不断完善（世俗王权战胜宗教神权）而形成且成熟的历史制度产物。官僚制（bureaucracy）的英文单词源自于法语，在《牛津英语词源词典》中疑惑得到了解答①，最初（bureau）是指带有抽屉的书桌，后来延伸为官僚办公的所在地，即办公室，这也让我们很容易联想到现在写字楼里隔间式的办公布局。第一个使用"bureaucracy"术语的是法国经济学家 Vincent de Gournay（1712—1759），此后这个词被欧洲学者经常用来描述国家干预日益加剧情形下的行政管理。19 世纪 30 年代在英国开始流行，这个词在 Thomas Carlyle 看来无异于是"大陆来的骚扰"。

这后来在中文里被形象地翻译为"科层制"应当从词源查找起。首先这像是个古汉语词汇，即一个字一个意。"科"的意思为"官僚的品级"或者"政府法令"之义，后来延伸为"行政机关或某些机构的行政部门按工作性质分设的分属单位"②，而"层"的意思是"用于重叠、积累的东西"，可以作量词用，如"十五层的高楼"③，那么，两个词合起来在本书中的意思就是"政府机关中按照工作性质层叠设计有着相应品级的行政—政治单位"。这就使得被称为"官僚机器"的制度发明具有如此组织设计原则，即这种制度应当同时包括横向的专业分工和纵向的层级设置，是官职/官署品类（级别）及其分工性质的整体集合。

这种横纵向的综合划分原则在私人部门（企业）、第三部门可以体现为区域原则、产品原则、顾客原则、科研原则（横纵向划分都可以）等。而延伸到公共部门的政府，就一般有了特定的纵向区域原则与横向的工作原则两大类，所以就有了行政区划制度与行政层级制度，体现了官僚制的基本内涵与主旨精神。这也就是说如果从管理角度来看，官僚制才被当作"科层制"（这种组织形式也广

---

① 请参看"bureau"的词条：writing desk（书桌）；office；wollen stuff（木制隔间），baize（类似尼龙绸子布料），used for covering writing desk. so bureaucracy. 引自 T. F. Hoad《牛津英语词源词典》（*English Etymology*），上海外语教育出版社 2000 年版，第 54 页。

② 请参看"科"汉字在汉语字典中的解释——在线汉语字典，新华字典 http：//zd. chinesehelper. cn/159519. htm。

③ 请参看"层"汉字在汉语字典中的解释——在线汉语字典，新华字典 http：//zd. chinesehelper. cn/27267. html。

泛存在于非政府部门之中），而回到政治角度，官僚制才是官僚制，也可以被认为是一种"官僚政治"。

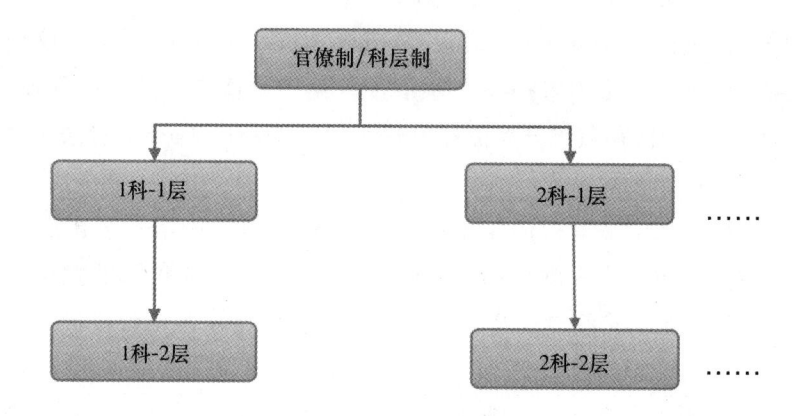

图 1-1 科层制的简易示意

1860 年 John Stuart Mill（《代议制政府》，第 40—41 页）认为，"政府工作掌握在专职统治者手中，这就是官僚政治的本质和含义"。

Gaetano Mosca 在《政治学原理》（*Elementi di Scienza Politica*，1895 年）中又将之称为"官僚政治"，并认为其对统治强大帝国来说是非常重要的。

Robert Michels 在《论现代民主制中的政党社会学》（*Zur Soziologie des Parteiwesens in der Modernen Demokratie*，1911 年）中把官僚制的概念由国家扩大到政党，他认为官僚政治是出于操纵一个庞大的管理上的必要，它增强了党内独裁的权力。

韦伯的理想化官僚制又被译作贬义化的"科层制"，正是科层组织一词常常含有效率低下含义的原因。R. K. Merton 在《科层结构与人格》（*Bureaucratic Structure and Personality*，1940）中指出，行政人员遵守科层制法规带来了繁文缛节、消极应付、僵硬刻板等各种官僚主义弊端，这也被 M. Crozier 称为《科层组织现象》（*The Bureaucratic Phenomenon*，1964 年），而科层组织则是指"不通过自己的错误来学会纠正自身行为的一种组织",这就是说"臭名昭著"的科层制效率低下的原因正是自身无法组织变革和自我完善。

西方学者在将科层制当作一种组织现象而非行政程序的认识上达成共识,由于官僚政治与专制帝国的关系十分密切,以致有时经常使用官僚政治来概括整个国家制度。科层组织与大型组织联系起来。国家根据科层组织原则建立了官僚组织或官僚机器,在整个社会生活的各类组织现象中占有统治地位。①

《布莱克维尔政治制度百科全书》中有关于"官僚/官僚制（bureaucracy）"的词条②：这是一个与君主统治、民主统治及贵族统治相区别的官员统治形式,官员的集合体系（官僚体系）及其运作机制。哈佛大学行政管理学院教科书也曾为"官僚制"作如下的定义：一种权力依职能和职位进行分工和分层,以规则为管理主体的组织体系和管理方式,也就是说,它既是一种组织结构,又是一种管理方式。③

二 官僚制的演化

关于官僚制的产生,人为的制度建构主义似乎有比制度演化主义更有说服力。从历史来看,官僚制中的组织与人很多时候是出于因人设职或因事设职的初衷,以致早期的一个官职就如同一个官僚组织。而按照韦伯的想法,官僚制产生的条件主要包括：一是货币经济的发展；二是行政管理任务的复杂化；三是现代经济的发展；四是现代国家机器的发展；五是社会等级分化。④

官僚制本身也如同一台机器,成为国家机器的重要组成部分,与

---

① 从密尔开始到附注地方的内容参见了百度百科——科层制的词条。（官僚制_百度百科 http：//baike. baidu. com/link？ url = xC2vvUl_ NQZI_ lqE_ zp4ee3g_ 85hUDldvXx DzOFYhHutXwXzWdZxbKhgOhIJ_ SxI0rM-WlYzZMayPtRmC-Cboq）

② [英] 韦农·博格丹诺主编：《布莱克维尔政治制度百科全书》,中国政法大学出版社 2011 年版,第 67 页。

③ 转引自曾繁正等《行政组织管理学》,红旗出版社 1998 年版,第 23 页。

④ 转引自沈荣华《地方政府学》,社会科学文献出版社 2006 年版,第 74—75 页。

社会政治经济的发展密切联系。尽管"一旦充分实行官僚制，就会形成最难摧毁的社会实体"①，但是"官僚制"因线性思维、机械化与形而上思维方式、理想化思维对民主产生严重损害②，这使得官僚制早已变成了人们眼中"由天才设计而由白痴管理的体制"。③

Michel Crozier（1964）狠狠地批判道："官僚组织就是无法从其错误中吸取教训来改正其行为的组织"④，奥斯特罗姆（1999）同样认为官僚组织是无效率的，并主张运用公共选择理论来改善公共部门。⑤ 休斯（2007）亦指出："由于官僚制的理性形式、不透明、组织僵化以及等级制的特性，使得它不可避免地会与民主制发生冲突。"⑥ 曼泽（Mainzer）的《政治官僚》，德沃温与西蒙斯（Dvorin & Simmons）的《从非道德到人性化官僚》以及布鲁斯与哈格（Bruce & Hagne）的《现代政府的责任困境》也认为官僚机构极易背叛公共责任，实际上蜕变为既不负责任也没有民主的政府治理。⑦

让"官僚制"臭名昭著的是那种与理性主义背道而驰的"官僚"及"官僚主义"，而非它自身的组织结构。"我们不必同情这个官僚等级制中的个人"，他们只不过是借此实现自己"上升的愿望或抱负"，而非"公共服务的责任心"⑧。那种可怕的"官僚主

---

① ［德］马克斯·韦伯：《经济与社会》下卷，商务印书馆1997年版，第309页。
② 彭新武：《官僚制：批判与辩护》，《福建论坛·人文社科版》2009年第9期。
③ 朱志松：《官僚制弊病的根源性分析》，《行政与法》2008年第3期。
④ Michel Crozier, *The Bureaucratic Phenomenon*, Chicago: University of Chicago, 1964, p.187.
⑤ ［美］文森特·奥斯特罗姆：《美国公共行政的思想危机》，毛寿龙译，生活·读书·新知三联书店1999年版，第67页。
⑥ ［澳］欧文·E. 休斯：《公共管理导论》，彭和平等译，中国人民大学出版社2007年版，第47页。
⑦ Lewis C. Mainzer, *Political Bureaucracy*, Illinois: Scott, Foresman and Company; 1972. Eugene P. Dvorin & Robert, H. Simmons, *From Amroal to Humane Bureaucracy*, San Francisco: Canfield Press, 1966. Bruce L. R. Smith, D. C. Hague, *The Dilemma of Accountability in Modern Government*, New York: St. Martin's Press, 1967.
⑧ ［美］戈登·塔洛克：《官僚体制的政治》，商务印书馆2010年版，第14、21页。

义"被描述为"早晚有一天世界上会充满了齿轮和螺丝钉式的芸芸众生，他们紧紧地抓住自己的职位，处心积虑、不顾一切地渴望沿着官僚化的等级层次阶梯往上爬，一想到这种可怕的前景就令人不寒而栗"①，杰拉尔德·E. 凯登（Gerald E. Caiden，1965）认为官僚主义还表现为官僚组织为达到低效率而必须付出的高代价，包括"狭隘的求同现象、称职但不出色的工作表现、难以忍受的一致服从"②。正是如此，官僚们处处想着个人利益，根本无心于公共事务，将各种难堪施加于原本供养他们的公众，导致了社会的愤慨与恼怒，甚至要对官僚制宣判"死刑"。因此，官僚制问题值得人们的深思与推敲。

官僚制模型的理论思考表现为现代保守主义对官僚制的捍卫与辩护促使原本对官僚的"死刑"宣判开始从轻发落的结局。对韦伯官僚制模型的批判在学界时有强声发出。自20世纪70年代末以来，在西方尤其是美国兴起的新公共管理运动，将传统公共行政学或者政治学中的官僚制批判得一无是处，甚至恨不得将之彻底扔入历史的垃圾桶中。

三 官僚制的相关模型

西方学界关于官僚制存在两种模型的讨论：

第一种是韦伯的经典模型。韦伯曾对"bureaucracy"下过一个著名的定义，即遵循职务法定、权能法定、严格等级制度、专业化训练、理性精神及合法权威等一系列组织原则理论体系。韦伯幻想的一种官僚体制是"实施统治形式上最合理的形式"，却很难在现实中找到完全实践的证据，结果被人们称作理想化的"官僚模型"（Bureaucracy Model）。韦伯的理想官僚模型明显借鉴了泰勒的科学管理与法约尔的科层管理的基本原理，因而它包括了以下四个方面内容：

---

① ［德］马克斯·韦伯：《经济与社会》上卷，商务印书馆1997年版，第247页。
② Gerald E. Caiden, *Administrative Reform*, *In Understanding Public Administration*, G. R. Curnow and R. L. Wettenhall edited, Sydney: Allen and Unwin, 1965, p. 181.

第一，理性权威。官僚制从形成的根源上来看是社会经济现代化的理性主义制度产物。同韦伯说的另外两种权威——克里斯玛型权威和传统型权威相比，理性权威最大的不同点就是能够确保受其规范的事物取得可以预期的效果状态，这样一来官僚制的运作就不会因人而异，真正得到了理性规则的约束。

第二，等级制度。科层结构是现代官僚制的一个最基本的本质特征。这种以等级制为内容的科层结构是一种垂直的由上到下的层层控制的体系形态。这种等级制度与理性权威存在着密切联系。官僚制对等级制的引入很大程度上是韦伯借鉴法约尔的科层管理理论的结果。

第三，专业分工。官僚制中的各类管理与事务岗位还存在异于纵向等级制的横向划分形态，即专业分工，这样可以被认为是可以取得泰勒所说的科学管理的高效状态，它包括了公私分开、专业化及专职化等基本内容。

第四，规则体系。官僚制的规则体系是一种以实用主义为导向的非人格控制规范官僚制运作的目的、手段、效果等的制度结构，也是让官僚制保持正常有效运转的核心物质。官僚制作为一种西方近代的政治制度设计，它的基本目标是协助国家进行有效的政治统治以实现合法性的提升。所以，这种规则体系本身就是一系列的足以确保整个官僚体系的运作处于一种可控状态的理性设计。

第二种是公共选择学派建构的博弈决策模型。这种官僚制模型是当代公共管理学界的重要理论成果，是基于经济人或复杂人的人性假设基础之上的博弈论分析框架。在这种模型框架中，人们重点考察的是官僚机器的决策功能，围绕这个研究目标，深入挖掘官僚的人性趋向和控制官僚机器的内部规则、促成官僚机器达成政治统治的外部规则（亦被称为制度）及它们之间彼此的互动关系自然成为了重点内容。

人在本能上会进行自利思考，只有在规则限制自利的情形下，人们才会产生必须先实现规则目标才能实现自身利益的管理意识。

规则的好坏正成为官僚制运作理性与否的根本。如果规则体系不足以将人性约束到既定目标的轨道上来，那么就会产生足以导致官僚机器低效乃至无效的派系倾轧、腐败堕落、搭便车等制度外部效应。反之，规则也可以引导人性朝向实现理性的制度正外部性效应——增进合法性与实现规则目标。

从学科发展的视角来看，公共选择学派从经济角度来看待官僚制问题创设了一门旨在研究官僚个人及组织行为逻辑的"官僚经济学"。在此学派中，主要代表有：图洛克（Gordon Tullock）的《官僚政治学》和唐斯（Anthony Downs）的《官僚制内幕》，20世纪70年代初尼斯坎南（William A. Niskanen）的《官僚制与代议制政府》，80年代布雷顿和温特比（Breton & Wintrobe）的《官僚行动的逻辑》等。[①] 美国学者尼斯坎南首先识别并定义了官僚的"个人"偏好，他认为："官僚们倾向于把以下事项看作进入公共部门的首要选择，即声誉、权力和选举资助。"[②]

官僚制本身还意含着两种足以破除韦伯理想主义的现实立足：一是官僚制的正常运作，只有先确保官僚顺畅运转才能驱使其实现规则目标；二是官僚制的人性约束，同时还必须保证对人性予以制约防范其阻碍规则目标的取得。因此，基于这样的思考官僚制还需要更切合实际的行动策略，如在西方盛行的"分蛋糕"理论。

在这种人性—规则博弈论基础上诞生的官僚制模型还存在四种子类别情形：

1. 讨价还价模型

所谓"讨价还价"（bargaining）是指"领导人之间相互控制的一种形式……领导人之所以进行讨价还价，是因为他们之间存在着意见分歧，但期待未来的协议可以达成，并且对自己有利可图……

[①] 马骏：《西方公共行政学理论前沿》，中国社会科学出版社2004年版，第105页。

[②] William A. Niskanen, *Bureaucracy and Representative Government*, Atherton: Aldine Press, 1974.

讨价还价意味着互惠"①。在这种理论上建立一种关于官僚制的"讨价还价"模型。这不仅可以反映官僚制的内部协调与沟通,也展示了官僚制与外部系统的社会和民众之间公共利益共识达成过程,或者说讨价还价的过程即"共识诉求"②。

2. 理性决策模型

"部门之间常常为了自己的价值最大化进行政策上的妥协或联合。"③ 官僚制内部会存在很多个多元化的利益群体,或一个组织一个利益共同体,或一个部门一个利益共同体,它们之间尽管在各自利益上存在分歧,但是为了确保整个官僚机器运转的大局和底线原则目标,必须做到理性的让步与妥协,这就催生了理性决策模型。

3. 各自为政模型

"这种多层次的决策系统比起中央部门单独决策而言,使得政策能更好地体现广泛的社会需求。"④ 这也可以被看成是理性决策模型的衍生类别,在集权条件下官僚机器内部存在部门利益化本来就会带来诸多潜在的权力截留风险,但在素有地方分权的西方人眼里,在多元社会中不同群体的利益博弈反而可以被乐观地看成是更能体现民主和公平的价值。

4. 竞争说服模型

政策研究机构的引入改变了中央与各部委之间的信息不对称状况,从而改变了双方讨价还价的力量对比。⑤ 这在一定程度上夸大了政策研究机构的作用。这是一种关于实现利益共识的行动策略,

---

① Dahl Robert A. and Lindblom, Charles E Politics, *Economics and Welfare*, New Brunswick, U.S.A: Transaction Publishers, 1992, p. 54.

② Kenneth and Oksenberg Michel, *Policy Making in China Leaders, Structures and Process*, Princeton, New Jersey: Princeton University Press, 1988.

③ Lampton M. David, *Health, Conflict and the Chinese Political System*, Michigan Papers in Chinese Studies, 1974, No. 18, p. 11.

④ Ibid., p. 79.

⑤ Halpern Nina P, *Information Flows and Policy Coordination in the Chinese Bureaucracy in Kenneth Lieberthal and David Lampton*, ed. Bureaucracy, Politics and Decision Making in Post Mao China, Berkeley and Los Angeles: University of California Press, 1992, pp. 125 – 148.

彼此劝说与利益竞争也可以造出一种通过打造准市场（quasi-market）的效果来实现官僚机器运转的高效化。

上述官僚制模型体现的是现代保守主义对官僚制的捍卫与辩护，促使原本对官僚的"死刑"宣判开始从轻发落的结局。伯格与科勒（Berger & Kellner，1974）一针见血地指出："官僚机构和技术性工业生产的出现是现代性的重要现象，实际上它们就是现代意识的载体。"[①] 安东尼·唐斯（2006）同时指出："官僚组织很难消亡的一个最重要的原因是他们庞大的规模。所有的大型组织都有很高的生存率。"[②] 美国学者查尔斯·T. 葛斯塞尔（2007）在他的《为官僚制正名——一场公共行政的辩论》一书中说，这个看似可笑的念头（"为官僚制正名"）实际围绕着三个主题而争论：（1）官僚制机构与私人机构谁更有效率？（2）官僚机构对公众态度很恶劣？（3）官僚机构是否总喜欢阻碍改革？[③] 其实，官僚制的根本问题在于官僚及官僚机构与社会公众之间的关系处理。这就是库珀（Cooper，2001）所说的官僚制的伦理困境，即"面临冲突性的责任是公共行政人员体验伦理困境的最典型方式……公务员的受托人特征也使他有责任代表公民的利益行事，而该责任发生在官僚组织内部这一事实则可能导致冲突发生"[④]。

学界对官僚制的审判应该是改革而非废弃官僚制。特德·盖布勒与戴维·奥斯本（2008）曾说，"官僚主义和官僚机构几乎无处不在，美国焉能例外，不但存在，而且严重"[⑤]，迅速将官僚制改革（企业化政府）从美国本土向世界范围推展开来。罗伯

[①] Peter Bergere, Brigitte Berger and Hanfried Kellner, *The Homeless Mind: Modernization and Consciousness*, New York: Vintage Books, p. 170.

[②] ［美］安东尼·唐斯：《官僚制内幕》，中国人民大学出版社 2006 年版，第 21、25 页。

[③] ［美］查尔斯·T. 葛斯塞尔：《为官僚制正名——一场公共行政的辩论》，复旦大学出版社 2007 年版，第 34 页。

[④] ［美］特里·L. 库珀：《行政伦理学：实现行政责任的途径》，张秀琴译，中国人民大学出版社 2001 年版，第 85—86 页。

[⑤] ［美］特德·盖布勒、戴维·奥斯本：《改革政府：企业家精神如何改革着公共部门》，中国人民大学出版社 2008 年版，序。

特·B.丹哈特（2002）深刻地指出，传统的以效率和理性至上为价值导向的行政思想的扩张，使得越来越多的群体生活空间理性化，削弱了整个社会的自治和民主责任感。[1] 只要官僚制机构善于供给公共服务，它本质上还是好的。公众参与实质上正在拯救官僚制，"让我们一起来解决我们应当做什么，并且使它成为可能"[2]。这其中的"关键在于把公民本身请进具体的官僚部分，让他们体验官僚从事的为民工作。这是最好的公共管理培育。这是保护官僚制这棵大树主干坚不可摧，年轮逐渐增加，永葆青春的最好办法"[3]。

其实，无论是上述哪种模型都无不在确保官僚制的行动效率来克服韦伯官僚制的理想化倾向，可是这种效率与结果导向带来的正是释放人性的自然理性生成，而却无法保证引导社会进步的人文理性生成。这是因为无法排除官僚机器在高效决策与行动时容易为狭隘立足的个人利益多元混合带来的对远大目光的人类文明整体进步的掩盖与忽视。

总体而言，官僚制在理论模型研究总体上可分为经典的韦伯理想模型与现代的利益博弈模型，可是韦伯的理想模型追求理性却犯下了"官僚主义"弊端，利益博弈模型追求效率则难免忽略韦伯所说的（基督）文明价值以及西方古典文明价值。官僚制作为国家政权机器之一，需要切实履行政治统治与社会管理之职能，通俗而言就是"要把西方国家统治得像西方国家"。只有规则符合本国文明的价值导向，才会实现积极引导官僚集团朝着正向行动运作。这需要通过强化官僚集团的政治约束，使得官僚制中的公共权力符合自身内在的精神价值。

---

[1] [美]罗伯特·B.丹哈特：《公共组织理论》，项龙、刘俊生译，华夏出版社2002年版，第69页。

[2] Janet V. Denhardt and Robert B. Denhardt, *The New Public Service Serving, Not Steering*, New York: M. E. Sharpe, 2003, p.35.

[3] [美]查尔斯·T.葛斯塞尔：《为官僚制正名——一场公共行政的辩论》，复旦大学出版社2007年版，第248页。

四 反思、新模型

学界希望改进为现实的效率模型，在对官僚制中的人性进行妥当分析之后，以人与制度互动的博弈模型顺势而生。从政治学角度来看，这两种基本的官僚制模型却并不能很好地解释现代社会中的官僚机器运转现状。韦伯的理想官僚制模型是一种具有内在文明精神导向的效率运作的政治制度设计，然而在现实中却真的出现了效率危机，即官僚主义弊端，所以被现代人批为理想化模型。从整体上来看，韦伯的官僚制机器其实都是围绕着理性，即通过合理化运作实现合法化统治。这种理性在韦伯看来，具有两个层面的含义：一是任何具体的法律判决都是一条抽象的法原则应用到一个具体的事实上；二是对于任何具体的事实，都必须采用法逻辑的手段，从适用的抽象的法的原则中得出判决。① 过分理性的结果是太理想化，在现实中往往由于人性自利而并不能实现那样的理想目标。

当代西方的博弈理论模型刚好注意到了韦伯理想模型的这种弊端，把人的理性从组织理性中解救了出来。但是，仅凭人的自发博弈行为似乎无法全面解释两个问题：一是西方官僚制为什么呈现出西方的制度形态；二是西方官僚制并不能直接移植到其他不同文明的国家政治机器之上。事实上，这种不以人的主观意志为转移的理性被注入官僚制之前还有两个制度源头：一是来自于古希腊—罗马帝国的自然法源头，处处讲究"遵循自然规律"，这是一种自然理性；二是来自于基督教的影响，基督教之所以被西方尊奉为国教是因为其中的"人人平等"的教义深入人心，影响着西方社会生活的方方面面，这逐步演变为人文理性。这二者交织催生的理性精神正是西方官僚制不断演进及发展的文明原动力。西方国家的文明精神要求官僚制能够实现让西方国家更像西方国家的政治统治。然而，官僚博弈模型又把内在的文明精神导向这个魂魄给弄丢了。

---

① [德] 马克斯·韦伯：《经济与社会》下卷，商务印书馆1997年版，第18页。

因此，一国官僚制必然与本国文明紧密联系，这种文明决定了官僚制的内在精神。官僚制的新理论模型可在价值—规则—行动三大要素的基础上建构，使得作为"人"的因素的官僚集团可以在制度因素的规则下展现出官僚制的动态表现。官僚集团由于自身人性的客观存在，会在正向的公共服务供给与公共福祉增进行动和负向的派系倾轧与争权夺利行动之间进行博弈。官僚制的效率运作应当建立在文明的引导与人性的反思基础上，中间是用制度设计将两方面牵系起来。那么新的官僚制理论模型包括如下要素：

（1）价值。价值是官僚制中从强制到默认信奉的一套政治信仰，它是其中的核心配件，或者也是官僚制内在的精神导向，是与其所在国文明紧密联系的。官僚机器的运作就要考虑将这种文明精神渗入社会生活，使之引导和规范社会生活。这样一来，我们才能看到在西方官僚机器的政治统治下整个西方社会生活反映着浓厚的西方文明气息。

（2）规则。规则是一种为了保存和简化官僚机器办事程序的一系列文书程式，它告诉官僚们过去他们的前辈所做的那种可以达到令人非常满意效果的案例，并鼓励去效仿，最终不断改进。规则主要由实体与程序两种要件构成。官僚制本质是规范结构形成的实体制度和规范组织运作的程序规则之间自然构成紧凑的制度结构。

（3）行动。行动体现的是官僚机器运作、现实效率的内涵，这关系到国家政治权力行使与政治功能实现的现实问题。官僚制随着国家的产生开始肩负起政治统治的重要功能，如何维系政治秩序的稳定是首要考虑的问题。随着社会经济的发展，官僚制的功能也随着在社会、文化、经济等领域出现分化，又相应产生了引导社会功能、表达的文化功能等。

官僚制这三个要素之间的关系是价值引导规则的产生，规则又规范行动的表现，而行动不断在现实中取得各种结果也会反过来促使规则改进，最可能引发价值的变革，这样一来形成的逻辑紧密的模型也就可以保证其时代活力。官僚制须要镶嵌着文明精神的价值导向，然后指导规则的制定以求公共目标的行动能够实现。事实上，让官僚制真正"活"地运作起来的是当中作为"人"的因素的官僚集团——一个让世人有些厌恶与反感的名词。官僚集团是一类重要的社会利益集团，为了自身特殊利益（经济性）围绕着制度目标，对内派系斗争、对外利益扩张的复杂行动者群体。官僚集团可以划分官僚的技能、学历、年龄、性别、地域、派系等结构。

从官僚制的价值取向来看，控制无非是要妥善协调官僚集团中的人际关系与组织之间协作及制衡关系。这是精英团体的双面性现实表现。他们也是官僚制的主角，是一群在政治制度的安排下主要实施行政决策及执行的一群专业技术人士，亦被称为官僚或文官或公务员。从内涵上来看这些旨在实施行政的官僚以公共事务为业并追求既定的公共目标的实现。从特征上来看，官僚需要在政绩考核和舆情压力之间选择利益平衡，要么大刀阔斧地实施新政，要么谨小慎微地尸位素餐。在类别上，官僚可以被分为政治官员和技术官僚等。官僚自身不容忽视的人性问题是政治权力制约的制度设计前提。这也是西方文明要求的不同于其他文明的价值取向之处。

官僚制的规则内含包括了行政组织制度和人事管理制度两部分，其中行政组织制度详细规定了政治序列中各级政府及其机关、机构的设立和彼此之间相互政治—行政的联系。人事管理制度则涵盖了针对"官僚"个体的选拔录用、任命罢免、进出机制、监督机制、考核机制、奖惩机制等内容及其相关配套细化规则，所以有时也被称为"文官制度"或"公务员制度"。在程序部分，官僚制就包含了足以让行政组织与人事管理制度运作起来的各类规则，是一些行政行为的具体步骤和行动方式的总和。

官僚集团的行动博弈主要包括正向与反向两个方面，前者表现为积极的公共服务供给与公共福祉增进，后者则是消极的派系倾轧与权力斗争。官僚集团如何采取自身的行动，可以被当作个人与制度之间的博弈行动，从深层次看就是价值如何引导规则，而什么样的规则就会引发什么样的官僚集团的行动，但是，规则能否反映价值完全决定了官僚集团的行动是朝着正向还是反向运作。不难猜想，如果价值趋向人治，那么，规则是人格化而非物化的形态，导致官僚集团无法抵御自身人性的影响，他们也就很难采取积极的公共服务供给与公共福祉增进行动；反之，如果价值趋向法治，那么规则就会从组织而非人本身来思考合理引导官僚集团的人性向积极的公共服务供给与公共福祉增进方向运作。最终，实现官僚制从静态的制度形态转向动态的运作形态，较理想地阐释了官僚制中"活"的一面。

五 主要结论

从上述分析中，可以得出如下结论：真正的官僚制从本质上应是一个法治模型，变革趋势只应是法治化。理性化与"权力规范组织"是官僚制自身特别明显的法治化趋势，而且历史也表明，如果官僚制偏离了这两个法治化趋势就会出现一系列的被称为"官僚主义"的弊端。官僚制的变革方向是法治化。对于法治而言，它一方面要打破人的权威神话；另一方面又要消除制度的万能迷信。法治可以通过公开化运作的制度方式来实现这样的社会公平目标，还可以让官僚制日益趋向于成为理想的精致化的国家机器，最终朝向西方文明所设想的民主政治中的从少数人统治到民众自我统治的路径演进。这种法治思维将在极大程度上引发作为官僚制内核的文明精神更新。法治的产生主要是通过自发形成到社会默认再到国家创制三个阶段，这也可以分为由人制定的神魅期和由法规定的去魅期两个时期。规则在社会中的原始混沌状态是在每个人心里都有一个想法，所以亟须一套能集中反映所有人想法的标准，最开始借助人们在无知状态由于恐惧心理生成的神明信仰来强化这种特殊的标准，后来神魅被文艺复兴的思想觉醒所揭开，最后迎来了现代国家的法治。这也是官僚制实现自身法治化的重要契机。官僚制中的价值取向决定着官僚制的变革方向。

（一）监察：常态监督

怎么围绕官僚的人性疏导设计一套符合官僚制价值运作的监察

制度正是对以官僚集团为客体采取控制措施的设计思路。"人民群众反对什么、痛恨什么，我们就要坚决防范和纠正什么。"行政（政治）监察作为一种常态监督形式，它从属于官僚制的价值目标是有效督促官僚集团按照既定的政治决策作出效率行动，这需要注意两个原则：一是监察在人事组织要确保绝对独立于行政序列，防范其成为官僚集团的保护人或者附庸；二是监察要常态化，进行法治化建设，让官僚集团不能心存侥幸而必须以勤勉为公作为日常工作原则。因此，这种既从属于又独立于官僚制的监察体系可以在常态监督方面发挥自身应有的价值。

（二）反腐：精兵简政

韦伯的官僚制模型被世人批之以"理想化"，问题就在于对待"理性"的过犹不及：一方面是把官僚个个当作忠诚奉公的勤政楷模，结果官僚制中的各种规则不但不能引导官僚集团张扬人性之善，反而还让人性之恶到处泛滥；另一方面是把官僚当作贪污腐化的"苍蝇""老虎"，结果官僚集团中人人不得自安。事实上，"不管腐败分子逃到哪里，都要缉拿归案、绳之以法"。从这个角度来看，反腐本来就不是目的而是手段，在官僚制那里应该是防范官场派系倾轧的法宝。官僚制要通过反腐来达到精兵简政的"政府瘦身"效果，积极提升围绕官僚制精神运作的行动效率。

无论是公共管理还是行政管理，最终的源流（制度）思考都必须回到政治上来。官僚制虽然是价值—规则—行动的集合体，但是从本质上是脱离不开政治的中心客体——公共权力。这里所要提及的组织机构就是一种围绕着公共权力而设立起来的行动主体，即便是官僚集团也要在组织机构的范畴内进行活动，否则便要违背官僚制的规则要素。为了更好地控制好官僚集团以防范其中的人性因素泛滥，就要硬性规定"权力归属组织，不依附人身"的根本价值导向。

官僚制中永恒的改革话题是以腐败为基本内涵的制度外部性对官僚制渗透性的恶性影响。如何完善官僚制使得这种克服腐败来实现官僚机器运行效率提高的命题更显得具有重大的时代意义。从上面一系列的模型分析及建构的论述中,我们可以得出这样一个基本结论:官僚制从本质上是一个法治模型,它的改革及完善思路只能是法治化。理性化与"权力归属组织"是官僚制自身特别明显的法治化趋势,而且历史也表明如果官僚制偏离了这两个法治化趋势就会出现一系列被称为"官僚主义"的弊端。变革意味着社会多元利益博弈,其所表现出来的结果可能是预期的也可能是所未预料的,变更的方式也莫过于温和的改良或改革与暴力的革命形式。

(三)公务员制度建设

历史发展规律要求每一种制度现象必须顺应其生长周期,西方官僚制进入现代以后,遭遇科技革命的剧烈冲击后走到一个生死存亡的十字路口上。如果说工业革命促使了西方官僚制发生精细化转变,乃至变成今日的僵化呆板形态,那么当今的网络科技革命却迫使之朝反的方向的解制松绑方面演化。"官僚"的扩大化,从衙门走进医院、学校,使得新官僚们必须摒弃旧官僚的种种不合时宜的思维与行为方式,尤其是那个深受诟病的官僚习性,一种新的官僚思维与行为方式——"服务而不是管制"注定了西方官僚制的当代转型。早在民国时期,费巩等人就认为,"英国文官制度的成功与其议会制度(即代议制政府)有密切关联"[1]。

直到18—19世纪以来,中西方两大文明体之间产生了真正意义上的观念与文化的碰撞和冲突之后,由于中国以考试取士为基本内容的科举制度的历史示范效应,这也为他们完善自己的文官制度或公务员制度提供了很好的经验借鉴。"到了19世纪中期以后,盛行于英美的政党分赃制说导致的结构性腐败、周期性政治腐败和缺乏人才与效率的问题日益突出,中国的考试取士制度乘虚而入。"[2]由是,1853年11月,英国内阁发布《关于建立英国常任文官制度的报告》,将官僚依照学业标准分为初级和高级文官。继后,美国人也在1883年通过了《彭德尔顿法》,确认了文官制度改革,并建

---

[1] 费巩等编:《中外政治比较》,浙江大学出版社2011年版,第27页。
[2] 宋玉波:《比较政治制度》,法律出版社2012年版,第112页。

立了以职位分类、考任制度、培训制度、考绩与晋升制度及退休与抚恤制度为主要内容的现代官僚制度，并于1978年的《文官制度改革法》中继续对官僚进行修正。这便为后世公务员制度建设奠定了基础。

第二节 官僚制的信息交互

现代信息社会中官僚制组织本质是一个开放的信息交互政治系统，它的功能就是内部收集信息和外部释放信息，并从这个信息获取、加工及处理的信息交互过程中来实现自身的运作和变革活动。在理论上，官僚制组织的信息交互应该是在合理的层级与幅度情形下与社会经济系统不断有效交换信息的过程。但是，现实是作为一群有着反思理性的复杂人的官僚组织中的成员（官僚或公务员）会进行信息截流行为，这意味着使自己隐性权力增加，也造成了官僚组织中的派系小团体活动日益增加。当官僚组织由此变得无法适应社会公共利益需求时，膨胀的信息还会导致官僚组织的崩溃，最终导致组织变革。

一 官僚制组织与信息交互

现代社会，组织中信息无处不在。信息虽"既不是物质也不是能量"[1]，却会因为过度丰裕而产生爆炸现象。信息本身是存在于社会中无形的事物及现象的人为抽象概括及提炼，是"随机事件不确定性的减少"[2]与"信息是由物理载体与语义构成的统一整体"[3]，成为一人对另一（些）人突显自身价值的社会要素，包括私人信息（如个人隐私）与公共信息（与社会整体公共利益相关的信息）。"信息时代中信息的根本点在于与工地、劳动、资本等

---

[1] ［美］N. 维纳：《控制论》，郝季仁译，科学出版社1963年版，第133页。
[2] 转引自张泽厚《统计信息理论与实践》，中国统计出版社1992年版，第191页。
[3] 陈阔、G. 克劳斯：《从哲学看控制论》，梁志学译，中国社会科学出版社1981年版，第68—69页。

传统的生产要素相比，信息是唯一不服从边际递减率的生产要素。"① 与信息密切相关的是信息交互活动。

信息交互过程包括以下五个方面的环节：其一是信息产生，即信息收集后的提炼及整理活动；其二是信息传递，即整合的新信息在组织内外流通；其三是信息扭曲，由于组织本身的各种原因信息会出现放大或缩小的失真情况；其四是信息检查，即信息扭曲给组织运作带来的困境促使组织产生了强烈的问题解决欲望；其五是信息纠正，这就是信息检查的执行阶段。这种信息交互活动对官僚制及变革具有重要影响。

官僚组织在现代社会中决定着社会经济发展的方向及趋势，其所依赖的信息传递也在一定程度上决定了官僚制的运作效率。信息传递与官僚制有着密切关联，这可以通过信息交互活动得到体现。而且，政府（官僚组织）的存在价值就是在不触犯个人隐私的前提下将无数的私人利益整合为以公共利益表达为内容的公共信息。

从系统的角度来看，官僚制组织与社会经济环境之间的信息交互活动已然把信息分化为社会提供的各种关于公共服务需求的外部信息与官僚制组织垄断的内部信息。当然，现代社会中的信息之所以充裕，是由信息的网络迅速传播性和人为易扭曲变形性等复杂特征决定的。信息正与官僚制组织手中的权力紧密结合，日益凸显自身的市场价值。因此，"政府的手工管理时代将结束，信息管理时代已经来临"②。

综上所述，官僚制可以被视为与社会经济系统相互交换的政治系统，它的信息交互活动从整体上来看包含了组织内部接收信息与外部释放信息的过程，从这个角度来说官僚制组织也是一个信息交互系统。此外，官僚制组织是由人（官僚或公务员）构成的政策或服务的政治结构系统，在现代信息社会中比以往任何时候更加依赖于信息的获取、加工及处理。基于此，官僚组织的基本特征有：一

---

① 刘飞宇：《转型中国的行政信息公开》，中国人民大学出版社2006年版，第3页。

② 沈荣华：《中国地方政府学》，中国社会科学出版社2006年版，第83页。

是官僚组织的信息拥有是组织成员的权威象征，这会使得其在信息支配过程中得到自我满足；二是官僚制组织存在信息截流现象也由此变得不可避免，围绕着不同信息内容会导致组织出现各种派系化小团体活动；三是官僚制组织成员是拥有各自反思理性的复杂人，他们会本能地在个人利益与组织利益、公共利益之间选择不同的平衡策略。

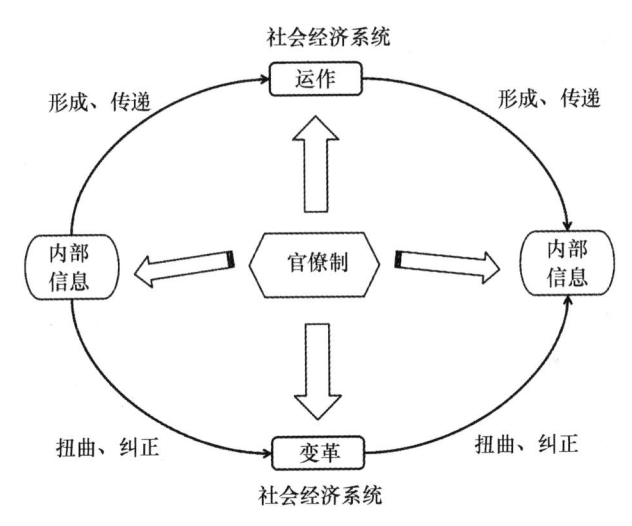

图 1-2 官僚制组织中信息外部流

二 官僚制组织运作：信息流动与信息截流

官僚制的组织运作主要包括决策与执行两大部分，这些活动都将与它自身的内部管理及外部环境发生密切联系。在官僚组织外部，它为社会提供公共服务，就会产生特定的服务行动的反馈信息；在官僚制内部，它为组织协调与管理提供信息能量，防止组织崩于内耗。

由于官僚组织是非市场导向组织，他们的绩效标准很难通过市场反馈来衡量，这就需要组织成员之间的相互揣摩和各自定夺。上下级关系的重要性便凸显了出来：在缺乏市场机制的情况下，职位的提升机会很大程度上依赖于直接上级对自己的评价，而不是通过市场机制中个人的业绩来获取客观的评价信息。在外部信息流动过程中，他们特定的服务者为他们提供了反馈信息，这会影响到在组织目标不变情况下组织行为的调整活动。

官僚制的公共服务绩效考察是困难的，因为它自身是难以实现市场化的社会政治组织，仅仅通过市场与社会的信息反馈尚不足以全面反映官僚制运作的实际情况。一方面，官僚制的公共服务行动是通过它的组织成员（官僚及公务员）在自身的个人人性与公共责任之间平衡来实现的，那么应当首先使得官僚组织的行动者们具备提供公共服务的高积极性，才能确保公共服务的高效供给；另一方面，官僚制的政治强制性决定了它在与社会及市场之间的信息争夺战中处于一定的强势地位，公共服务信息的不对称性使得官僚制在内部组织与外部环境中存在着信息传递极差。

理想的官僚制系统模型是一个信息交互过程中信息输入活动由特定的政府主动收集信息或社会的有序民意表达，信息输出由政府向社会的主动信息公开，这种输入与输出之间的互动演绎了官僚制组织的运作形式。然而，并不是所有官僚制组织都是积极主动的，并愿意向社会公开信息的；而社会的民意也会出现难以进入官僚制组织政策议程的情形。

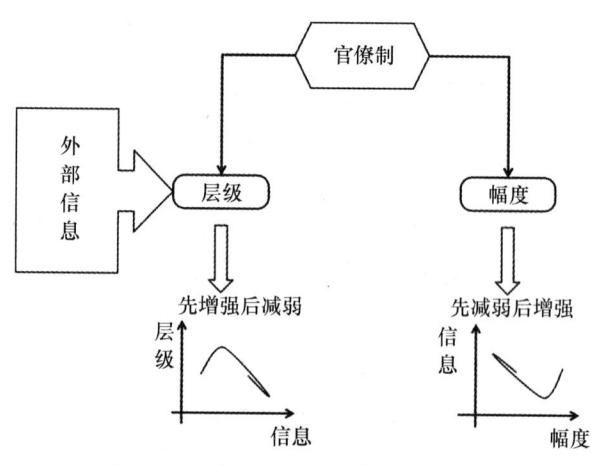

图 1-3　官僚制组织中信息内部流动

第一章 政府治理现代化的组织架构

事实上,上述官僚制组织信息交互模型是更接近于理论而非现实的物化分析形式,官僚制组织中人的因素会首先使得官僚制组织内部运作要比想象中更加复杂。官僚制的组织结构主要由层级与幅度两个概念构成,在总人数特定(编制法定)的情形下,信息与层级、幅度呈不同的关联关系,这使得层级与幅度之间的信息流动影响都存在一个临界点效应,找出这个合适的临界点对官僚制的正常运作具有至关重要的作用。而且,官僚制中的人同社会中其他人一样是有着自己思维的复杂理性人,领导与下属之间的个体或群体的利益博弈促使层级与幅度对信息交互活动发生了不同程度的作用与效力。

可以推断,影响官僚组织中信息交互的基本因素有六个:一为官僚组织的成员数量;二为信息沟通网络的结构;三为控制传递时间与传递对象的规则;四为官僚组织各种职能之间相互依赖的程度;五为外部环境变迁的速度;六为官僚组织用以审视其环境的调查机制与程序。① 为了更好地实现社会职能,组织都会大量地收集信息资源,组织越大,信息网络越畅通,外部环境变化越快,收集的信息越多,从而信息在向上传递时必须筛选整理,这其中也就给了官员很大的自由选择权。

如果信息流动在特定时期是总量恒定的,现在我们要探讨的问题是官僚制组织内部接受新鲜的失真度与外部释放信息的扭曲度,这两个变量直接影响到官僚制组织的日常运作,乃至引发它的组织变革。来自社会公众的各种服务信息通过官僚制组织的输入—输出处理,会产生一定程度的曲折变化,或正向的准确反映公众需求,或负面的异化扭曲为官僚组织不愿向公众透露的垄断信息。这便会产生出官僚制组织内部的信息截流行为,因为对于官僚组织所有成员来说,信息截流意味着一种隐性权力的象征。

官僚组织为了信息上寻求扩张而信息截流的政治动机大致有:

---

① [美]安东尼·唐斯:《官僚制内幕》,中国人民大学出版社2006年版,第136页。

第一，保留原有人才，吸引更多人才会增强组织的活力和创新力，外来人才还会带来其他新的获取资源的渠道，他们的新思维也能促进官僚组织的变革和完善；第二，组织扩张会增加领导人的权力、声望、收入和地位，这对于官僚组织的掌舵者和权利攀登者来说有着莫大的吸引力；第三，这会提高成员的个人地位而不是其他人的地位，有利于减少内部冲突，提高士气，通常官僚组织是自上而下产生的，原有的内部人员会拥有他们的下级，进而提高了原有成员的个人地位；第四，寻求组织扩张有利于提高组织绩效。组织扩张意味着职能增多，如此一来，官僚组织能搜寻到的资源会更多，资源量和信息量的增大促进了官僚组织绩效的提高。

三 官僚制组织变革中信息交互分析：信息扭曲与派系活动

官僚制组织变革引发的原因是多维的，对于它的内外部信息交换分析而言，可以为我们开辟一定的思路。传统的官僚模式过分重视理性权威对政策或服务活动的实现作用，一定程度上抑制了官僚组织中人的积极性与创造性发挥，排资论辈、年功序列制、彼得现象（即原本有能力的人被提拔到不合适的位置上反而变得平庸的组织现象）等问题层出不穷。

在很大程度上，信息处理与公开已成为现代官僚组织治理能力的基本指标。高效能的政府必须在准确获取社会公众服务信息的基础上，采取理智的公共信息公布方式使得公众不仅及时了解，而且还能透过信息来表达自己的认同与支持意愿，信息由此成为官僚制组织手中的治理利剑。然而，随着官僚组织的扩张，权利攀登者的大部分精力会转向内部政治和竞争。它还会增加组织的惰性力量和笨重感，降低了组织信息传递的效率等。

由于官僚组织中复杂人性的原因，公共信息在其中的输入与输出过程中遭遇了交互阻梗，长此以往会极大地降低官僚组织的运作效率，最终引发组织变革。结果还会出现两种典型趋向：一是屈服而适应当下的组织氛围，"不求有功但求无过"，庸碌无为；二是对当下抑制人性的组织氛围表现特别不满，随时可能作出激进行为

（如辞职下海、推动变革等）。

在第一种情况下，信息通常是阻滞的，无论是外部释放还是内部接收，即便是公共利益，也会与组织中的个人或集体无关，信息的失真度与扭曲度迅速增加，派系小团体活动也在信息截流中不断产生，组织结构逐渐失去活力。

在第二种情况下，信息变得格外不对称，围绕着信息的截流形成激进与保守两派，他们之间的组织内部利益博弈，已然造成外部信息释放严重失真与扭曲。

当个人利益完全盖过组织利益时，官僚制组织会完全朝向特权政治运作，引发社会民众的严重不满，矛盾丛生；信息失真与扭曲也会进一步激化民众对政府（官僚组织）低效率的愤慨，而社会民众或许并不清楚官僚制组织内部的信息分化与截流情况，变革需求已在组织中不断地酝酿。

在官僚组织中普遍存在着一种问题，由于底层人员收集上来的信息量过大，需要层层筛选、自下而上传递，会出现信息歪曲。对此种现象，塔洛克提出的歪曲模式是"信息数量的减少"和"实际内容与原始信息很不相同"。[①] 这表明，官僚组织为了政绩而隐瞒上访数量，出于自私动机对上级谎报、修改和减少收集上来的信息。原本由百分之百的原始信息在垂直结构中经过每层官员的筛选淘汰和自由发挥及主观臆想，修改成对自己有利的信息，信息到达最顶层时最后可能只有原始信息的38%，显而易见，在信息歪曲的基础上作出的决策对于底层的真实情况可能会出现些许偏差。不仅是自下而上的信息传递会出现偏差，自上而下传递的决策也会出现偏差。最高层的领导作出的决策是宏大具有指导性的，层层往下传递时每层领导会根据自己的理解转化成具体点的行动。这需要下级领导的推测和判断，掺杂了主观想象的决策传递到底部时自然和原始决策的根本目的有偏离。"信息所消耗的显然是其接收者的注

[①] ［美］安东尼·唐斯：《官僚制内幕》，中国人民大学出版社2006年版，第124—127页。

意力",因此,"信息的丰裕导致了注意力的贫困"。①

例如,在重大自然灾害面前,一个快速反应的政府必须迅速捕捉灾情信息,首先将之转化为对受灾民众的人文关怀;其次是应对灾害决策的理性方案;最后是以坚决行动来昭示自己胸有成竹的姿态信息。反之,如果官僚组织(政府)只会消极逃避责任、瞒报、谎报,灾害会由于公共信息在社会公众与官僚组织之间的阻滞,导致官僚组织陷入严重的内部派系团体分裂和外部公信危机。

激进派会对社会民众采取积极引导的策略,有意识地收集来自社会的民意表达,并不断与充分压制民意的保守派作出权力较量。在一定程度上,民意作为一种对改革呼声的回应,信息流动交互会变成改革派手中可以利用的政治工具;如果他们能够在政治上战胜保守派,那么官僚制组织改革(改革的前提)也将成为定局。这里主要有三点原因:一是之前已付出了比例巨大的沉淀成本(包括投入的时间和无数的决策等),以及让成员和顾客接受他们的行为模式也付出了巨大的成本。改革意味着从头再来还要冒着公众无法适应新的行为模式的风险。二是自利的官员反对任何会导致纯粹削弱他们自身价值的变革。在大的官僚组织中利益牵扯则更为复杂,利维坦式身躯更显笨重。三是组织的规模越大,越不愿采纳任何特定的变革;大组织里的保守者比例高,变革的成本也高,协调困难。而到了官僚组织末期,庸人类领导与能人型成员发生利益冲突,彼得现象极其明显,庸人当政使组织成为受害者。

从长远来看,官僚制组织的变革趋势主要有:第一是扁平化,通过减少过多的层级来减除冗官冗员,设定合适的幅度来确保组织内外部的信息交互顺畅;第二是法治化,由此来有效遏制官僚制内部小团体对信息的截流所造成的组织派系化问题,确保信息交互活动在官僚制组织内外公开化、透明化、有序化。官僚制组

---

① MONHA, *Designing Organizations for an Information-rich World*, Computers Communication and the Public Interest Baltimore. The Johns Hopkins Press, 1971.

织变革的步骤首先是通过反腐来为组织输送新鲜血液,并对社会释放积极的自我改革(以消除社会不满)的政治信息,重新建立社会对官僚组织的信心与认同。当然,官僚制组织变革是为了其本身更好地有效运作,确保组织在自我免疫过程中信息交互活动的正常与顺畅。

四 结论与思考

官僚制组织中的信息交互现象已经在一定程度上成为决定官僚制组织运作顺畅与否的重要社会因素。在社会经济系统中总的信息量恒定前提下,官僚制组织中人的因素则成为一个至关重要的影响公共信息曲折变化的关键变量。官僚制组织中的人数多少也会导致信息产生一个前文所述的曲线折变的发展趋势。基于此,我们对官僚制组织可以作出如下结论:

第一,"官僚制组织就是无法从其错误中吸取教训来改正其行为的组织"[1]。官僚制组织惰性力量的强大造成改革之难,这与组织发展、运行模式和人化反应有关。由于缺乏市场化的竞争环境,此时信息对于官僚组织来说格外重要。组织目标越模糊,组织行为越可能受到各类信息的制约和约束。例如,下属不明上级的真实意图,下属不给上级传达正确信息,都会导致官僚组织运作的低效。

第二,官僚制组织运作尽管低效率却必须付出的高代价,包括"狭隘的求同现象、称职但不出色的工作表现、难以忍受的一致服从"[2]。官僚制组织不论在内部还是外部的表现都是一个动态过程。在内部,存在官僚部门之间的相互竞争;在外部,他们垄断公共信息。官员反对那些会降低组织职能的数量、范围和相对重要性的变革。官僚制组织越大,改革越难。因为这不仅成本高,而且协调难。在大的官僚制组织里,我们还不能忽视保守者的高比例存在,

---

[1] Michel Crozier, *The Bureaucratic Phenomenon*, Chicago: University of Chicago. 1964: 187.

[2] Gerald E. Caiden, *Administrative Reform*, *In Understanding Public Administration*, G. R. Currnow and R. L. Wetten hall edited. Sydney: Allen and Unwin. 1965: 181.

这是很大的阻碍力量。

我们举个时热的案例来印证这些结论。2015年10月4日"山东青岛大虾"事件引起全国热议,荣登热搜榜第一,它也集中暴露了当下政府的现代治理能力不足的困境。物价局和公安局相互推诿,让消费者为天价菜单买单。表面上是执法监管不力,本质上却是官僚组织运作中的信息交互问题。首先,管理当局没有足够的信息资源来对所有的威胁作出同步回应,组织大幅度和多层级问题导致机关部门的权责不一致;其次,他们的经验表明多数潜在的威胁是不会真正发生的,所以物价局和公安局都对顾客被宰这个事情持旁观态度;最后,一直到潜在的威胁变得严重为止,无论是威胁本身,还是组织对威胁的理解,都产生了极大的关注。"青岛大虾38元一只"事件很好地诠释了这个现象。倘若上级领导在事件当晚发生时就收到了下级传递上来的情报信息,依据他的政治敏感度,绝对不会强按牛吃草,也就不会有接下来"好客山东"品牌付诸流水的严重后果。由于认识事实与掌握事实之间有差距,评估数据信息的重要性不言而喻。

但是,我们并不因为这些组织的弊端而完全否定它。"官僚组织很难消亡的一个最重要的原因是他们庞大的规模。所有的大型组织都有很高的生存率。"① 我们为此简要设想的纠正思路是:首先,如果设置较高的信息传递标准,可能会降低信息质量,收集上来的信息会衰减从而导致不全面,不过它的好处是防止信息爆炸;其次,也可以考虑减缓组织对事件的反应速度,从而减少信息的输出;再次,这样一来在同一时间段收集的信息量减少,官员处理信息发挥的空间变小;然后,官僚组织想要提高效率,就应该在信息传递上提高速度、准确度和质量;最后,在不同部门设置重叠的信息获取职能,可以让不同部门同步收集同一相关的信息,这样不同部门之间可以形成信息的相互补充,在不确定的情况下可以较大程

---

① [美]安东尼·唐斯:《官僚制内幕》,中国人民大学出版社2006年版,第21、25页。

度地保证信息的真实性与可靠性。

第三节 政府编制管理与改革

编制在我国是一个独具国情特色的政治名词，应当建议纳入我国政治学、法学及行政学的教科书当中，与国外的公共部门人力资源管理大致是一个对等的概念范畴，然而，囿于体制的不同，编制也不能完全等于公共部门（政府）人力资源管理。第一，我国秉行党管干部的原则，这意味着编制管理的对象并不仅仅指的是行政机关及其公务人员，还可以是执政党机关（各级党委）、司法机关及公用事业单位（特指学校与医院、国企）的工作人员，是名副其实的广义上的国家工作人员；第二，编制本与预算、审计、纪检、监察等权力监督职能工作密切相关，在我国却呈现为各自为政的状态，尽管时下各方意识到彼此工作职责之间的交叉与重合，并有目的地展开相关的工作协调与合作，推行联合检查与监督，然而停留于试验创新层面，并未触发新的行政体制变革；第三，编制曾一度被认为是政府内部的事务，还惯性地被当作政府自我管理事务，恰好陷入法治的"改革的主体与客体重合"的悖论与矛盾之中。下面以浙江省宁波市政府编制管理与改革为例进行论述。

一 编制的概念与理论

为规范行政机构设置，加强编制管理，提高行政效能，根据《中华人民共和国地方各级人民代表大会和地方各级人民政府组织法》和《地方各级人民政府机构设置和编制管理条例》等有关法律、法规，结合宁波市实际，制定了《宁波市行政机构设置和编制管理办法》（以下简称《办法》）。该《办法》将"编制"解释为人员数额和领导职数。

理论上，编制的基本内涵是公务员员额数和机构设置情况等两方面，表面上是一个静态的数据管理，本质上却是一个动态的法治监督过程，意为通过编制配置及管理来控制政府的人员规模及财政经费支出，实现促使政府全面履行职责的制度目标。编制的作用在于"作为录用、聘任、调配工作人员，配备领导成员和核拨经费的依据"（《办法》第一条）。编制管理主要是通过一种总量控制的管理形式，为各级政府及相关单位的员额实行"天花板"式的监督活动。

"行政机构设置和编制管理应当按照经济社会全面协调可持续发展的要求，适应的需要，遵循精简、统一、效能的原则。"（《办法》第三条）第一，编制配置改革要遵循精简原则。按照党的十八届三中全会《决定》要求，到2020年各改革领域要取得决定性成果，简政放权改革作为优先改革领域要适当提前完成，按目标时间倒逼确定每年的改革任务。要根据职能和权力调整，精简政府机构，裁减公职人员，同时为减少税费创造条件。第二，编制配置改革要遵循统一原则。编制机关自身的设置遵循"统一领导、分级管理"，从地方到区县各有相应的负责本级编制及规定下级编制"天花板"的编制委员会，编制机关的全称一般是"编制委员会"及其"机构改革办公室"。市、市辖区和县（含县级市，下同）机构编制委员会及其办公室（以下统称机构编制管理机关）按照规定权限，负责行政机构设置和编制管理的具体工作。第三，编制配置改革要遵循效能原则。邓小平同志说过，"要创造一种环境，使拔尖人才能够脱颖而出。改革就是要创造这种环境"，这是编制配置管理改革遵循效能原则的目标导向。通过编制配置管理改革，可以为整肃吏治、扫除歪风积弊提供制度工具，更好地发挥教育激励作用和警示督促效应，让"降级"和"退格"形成机制、化作常态，确保政府行政机关最大限度发挥效能，实施令人民群众满意的行政活动。

从制度分析的角度来看，编制这个特殊的内部行政行为，应从自身的权限、组织、责任、程序、标准等方面来认真地审视其中的编制管理运作规律。

权限是指一个公法主体行使公共权力的边界和范围，具有一定的约束性。编制的权限是指实施编制管理与推行编制监督的可为事项和不可为事项的总和。编制的可为事项是制定总的编制规模和员额数量及其动态监督；不可为事项是编制监督过程中的纠错权力，以及延伸到纪律检查部门的权限。在此种权限分散的情形下编制管理机关对自身进行的内部行政活动权威性就比较低。这样一来，尽管总的编制得到了控制，但是动态的管理与监督难以实现。通俗而言，一个指标下去，却无法做到对指标本身的监督，编制所在的具体单位的自由权限就非常大。

责任是权力的伴生物，构成了公法（行政法）约束和调整的辩证两面，当然，它本身也将被区分为处理公务的事务责任和监督公务的监察责任。编制工作本身是一种监督活动，而非直接的处理公务的行为，它的目的旨在更好地促进行政机关有效率地履行好自身的事务职责。清楚这一点后，就应把编制管理机关置于监督行政的监察队伍里，并以法律的形式规范好它的这种监督职责。

无论是权限还是责任都是较为相对宏观的法律现象规定，而具体的工作展开仍然需要清晰且明确的标准及程序，以用来更加详细地规定行政行为的法定步骤。编制管理工作实则建立于动态的管控活动之上，而这种动态管控活动直接表现为机械化的自行运作，确保编制管理机关不用思考便能机械地依据法律规章办事。

编制管理的制度设计应涵盖上述的编制权限、责任及标准、程序等内容，它不是某一部法案，而应是一系列相关的法律体系化，真正做到有制可循、有据可依。编制管理工作是法治政府建设进程中的重要环节。

二 编制管理的理论与实践

关于编制改革的理论研究与实践活动，早就伴随着我国四十年来的改革开放历程而发展。张光（2008）通过对1978—2006年统计数据分析发现了财政规模、编制改革和公务员规模之间的关联影响，经济的市场化导致了公务员规模的缩减。在1993年市场经济改革启动之前，中央编制办委托中国科学院完成了《中国地方政府编制管理定量分析的研究》《地方政府分类排序与多重指标体系的研究》等研究，并利用它们指导地方机构编制改革。

在实践方面，四十年来中央政府总共进行了六次自上而下的行政机构改革，主要围绕着市场经济建立与政府职能转变这个核心主题。地方政府主要是在中央的垂直领导下改革配套调适，目前自主性的创新试验还比较欠缺，如深圳的政府雇员制改革，也只能说是特区体制的特例。

三 编制管理的现状与问题
（一）编制管理的现状

编制分类管理主要划分为行政与事业两大类，并且行政编制又细分为党政群团编制、专项编制（乡镇，不含社区）、政法专项编制（公检法）、地税、工商等。从编制管理改革的角度来看，继续推进编制分类管理也是大势所趋。

从1975年邓小平同志提出"编制就是法律"的论断，到1997年颁布的《国务院行政机构设置和编制管理条例》，标志着我国机构编制管理进入法制化阶段。2007年《地方各级人民政府机构设置与编制管理条例》等一系列法规出台，确立了"中央统一领导、地方分级管理"的机构编制管理体制。

编制管理机构实行属地管理，纳入地方党委体系。例如，宁波市编制委员会由市委、市政府及其相关部门的主要领导任职，主任由市长兼任，副主任由市委组织部部长出任，市财政局、审计局等机关主要负责人共同构成委员会集体。各级地方政府都设有自己独立的编制机构，上下级之间没有直接的统属关系。正是如此制度安排，"办法"的第六条规定了"上级人民政府行政机构不得干预下级机构编制事项，不得要求下级人民政府设立与其业务对口的机构、提高机构规格、配备或者增加编制"。这是为了确保编制配置管理工作的独立性与权威性。

我国第一次核定公务员（国家干部）的编制总量是在1993年，并为各个地方设定了七项指标，形成了至今通行的基本编制员额。宁波地区的基本编制员额被定为4400个左右，其中2600名为市本级编制，其余均为市辖区的编制。除了近年来按照国家政策要求，安置了1000余名转业复员的军队干部外，总体来说，宁波市的基本编制一直未有变动。早在2003年，宁波就实行了"逢进必考"原则，有效有力防止了不少地方容易发生的"临时编转正"现象。后来，在2006年全国才开始正式推广这项机制措施。

（二）编制管理的问题

编制配置管理所要处理的核心问题是通过控制政府编制规模、机构设定与公务员员额限定来增进政府的行政效能。由于缺乏一个"整体性政府"意义上的编制配置管理活动，精简、统一、效能的法定原则在现实中难以真正实现，事实上"精简后膨胀""人浮于事、机构臃肿、效能低效"等官僚主义问题一直在干扰着我国政府机关运行的实际效率。从全国层面来看，具体问题体现在：

1. 机构编制管理的事权分散

从当前机构编制部门的工作内容来看，其对机构编制方面的管理内容主要分职能管理、编制管理、领导职数管理、机构管理四大块。从现实中来看，机构编制部门的权限内容以及与之相关联的职责分工仍较为分散，各类编制管理内容没有重心，容易"眉毛胡须一把抓"，与整体性政府的发展方向不相适应，也不利于统筹谋划和动态性的监管。

2. 编制配置结构性失衡

目前各级政府职能部门机关人员编制的配置离编制效益最大化还存在差距，特别是职能部门中综合性内设机构及其人员配备过多，而专业程度相对较高的业务处室及其专业性人才较少。当前机构编制部门对编制的管理一般只核定部门编制的总量，其内部分配则由部门根据工作实际自行调剂，它们在编制内的自主性难以得到约束，长期下来，综合性事务工作人员越来越多。

3. 编制配置的源头管控较弱

职能是核定人员编制的重要依据。比如，近年来，宁波市机构编制部门通过一系列的清单建设，对各部门的行政权力和责任作出梳理，并面向社会公布，在政府自身改革方面迈出了重要的一步。

但总体看，政府职能的绝对量并未实质减少，部门承担的工作任务仍未减轻。同时，近年来随着一些改革试点的推行还增加了不少职能。

4. 编制配置管理程序灵活性不足

目前关于机构编制管理尚未正式立法，从国家到各级地方政府，均只出台了有关规章或规范性文件，明确相关程序。从流程上来看，环节过多，程序过于烦琐，特别是涉及减少部门编制、领导职数、精简内设机构等精编提效改革问题时，仍然要求经过编委会议审议，文件传达需要市政府主要领导的审签，效率不高、耗时较长、成本较大。编制配置管理改革亟须程序立法与流程再造。

5. 编制执法监督的刚性不强

近年来，随着中央、省对机构编制的管控逐步加紧，不少地方政府对相关工作的重视程度日益提升，自2012年以来，已将机构编制执行情况列入领导干部经济责任审计内容、地方党委巡视工作内容，并且实行了深度审计，将有关部门的履职情况也作为督查内容之一。但从总体看，相关工作仍有深化空间，特别是机构编制监督检查的结果一直未能得到有效的运用，刚性不强，机构编制违规成本过小，难以起到应有的震慑和惩戒作用。

这些问题从理论上来分析，本质主要表现为：

第一，从管理手段上来看，编制审批管理表面上是主动的，但在编制信息来源上却是被动的。法律规定编制审批管理程序是由缺额的机关上报缺额人数，汇总上报至本级编制委员，讨论通过后才能发布招考公告。但是，诸如近些年来频繁出现的"萝卜招聘""设定不公平招考条件"等问题，由于编制管理机构无暇考察各个机关部门的实际工作情况，从而导致编制管理的实质被动性。

第二，从价值导向上来看，过分强调总额控制，容易陷入"静态化与结果导向管理"的困境。《宁波市行政机构设置和编制管理办法》规定的编制工作只包括"行政机构的人员数额、行政机构的领导职数和内设机构的领导职数"。《办法》第十九条则规定"各级人民政府行政机构的行政编制在上级机关下达的行政编制总额内……"这样一来,虽然可以防范编制管理对象单位越权增设机构和超额配备员额的问题,但这在很大程度上会造成"申报—审核—批准"的业务循环,编制配置工作会变成一个"编制审批工具",事实上将编制管理带入了一个静态化与结果导向的状态之中。

第三,从编制制定依据来看,各类办法规定得比较宏观,具体的业务工作随意性较大,科学性有待提升。《办法》第三十五条规定,"各级机构编制委员会办公室提出方案前,应当调查研究、科学论证并征求有关部门意见"。另外,还规定"行政机构的设置应在国家、省、市规定的机构限额内,以职责的科学配置为基础,结合人口数量、地域面积、经济发展水平等因素综合确定,做到职责明确、分工合理、权责一致、规范高效"(第七条)。而这些管理内容却把实际的职责工作内容排斥在外,以致出现在同等工作量的前提下,北方地区的公务员数量竟比南方地区多。这对于亟须科学化的编制配置管理来说,前述的编制管理方式应是非常粗放的。

第四,从编制监督活动来看,联合编制执法监督通常是运动式的,难免会"挂一漏万"。编制监督并不是简单地查看编制员额,只是从人员数字上进行考究;从长远来看,编制管理监督还要实现提升行政效能、扭转机关风气等行政改革目标。

第五,从编制监督权力来看,监督事权分散情形较为明显。在编制管理与监督工作缺乏一个"整体性政府"概念时,"上动下不动""左动右不动""前动后不动"的业务协调与合作也是值得怀疑的。就当前现状而言,机构编制管理部门与组织、人事、财政等行政部门,在事实上经常处于相对分离的割据状态,虽有业务联系,但联动效果不能有效实现。

第六,从法律的规定来看,编制监督重权力轻责任。严肃机构编制纪律是非常有必要的,但是缺乏独立的编制纪律文件。而且,关于监督检查,会同监察机关和其他有关部门进行的联合监督检查、部门举报与社会监督都缺乏具体细则引导。《办法》规定的主要是编制管理对象的行政责任与刑事责任,但凡问题出在编制管理机关"玩忽职守"的问题处理却尚无明确的法律规定。这也会导致编制管理机关的权力意识大于责任意识，不利于法治建设。考虑到权责清单建设，作为行政管理的源头位置的编制管理部门应当率先走在各部门的前面。

四 改进思路与建议对策

（一）编制管理的改进思路

编制管理不能用理工科的线性的技术理性思维来处理相关事务。事实上，编制的员额一旦下放，就很难得到有力约束，各种违规用人现象屡禁不止。换句话说，不少公务员的法务素质无法通过编制管理来得到有效提高，贪庸顽劣现象也是层出不穷。那种立足更为长远、思虑更为周到的人文关怀应当重新引入编制管理当中。

第一，推行整体性政府改革措施。整体性政府理论的核心内容是"协调""整合""逐步紧密与相互涉入"，这从法学角度来看是要求编制管理的权责统一、防范事权的碎片化；从政治学角度来看是编制管理改革的集权化、确保编制管理权力运作的顺畅化；从公共管理学角度来看是编制管理作为一种机关内部的公共管理活动要逐步从当下简单的机关合作转变到未来有机的职责统一，实现信息化、科层制、合作治理的全面融合。

第二，推行编制管理改革法治化。随着行政体制改革步伐的加快，转变观念，创新机构编制管理理念和方法是机构编制部门面临的新课题。须继续加强对中央、省市有关政策法规的落实力度。根据相关的编制管理规定，对行政机构的机构设置、编制设定、职责配置、编制管理、监督检查、法律责任等作出详细规定，完善既有的编制管理法律法规体系。

第三，推行编制管理改革动态化。综合约束机制是加强和改进编制管理，实现动态化管理的有力手段，最终目的是为了推动机构编制管理规定制度的落实，重点是关口前防患未然。将实名制信息平台与实际查访制度有机结合起来，建立主动抽查、调研指导等灵活方式实现动态化的日常编制监督检查。

（二）编制管理的具体对策

1. 构建编制管理的统一体制

统一编制管理事权，需要构建统一的编制权力体制。鉴于机构编制原本就实行"一支笔"审批制度，相关权力已相对集中，但仍须对目前尚分散于其他部门的履职考核、绩效评估职责进行整合与重组，一起归并到编制管理权限当中来。此外，编制监督协同需要健全部门间协调配合机制，逐步实现宽职能、少机构的改革目标。

2. 推行编制管理的动态机制

一是实施"总量内盘活增量"策略。在"控制总量""只减不增"的编制管理目标指引下，科学运用弹性调控手段，根据机构职能的变化、经济社会发展需求，适时调整编制，有减有增，动态调控。二是实施常态化的清理规范制度。首先在摸清全市范围的编制情况下制定全市范围的编制清理规划计划，对各个政府部门单位进行定期的常态化清理活动，对冗编冗员、超编机构，进行全面清理，以达到盘活编制、疏通"脉络"的编制管理改革目标。三是要制定平台人员登记本和减员、落编管理台账，对减员、落编的依据、时间及人员的基本信息进行及时录入，保证"落编有依据，减编有去向"，为编制统计工作奠定基础。

3. 完善编制工作的责任机制

配合权责清单建设，编制管理工作可在权限范围内编制审批与监管工作打造一个统一的信息网络平台，在现有的信息系统与编制实名管理制度的信息化基础上，继续推进编制管理工作的公开化、透明化，这需要继续完善编制管理责任监管体制。利用机构编制门户网站，加大政务公开力度，及时发布政策法规、办事指南、工作动态、通知公告等机构编制信息。还要通过对编制部门工作人员进行业务培训和专项检查，切实提高各单位统计水平，有效提升编制部门对各单位机构编制执行情况的宏观把握能力和监督检查工作的针对性。

4. 改进编制工作的流程程序

改进编制工作的流程需要加强编制管理立法。建议亟须专门制定科学有效的编制法律，形成完善的行政组织法律规范体系，增强编制工作的实效性、严肃性和稳定性，确保编制管理和机构改革在法治框架中进行。编制工作的流程和程序主要包括编制制定、编制监督协调、第三方评估等内容。在编制制定方面，建议实施《减员、落编工作流程》《减员、落编审批制度》和《减员、落编备案制度》。建议对减员、落编的流程、办理人、责任人、审批人及办理时限等进行明确的规定，使减员、落编制工作公开化、透明化，提高工作的准确性。编制制定应按照行政管理与人事管理的科学规律制定相应的流程。在编制监督方面，可以在维护实名制数据库和机构编制台账的基础上，对各类台账进行优化调整，新建及完善《基础台账》《经费类型分类台账》《满编空编台账》《电子审批台账》《机构编制事项变动情况表》等流程。第三方入库评审程序要求在第三方专家审阅申报材料的前提下，提出专业的评审意见。

5. 强化对编制工作的监督渠道

编制管理责任监管体制主要包括编制预算批准后的绩效考核、奖惩机制等制度。一是可依托互联网，打造阳光编制，坚决杜绝编制混用、违规超编进人、超设机构、超核职数、"吃空饷"等问题的发生；二是建议将编制作为绩效考核的前提内容，编制部门强化对监督检查结果的应用，将相关的绩效考核信息与编制信息放到编制网上实现政务公开；三是通过与人社组织纪律监察部门共同展开编制监督联合检查，一旦发现机构编制违法违纪等现象，严格依照编制法律收回冗余的编制，挪归其他紧缺单位使用，还要追究相关单位及责任人的责任。

第四节　行政服务中心改革思考

在 2015 年召开的中央全面深化改革领导小组第十七次会议上，习近平总书记强调："中央通过的改革方案落地生根，必须鼓励和允许不同地方进行差别化探索。"与此同时，行政服务中心是地方政府自主制度试验的新产物，在抓住目前体制改革的潮流后，它发挥了应有的便民服务效用。幅度—层级理论是考察权限设置与控制制约及其相互关系的行政规律。在调查相关的行政服务中心建设数据之后，发现了行政服务中心制度改革仍受到官僚组织理论窠臼的约束，当下陷入了一定困境和瓶颈之中。随着现代网络与交通的快速发展，高效便民的服务改革要求主张行政服务中心制度改革应重新把握幅度—层级理论，以从中寻找出合适的改革路径出路。

一　问题的缘起

（一）行政服务中心发展历程

行政服务中心又称"一站式"服务，最早发端于西方商务活动中的资源外包服务，原指企业为客户提供完整的"一条龙"服务。早在撒切尔执政时期，英国人率先将这一理念引入其倡导的政府改革实践中，并明显提升了英国政府的行政效率。自此以后，澳大利亚悉尼、美国洛杉矶等地，都出现了类似行政服务中心的运行模式，韩国也开展了"亲切服务运动"。1995年，深圳市率先将外商投资审批有关的18个政府部门集中起来，成立了"外商投资服务中心"，虽然结构比较松散，但它是国内最早的专业性联合审批机构。之后，浙江省金华市设立了我国第一个真正意义上的"一站式"服务机构，其内在结构相对完整，可惜未能得到很好的发展。浙江省上虞县在效仿金华经验的基础上，参照结构、规范流程，首次打造了我国行政服务中心的雏形模式。[①]

行政服务中心是我国改革开放40年来，适应市场经济快速发展的机制创新产物，它的一端联系着受计划体制惯性影响的旧体制；另一端打开了通往市场体制下的变革之路。行政服务中心在现实中也有自己的机制运作两端——政民互动联系，一端是政府部门；另一端则是社会公众，如何使得这两端紧密联系起来一直考验着行政服务中心的实际效率。

---

① 赵永伟、唐璨：《行政服务中心理论与实践》，企业管理出版社2006年版，第42—43页。

行政服务中心还有许多别称，如政务超市、政务服务中心、行政审批服务中心、行政服务中心、便民服务中心、行政服务大厅，等等，由于本来就是地方上自主试验的机制创新产物，所以在不同地方、不同时期有着各种形式各异的现实表现。

据有关统计资料，全国已有不同层级的综合行政服务机构3300多家，几乎覆盖了全国所有县市。我国综合行政服务机构的产生，顺应了建设服务型政府的现实要求，是政府公共服务方式和服务程序的一种新的探索。截至2013年年底，全国共有19个省级行政区设立了行政服务中心，3万余个乡镇（街道）建立了基层便民服务中心，其职能也拓展至政务公开、政务服务、政务监督，并在推进政府职能转变、提高政府效能等方面得到了地方政府和公众的普遍认可。[①]

表1-1　　各类行政服务中心的数量统计（截至2013年）

行政服务中心类型	统计数量
省级行政（审批）服务中心	16*
地级行政（审批）服务中心	333
国家级开发区行政（审批）服务中心	389**
县级行政（审批）服务中心	2862
基层（乡镇、街道和社区）便民服务中心	30000+
村级便民服务中心	≈691510

表格数据来源主要是根据笔者对各类行政服务中心网站情况的汇总与统计，由于行政服务中心的本质是"互联网+政务"，所以，但凡网上查不到中心官网的，一律视为未有开设行政服务中心。

注明*的地方数据进行了修饰，许多文章认为是19个，但是，笔者实际调查发现只有12个省+4个直辖市＝16个，其中网页打不开的都不能算作是设立行政服务中心的。

注明**的地方是通过访问中国开发区信息网（http://www.cdz.cn/Index.asp），并分别进行中心官网的搜查，得出的数据结果。

[①] 朱光磊：《中国政府发展研究报告（2014）》，中国人民大学出版社2014年版，第48页。

第一章 政府治理现代化的组织架构

我国省级行政服务中心主要有浙江、江苏、江西、河南、山东、山西、河北、宁夏、甘肃（政务服务网），四川（电子政务大厅），云南（行政审批服务大厅）、新疆（电子政务外网），还有北京、上海（网上政务大厅），天津的行政审批服务网（公共资源交易网），重庆的网上审批服务网。而其余省份，如福建只是名义上开设了12345便民服务平台，不过是给下设市区县行政服务中心提供的汇总跳转网页而已；湖南的政务服务中心暂时还打不开网页；湖北、安徽、广东、广西、贵州、陕西、辽宁、吉林、黑龙江、内蒙古、青海、西藏等省没有开设省级行政服务中心。

国家级开发区包括18个国家级新区（拥有副省级管理自主权）、145个高新区、219个国家级技术开发区、63个出口加工区、31个保税港区、16个边境经济合作区。其中，18个国家级新区，除了江西赣江新区外，其余都设有行政服务中心，但名称各异。所有高新区都以行政服务中心为正式名称。北京、温州、大连、南昌、盐城、九江、威海、金华、郑州、重庆、昆山、南京江宁等大多数经济开发区都有行政服务中心（以此为正式名称）；还有，天津则是行政许可服务中心，烟台、武汉、淮安等设立了政务服务中心，嘉兴、连云港、青岛等则设立了行政审批服务中心，杭州却独称市民中心办事大厅。宁波、大连、张家港3家保税区设立了行政服务中心，天津保税区则设立了行政许可服务中心。在众多出口加工区中，宁波是行政服务中心，合肥是服务平台，厦门则称投资促进服务中心，深圳、武进则称综合服务中心。丹东、尹宁、和龙等4家边境经济合作区拥有不完全权限的公共行政服务中心、招商行政服务中心、便民服务中心。

那么，行政服务中心有哪些权限？这里，暂以浙江省行政服务中心权限设立为例，据浙江政务服务网显示，浙江省权力（责任）清单实施的思路是在横向上按照权力类别分为行政许可、行政强制、行政确认、行政给付、行政征收、行政裁决、行政奖励、行政处罚、其他行政权力九项，尤以强制性权利居首。

政府治理现代化研究

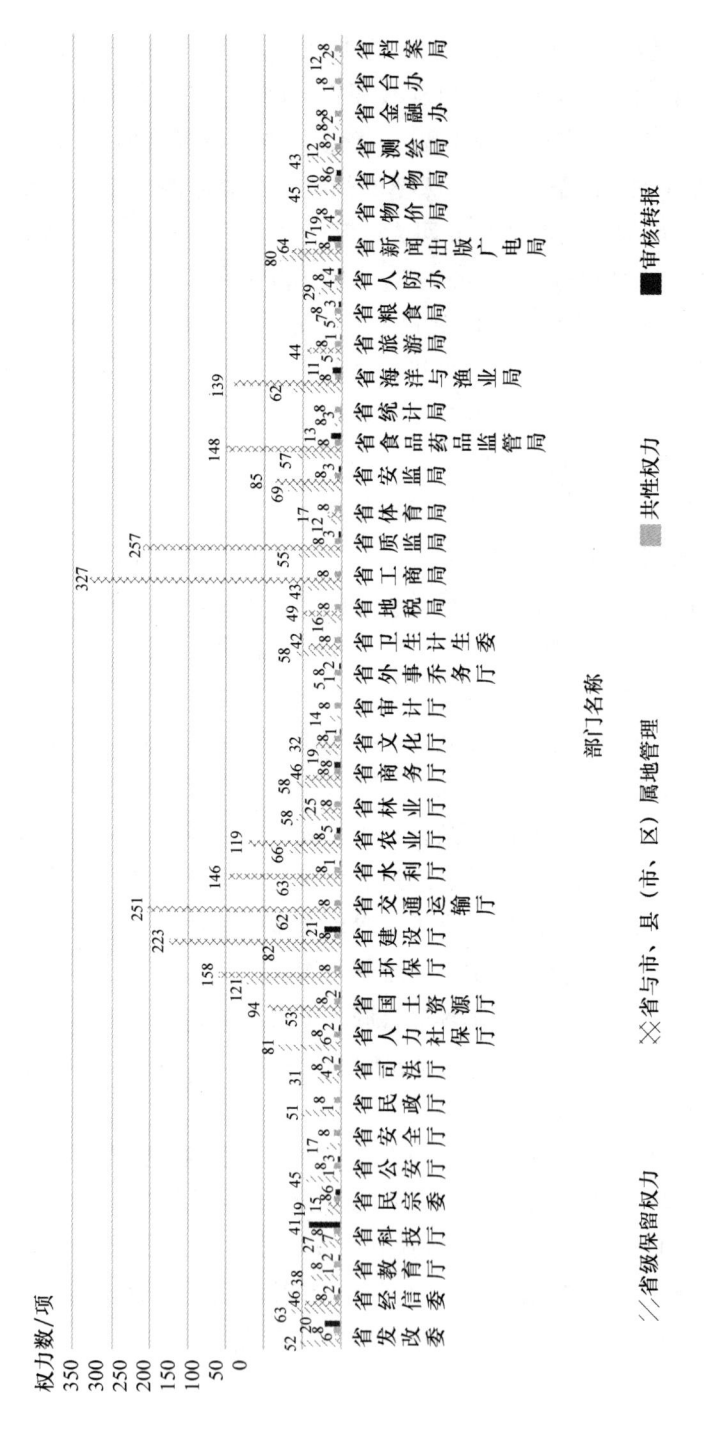

图1-6 浙江省行政审批服务权力事项

第一章 政府治理现代化的组织架构

在纵向上，实行的是部门划分，使得行政权力按照归口原则下放到市县（市、区），主要包括省发改委、省经信委等41个省级机关，以及细分的省政府保留权力（1691项）、市、县（市、区）属地管理（2399项）、共性权力（共8项）、审核转报（209项）四类权限。

事实上，简单和粗略的部门划分会导致权力背后的责任还无法做到完全清晰。省级行政服务中心的权限与市县（区）、乡镇、社区之间权力同构情况非常显著，权力（责任）若无清晰区分，仍会影响审批服务效果。其中，乡镇（社区）便民服务中心起源于行政服务中心，它是行政服务中心在乡镇层面的具体表现形式，与县市级、省级行政服务中心之间除了权限与效应上的差异，其余方面在本质上都是一样的，即都是政府为了社会公共服务的职能体现。

截至目前来看，行政服务中心改革发展最快且推广最深的应是在它的最早发源地——浙江，这个东部沿海经济发达地区，它又在时下推行与实施了"最多跑一次"的创新试验，其设计初衷在于确保公众可以最便捷的方式享受到政府提供的公共服务，这使得公共管理的视角从"政府"转变到"公众"，从"包办"到"点餐"。如果这个良好的制度设计初衷能够得到顺利实现的话，那么，行政服务中心制度改革也将会全面深入地铺展开来。

当前，行政服务中心制度改革的困境在于现行行政科层（官僚）制度自身的弊端会在很大程度上影响它的机制创新效果。政治改革中新事物的普及度与推广度是受到其与旧制度之间的适应性影响的。然而，这么多年来的行政服务中心制度改革，核心焦点应是如何确保政府高效地提供优质的公共服务，也就是说改革的目标不仅是"高效"还包括了"优质"。在现实中，行政服务中心就出现了各种与体制改革的联系问题，如当下行政服务中心建设有六大局限，即起点低（体制合法性弱）、"行政机关"只增不减、行政服务中心窗口业务与原行政部门审批权力对接不到位、行政服务中心仍然会遇到依照旧体制进行权力运作、操作运行中资源严重浪费及职能与流程之间不衔接①等问题。

（二）幅度—层级理论

在官僚（科层）制理论中，最关键的问题是层级与幅度的设置，它关系到作为官僚制灵魂的行政权力配置问题。官僚制的层级与幅度的设置是实现公共管理效率与质量的保障基础。《布莱克维尔政治制度百科全书》中有关于"官僚/官僚制"的词条②，这是一个与君主统治、民主统治及贵族统治相区别的官员统治形式，是官员的集合体系（官僚体系）及其运作机制。

"由于官僚制的理性形式、不透明、组织僵化以及等级制的特性，使得它不可避免地会与民主制发生冲突。"③ 公共部门的政府具有一般特定的纵向区域原则与横向的工作原则两大类，所以就有了行政区划制度与行政等级制度，体现了官僚制的基本内涵与主旨精神。官僚制中的各类管理与事务岗位还存在异于纵向等级制的横向划分形态，即专业分工，这样被认为是可以取得泰勒所说的科学管理的高效状态，它包括公私分开、专业化及专职化等基本内容。然而，官僚机构极易背叛公共责任，实际上蜕变为既不负责任也没有民主的政府治理。④

从理论上来看，行政组织的上级与下级和每一层级相对应部门之间都存在着领导与被领导的关系，这就是行政组织的纵向结构，主要由管理层级和管理幅度组成。行政管理层级是指纵向上行政管理机构上下级之间的层级数量，而行政管理幅度则是指行政管理机构在机构的管理权限内所能支配的人员和部门数量。判断管理幅度

---

① 沈荣华、吕承文：《从服务结构转身看体制改革逻辑：基于吴江行政服务局的考察》，《理论探讨》2012年第3期。

② ［英］韦农·博格丹诺：《布莱克维尔政治制度百科全书》，中国政法大学出版社2011年版，第67页。

③ ［澳］欧文·E. 休斯：《公共管理导论》，彭和平等译，中国人民大学出版社2007年版，第47页。

④ Lewis C. Mainzer, *Political Bureaucracy*, Illinois: Scott, Foresman and Company; 1972. EUGENE P. Dvorin & Robert H. Simmons, *From Amroal to Humane Bureaucracy*, San Francisco: Canfield Press, 1966. Bruce L. R. Smith D. C. Hague, *The Dilemma of Accountability in Modern Government*, New York: St. Martin's Press, 1967.

与管理层次合理与否,在于管理幅度和管理层次是否与管理活动的进行所处的背景相适应。如果管理的幅度与层次是相称的,那么在管理的过程中,效率将会得到提高,反之,效率则会降低。而且,如果假定国家政治权力总量恒定以及一国行政机构的总数恒定,那么就可以推导出该国行政管理体制所应设置的合理幅度和合理层级之间存在着反比例关系,二者此消彼长。并且,这个理论适用一切新的和旧的行政机关、机构。

如图1-7所示,其中,P1意味着层级越多时幅度越少;O是合理的临界点;P2则意味着层级越少时幅度越多。但凡在行政机构的制度设计过程中,这种本质上的人为建构活动通过致力于寻找幅度与层级之间合理的临界点O,而事实上大多只能在O点的附近徘徊。我们还知道行政管理的瓦格纳定律——行政权力的不断膨胀,行政机构也随之膨胀,这就说明只要稍对行政权力不加以约束和控制,就会导致行政权力的滥用和败坏,若表现在行政机构上,就是其日益臃肿的官僚机器宿疾。

寻找合理的临界点O是不容易的,因为须认识到行政管理中幅度与层级之间并不是绝对的反比例关系,其间存在着各种前提条件(在理论上表现为前提假设),如一国的行政(政治)权力集中是恒定的,法治政府是在建设当中的,行政管理体制是健全的,等等。

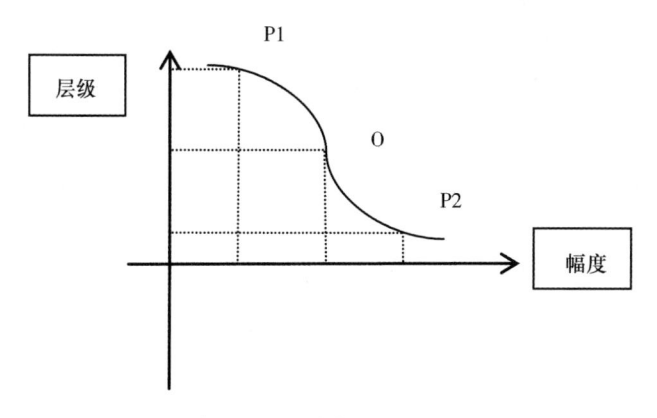

图 1-7 幅度与层级的关系

(三) 行政服务中心制度改革的幅度—层级问题

行政服务中心建设的重点在于行政权力重构、公共服务标准设立、服务行为流程设计等，这些内容都直接从以政府为核心转向以公众为基础。一旦政府离开了公众，行政服务中心建设必将流于形式、悬浮于社会，以往行政服务中心的"传达室"困境便是其中重要的教训。美国政治学家科恩曾指出，民主政治无论采取何种形式，其关键都在于民主参与。① 当各地行政服务中心如雨后春笋般兴起时，也就为我国社会主义民主政治奠定了制度基础和发展载体，因而当诸多条件逐步创立之时，将必然推动我国社会主义民主制度的深入发展和长足完善。

虽然行政服务中心是伴随着行政管理体制完善与地方自主试验出现的新产物，但它在本质上还是一类隶属于政府行政序列的行政机构，无论其在当下遇到制度壁垒问题，还是行政权限问题。我们还注意到不少地方，如江苏吴江、浙江嘉兴等，已经作出了关于行政服务中心职能局化的制度试验尝试，或称行政服务局也好，还是行政审批服务局也罢，行政服务中心将成为实质属于地方政府序列的一个完整的职能局，将是未来我国行政管理体制改革的一个趋势。

这也即说明行政服务中心内在的幅度—层级问题应得到重视与关注。而且，行政服务中心及其制度改革，应当把握与顺应幅度—层级的行政规律。一般地，这里我们认为行政服务中心的幅度是指其自身及其与其他部门的权限划分，而它的层级则是指行政服务中心所能、所应得服务对象及其地域范围问题，由此，还要妥善处理行政服务中心的权限划分与服务对象范围之间的关系问题。

二 问题的检视

在诸多行政服务中心的类型中，不论是已经过时的政务超市，还是行政审批服务中心，抑或是乡镇（社区）便民服务中心，如果

---

① ［美］科恩：《论民主》，商务印书馆1988年版，第40页。

我们要关注核心问题——如何高效地提供优质的公共服务——的有效实现，那么就会引发一系列的相关思考，诸如，我们是否需要这么多类型的行政服务中心？它们是真正地便民吗？毫无疑问，只有这些问题得到了正确解答，我们才能真正认真回应好这个核心问题。

作为一种新的制度试验产物，行政服务中心最坏的结果不过是制度"开倒车"（即行政服务中心解散后审批服务权限又回归各自职能局），而理想的改革方向是顺应行政权法治化的潮流逐步将行政服务中心转化为一类权责清晰、运作顺畅的实体职能局。若在幅度—层级的理论视野下，行政服务中心制度改革表现出如下困境：

（一）行政服务中心的幅度问题

这是对官僚层级解构的行政权力解构与分权的思考，换句话说，就是如何设置合理的服务（管理）幅度才能适应行政服务中心的设计初衷。首先，各种类型的行政服务中心，如便民服务中心、行政审批服务中心等，它们的权限难道不都是提供审批服务吗？

目前我国各地的行政服务中心名称尚未统一，如嘉兴市行政审批服务中心、张家港市便民服务中心、义乌365便民服务中心等，这归因于我国统一行政服务中心制度的缺失，标准化建设仍有待加强。在地方公共资源整合方面，浙江省走在了全国前列，省市县三级政府6万余件审批事项均可通过政务超市即"浙江政务网"办理，并能使用支付宝缴费。2014年，浙江开始运行在阿里计算云平台上的该"政务超市"成为中国访问速度最快的政府网站，它被纳入省市县三级政府3300多个部门的所有审批事项以及汇集了三级政府和相关机构2.4万项服务资源。[1]

如果暂且不考虑形式上的问题——"名称各异"，那么，对于

---

[1] 吴建军：《我市7341个审批事项亮相浙江政务网》，《丽水日报》2014年7月2日第2版。

只需得到公共服务实质的公众来说,是不是只需要一种统一的行政服务中心,才能满足社会公众的切实需要呢?由此,公众才无须花费很大的精力去识别不同类型的行政服务中心,这岂不是更加便民、更加高效吗?也同时更能体现"最多跑一次"的设计初衷吗?有学者认为机构性质不明确、重复审批、图章"两张皮"等现象直接制约了行政服务中心制度改革的发展前景①,由于行政许可的流程与标准设定缺乏全面、统一的设计,再加上现行条块分割的行政体制,行政审批相对的难以真正"最多跑一次"。对于行政服务中心而言,其自身还存在着不少缺陷(见表1-2)。

表1-2　　　　　　　　行政服务中心的缺陷

分类	宏观特征	具体表现
结构性	垄断服务供应,抑制服务对象需求	(1)政府行政流程的制度设计由政府部门单方制定;(2)服务内容没有可替代性;(3)服务对象只能被动接受
	强化部门利益,阻碍扁平化发展	(1)部门流程锁定;(2)组织层级管理体制;(3)前台集中,后台分置
非结构性	治理绩效高成本投入,低效率产出	(1)资金、人员、设备、技术等物理性投入为主;(2)回避公众和服务对象的"隐性"成本;(3)产出与原有模式没有本质区别
	行政运行重入驻,轻协调	(1)入驻事项基本上涵盖政府部门主要业务;(2)业务协调多数是纸上谈兵;(3)无法判定行政流程的合理性及优化程度
	服务观念多传统,少创新	(1)传统事项居多:表单数量的多少、办理时限的长短、收费种类的多寡、态度转变的好坏、工作出勤的早晚;(2)出现许多"被服务"现象;(3)虚拟政府形式鲜有出现

(图表来源:王胜君、丁云龙:《行政服务中心的缺陷、扩张及其演化——一个行政流程再造视角的经验研究》,《公共管理学报》2010年第4期,第26页。)

---

① 施雪华、汤静容:《当前中国行政服务中心的主要问题与解决对策》,《理论与改革》2013年第5期。

行政服务中心在制度建设中仍然存在一些问题。据调查显示，在行政服务中心缺点的回答上，流程欠缺（36%）、业务缺乏（23%）、排队拥挤（20%）、其他缺点（21%）备受关注，在行政服务中心办事有无障碍一问中，回答无障碍、有障碍、不清楚的分别占38%、21%、41%。在行政服务中心是否实现公共服务标准化调查中，认为实现的仅占17%，远低于认为未实现的53%，在行政服务中心公众参与情况调查中，仅仅有8%的参与率，而87%的人根本未参与进去。[①]

"事实上，好的制度不会成为自由的政治和经济参与的绊脚石，相反，它会有助于保护这种参与。"[②] 如果行政服务中心真的是这种我们想象中的好制度，那么它应该极力倡导和拥护民众的公共参与。可见，行政服务中心的公共服务职能并未得到很好地履行。

从另外的角度来看，这还是一个关于行政服务中心的权限划分问题，清晰确分是改革目标。仍以浙江样本为例，我们已知的数据是省级权限1691项，省级以下地方政府（市、县、区、乡镇，后文为了行文方便简称为"非省级"）权限总共12399项，共有权限8项，须转报审批的权限有209项。总体来看，省级权限总共：1691＋8＋209＝1908项，非省级权限总共：12399＋8＝12407项。

那么，就此可作出如下推断：

第一，省级行政服务中心须容纳1908项审批权限，而非省级行政服务中心的12407项权限，还需要按照政府行政序列依次解构为地级、市县（区）级、乡镇（社区）级、村级等相关权限内容，而如何上下清晰划分才能避免各级地方政府之间的"权限打架"呢？

第二，对于8项共享权力，可以理解为既可以由省级行政服务

[①] 何瑞文、吕承文：《行政服务中心的合法性提升之道——基于S市一项问卷调查结果的分析》，《中共福建省委党校学报》2010年第10期。

[②] 林雪霏：《顶层逻辑与属地逻辑的博弈——行政审批制度改革"双轨制"的困境与契机》，《社会主义研究》2016年第6期。

中心来行使，也可以由非省级行政服务中心来行使，这里是否会有"叠床架屋"的嫌疑？一般来说，公众能在家门口的服务中心办理的事项，都不会去省会寻求省级行政服务中心的公共服务。

第三，对于转报审核的209项权限，则意味着在非省级行政服务中心并不能实施最后的审批决定权，那么，又为什么非要让非省级行政服务中心成为省级行政服务中心的前置程序呢？如果让公众直接去省级行政服务中心办理，岂不更加方便？

总体来看，目前地方上的行政服务中心的审批权限划分仍然是不清晰的，所谓的审批服务清单更像是对既有的已然分散于各个职能局的权限现行行使范围确认而已，而非真正将行政审批权限关系捋顺，这就会导致当下行政服务中心制度改革缺乏必要的制度前提。

（二）行政服务中心的层级问题

从理论上来说，最方便、最简单的方式是不设置任何重复和臃肿的琐碎程序。行政服务中心的服务流程及其标准设定是决定行政服务中心效力最大化的核心，这直接影射到行政服务中心设置的层级问题。这里的困惑在于是否要在省、市、县、乡镇（社区）之间依照地方行政管理层级来设置行政服务中心？从现实中来看，这种做法通常造成的是"叠床架屋"的机关权限"打架"困境。

体制建设的速度与人民群众日益增长的公共服务供给需求产生矛盾，乡镇便民服务中心的职能欠缺，满足不了辖区内人民的各方面服务需要。层级划分下的行政服务中心并不是直接面向基层主体，而手中权限大大超过乡镇便民服务中心。2014年的公共服务蓝皮书中调查显示，"公共服务的孤岛效应造成人民群众对公共服务的满意度不高。一些提供公共服务的政府和部门具有明显的部门利益化倾向，导致公共服务各相关要素的供给缺乏顶层设计和统筹规划"[①]。

[①] ［美］迈克尔·约翰斯顿：《腐败征候群：财富、权力和民主》，袁建华译，上海世纪出版集团2009年版，第38页。

行政服务中心还存在着"顶层逻辑"与"属地逻辑"之间的博弈问题,这致使行政审批的权威碎片化,不利于最终的行政服务中心制度改革的目标实现。[1] 行政服务中心存在的问题实质上是体制构建的漏洞造成的,这种漏洞从深层次上恰好反映了政府在制度构建过程中过度关注自身的公共服务供给的方式、效率及内容,而人为地、单向地割裂了行政服务中心自身内在的政民互动联系。"由于缺乏公众参与,行政服务中心的设计初衷与现实运作容易脱节,甚至还直接导致公共服务导向的偏离或变异。"[2] 公众难以真正实现有效实际的参与是行政服务中心出现机制、体制摩擦冲突的关键问题所在。

层级问题不仅包括权力效应范围,还包括行政序列隶属关系。然而,鉴于行政服务中心独特的机构性质,它既是名义上因派出而设立的政府行政序列机构,也是实质上的对外向社会公众提供审批服务的部门,因此,它的层级设置既有内在的隶属问题,也有外在的服务效应问题。

首先,从目前行政体制的制度设计来推断,从省级行政服务中心到省级以下的其他行政服务中心(便民服务中心),它们之间并不存在任何的机构隶属关系,而是各自隶属于本级地方政府,这种设置思路是符合起初行政服务中心作为本级地方政府及其职能局的(联合)派出机构的性质,有利于本级地方政府自主决定本行政管理辖区内的公共管理事务。可是,能够这样依据行政层级设立其内在的行政服务的前提必须是各级地方政府权限之间存在非常严重的同构现象情形下,这样的制度设计恐怕仍会延续本来就已混乱的地方行政管理体制。

其次,行政服务中心较之此前的行政服务权限分散和制约的职能局而言,权限更趋于集中和大部化,更加可以利用好当代网络的

---

[1] 钟君、吴正杲:《中国城市基本公共服务力评价》,社会科学院出版社2014年版,第31页。

[2] 沈荣华、王荣庆:《从机制到体制:地方政府创新逻辑——以行政服务中心为例》,《行政论坛》2012年第4期。

技术便利，还顺应了社会公众对公共服务的质量与效率的高水准要求。那么，这就意味着在面临社会公众对公共服务提出的"又快又好"的要求面前，行政服务中心自身作为全新的制度试验产物，不应把以往官僚机构的利维坦弊政保留下来，应是抛掉一切沉疴包袱，保持轻装上阵的势头，继续将改革进行到底。

再次，从省级及其他类型地方政府的行政服务中心建设情况来看，全国的各类行政服务中心（便民服务中心、行政审批服务中心）的总数已超过70余万个，对于如此为数众多的行政服务中心，我们目前担心的问题不仅是机构的必要性，还有隐藏在背后的公共税负难题。机构精简是防范行政机构的利维坦宿疾复发的一种常用办法。当然，机构精简总应按照幅度—层级的行政规律来开展和实施。尽管现在还无法探明我国需要在地方上设立多少个行政服务中心才能符合临界点O的要求，但至少在当前的交通条件和网络技术的辅助下，行政服务中心的总数肯定是可以做到比现在要少很多的。

最后，关于行政服务中心的层级问题，还有一个人们非常关注且很有意思的问题，即中央政府是否需要设立行政服务中心。这个问题得从中央政府的性质说起：对于央地同构性质较高的国家的中央政府与地方政府的权限差异仅在于国防和外交，而这二者是涉及整个国家和社会的集体性质的公共服务（品），是不可能接受公众个人提出申请需要的，而针对公众个人的公共服务需求，各级地方政府业已满足了；对于属于央地之间实行法律分权的联邦国家而言，除非作为中央政府的联邦政府被法律授予了地方政府所没有的非国防与外交性质的个体公共服务（如教育、卫生等），才可能有必要设立一两个行政服务中心来受理来自全国民众的服务需求申请。

（三）行政服务中心的幅度—层级问题

"在一线实施管理和提供服务的部门和行政人员，已经越来越多地感受到社会公众对某些传统的管理和服务方式的消极抵触心理。"[1] 尽管基层便民服务中心给辖区的居民提供了不少的便利，但是，基层便民服务中心的机制原因，时常会导致了公民仍然需要从基层便民服务中心跑向行政服务中心寻求公共服务供给。两头跑以及多头审批依然没有达到政府的便民目的，还削弱了基层便民服务中心在百姓心中的形象。

权力的效应问题本质上是行政服务中心制度改革的源头性问题和核心问题。一般认为，政府审批干预过多，束缚了市场自主性。中央要求深化行政审批制度改革，继续简政放权，原有行政审批事项的去留问题自然要被提上议事日程。笔者认为，行政审批事项，哪些需要取消、哪些需要保留、哪些需要弱化、哪些需要加强，都需要法律加以明确规定。当然，行政服务中心真正的改革并不仅仅是依靠做"减法"就能完全实现目标，还需要对作为制度改革的核心标的——行政权力做"加法""乘法"与"除法"。

目前，从地方上来看，地缘政治的发展决定了地方政府设置的地域属性，这本来就是按照社会公众的居住习惯进行划分的，因此，在公共服务供给过程中便民无须在地域原则中再添加官僚机构特有的层级原则。层级的原则设置原本是为了监督与控制。对于事务权限划分的幅度而言，层级的设置繁简明细会对层级产生重大影响。

从理论上来认识行政服务中心，其中的行政规律应包含以下内容：

第一，行政服务中心应按照区域划片设置，这样自然会比层级设置更加便民高效。

第二，行政服务中心由本级地方政府及其职能局的派出机构演化而来，那么，监督权限自然还在本级地方政府手中，所以，也无须再层级设立行政服务中心。

第三，为了实现依照地域原则设立行政服务中心的目标，必须

---

[1] 叶劲松、詹建芬：《转型期的地方政府职能与管理方式》，国家行政学院出版社2002年版，第4页。

对地方政府的行政审批权限做好"加减乘除法",尽快捋顺各类行政审批权力之间的权责关系。

由此,行政服务中心制度改革的幅度—层级规律如图1-8所示:

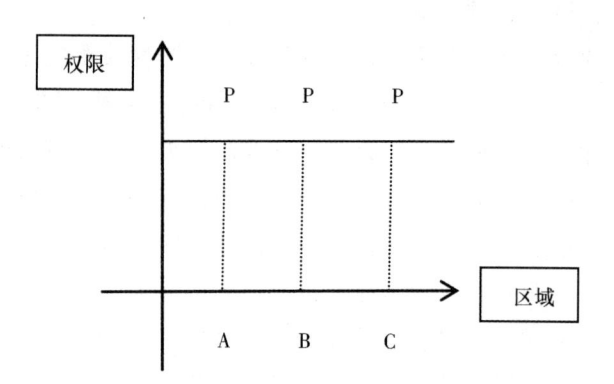

图1-8 行政服务中心的权限—区域关系

该图表示无论是A地还是B地、C地,它们的行政审批服务权限都是一样(P)的,这样有利于在全国各地推广公共服务均等化。而且,不同区域范围同等的行政服务权限意味着权责清晰的背后异地实现公共服务供给也将成为可能。

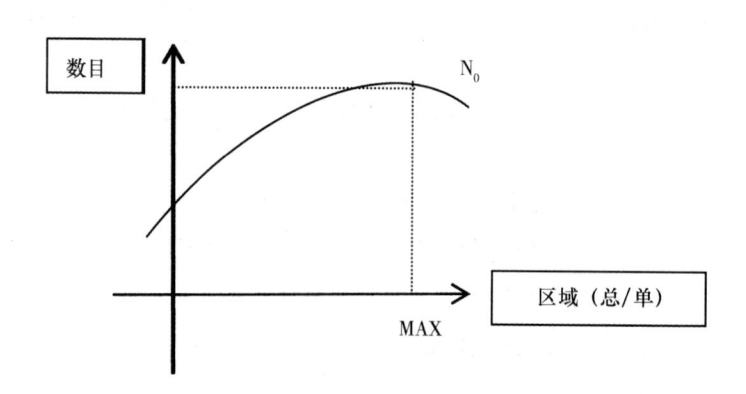

图1-9 行政服务中心的数量—区域关系

图 1-9 意味着：(1) 总区域面积越大，所需设立的行政服务中心越多，但是有一个 MAX 的临界点；(2) 行政服务区域的单位面积越大，所需设立的行政服务的数量越少，但也有一个 MAX 的临界点，这是因为相应的极值单位面积是有限的，不可能无限大。

三　问题的出路

综上所述，通过对幅度—层级的行政规律把握，我们认识到当下行政服务中心制度改革的瓶颈与困境。而且，面对数量众多的基层行政服务中心（即乡镇的和社区的便民服务中心），这里的行政服务中心制度改革焦点应在于此，或者说，出路也即在于对基层行政服务中心采取有效的制度调适将会实现突破各类瓶颈和困境。

从我国乡镇（社区）便民服务中心建设实践来看，基本现状是：(1) 在设立范围上，不少地方已经全覆盖；如辽宁省于 2015 年宣布全省八成地区全部覆盖乡镇便民服务中心；四川省广元市在 2010 年完成了辖区 240 个乡镇便民服务中心建设；(2) 在财政投入上，地方各级政府共建才能实现目标，如辽宁省沈阳市于 2011 年开始共新建和改扩建了 113 个乡镇政府便民服务中心并陆续投入使用，各级财政累计投入建设补助资金 9698 万元；辽宁省朝阳市在 2012 年进行乡镇便民服务中心建设时计划需要省、市财政安排补助资金 6285 万元；(3) 在特点上，乡镇便民服务中心主要负责计生、民政、司法、计卫、农房、农保、社保、流动党员服务、工商、税务、治安、劳动保障、社会救助、文体教育、法律服务、供电、供水、通信、档案服务，等等；并采取行政服务中心的"一站式服务"向辖区居民提供便捷的公共服务。

基层便民服务中心使得本由基层内设机构处理的行政事项，现在放入服务中心办理，相近的职能可以整合成一个窗口。基层便民服务中心作为基层政府为履行辖区居民提供基层公共服务职能的重要载体，是基层服务型政府建设的重要标志，应是一项长期的制度建设，不仅是一时效能提升而进行的创新冲动。基层政府的组织融入基层便民服务中心，既可以提高人力资源的利用，亦能利用基层公务员了解当地民情民意的特点提高公共服务的满意度和附近群众的幸福度,"增进民生福祉是发展的根本目的"。

事实上,为了确保行政服务中心制度改革满足"高效地提供公共服务"的目标,适应"最多跑一次"的设计初衷,就须在它的权限设置与层次设定上与官僚(科层)制的幅度与层级进行认真的审视与反思。笔者建议将各类行政服务中心的名称与权限统一到基层便民服务中心之中,以实现按照区域来划分服务权限,从而改变过去的层级划分,破除机关垄断审批权和机关权限"打架"的制度运作困境。

基层公共服务的职能全面移交给便民服务中心,从而可以改变原先按照行政层级划分公共服务职能的做法,变为按照行政区划分来提供完整公共服务的实施机制。在建设基层便民服务中心的过程中,运用系统化思维去搭建和完善服务平台,尽可能地减少职能碎片化的问题出现,从管理的幅度与层级上对行政服务中心制度改革提供新思路,提高"一条龙服务"的服务质量和"一站式办理"的行政效率。具体措施可以建议如下:

第一,行政服务中心职权统一于便民服务中心。便民服务中心建设的优化思路在于基层治理公共服务的统一,从而使得乡镇、社区成为一级最为贴近社会民心的基层公共服务部门,把原来滞留在上级地方政府的具体公共服务执行职能全部整合起来,以自身本质上的亲民优势来发挥更完美的公共服务供给职责。基层政府的职能以公共服务性质的权限扩充为主要内容,如增加原属于县级政府的市政建设、城镇管理、学校管理、卫生服务、垃圾清理等权限。

第二,整合地方政府的行政服务中心的行政资源进便民服务中心。各级行政服务中心全部并入基层便民服务中心。依循便民、实效原则,使政府服务融入基层百姓生活成为常态,实现基层一级审批、服务网络离散为行政区域内各网点有利于群众就近办理,大大提高了效率和节省了时间、交通等成本,但这对合理分配公共资源也提出了更严格的要求。

第三，可令便民服务中心逐步替代原来各级政府的行政服务中心（中心资源的整合），实现以区域划分提供基层公共服务的原则转变。实现各行政辖区内基层便民服务中心网点化联动运行，可以破解原来行政服务中心建设受限于职能部门权限下放的困境。

第四，通过法律的形式明确规定便民服务中心全国统一的公共服务内容、流程及标准。以宏观的服务大类和兜底性条款规范引导服务中心的操作，建立基层服务的信息公开制度，规范化、程序化和透明化，确保社会公众对于服务内容可以知晓无误。

第二章　政府治理现代化的权力基础

中国当前的政府法治化现实无论是自上而下的中央顶层设计还是自下而上的地方制度创新，都在目前的制度框架中无法单独地实现这个宏伟政治发展目标。这就意味着在市场经济快速发展且地区发展存在着不同程度差距的今天，中央与地方以及地方之间的政府法治化状况无法再像两千多年前商鞅变法那样做到全国整齐划一。这种"无法齐步走"的差异化法治发展状况也正是适应中国独特国情特色的政治现实。总之，"法治是发展中国特色社会主义的本质要求，也是社会主义现代化的重要保证"。

第一节　政府治理的权力困境

地方治理行动自由空间是地方治理过程中所处的环境与所能运用的权力资源总和。我国历史上出现多次"统死放乱"的困境使得地方治理行动空间处于变化不定的现状中。其实，地方治理行动空间中权力存在的五大矛盾关系对之织造与变化产生了巨大的影响。根本上，这五大矛盾是对个人与制度之间的非联结性困境的现实诠释。所谓空间是指人的生存环境及资源的集合体。地方治理行动自由空间也即地方治理行动者，包括地方政府及其他公私部门，在针对地方公共事务进行治理的过程中所处的环境及所能自由运用的资源总和。地方治理行动自由空间是地方治理的核心生态环境因素，也是影响治理行动者治理效果的关键。

在现有的体制下，中央政府有能力和权威集中社会的治理资源,导致了中央与地方之间的权力博弈困境。中央不可能越俎代庖地方直接治理功能,使得中央政府应该向地方放权。然而,中央政府应该放多少权限给地方一直困扰着中央政府自身、学界、社会及地方政府。

一 治理行动者认知与行为的困境

地方治理行动者在对治理行动空间的自由度认识上模糊不清,直接影响到地方治理过程中的权力运行行为表现。在公共领域治理当中,私利的产权清晰性与公利的界定模糊性注定了存在其中的"公用地困境"制约着地方治理的效果;治理行动者很难逃脱主观上的自我利益判断,致使地方治理过程中出现私利侵吞公利的现象,而这正是地方治理行动自由空间的第一大矛盾。不同于新中国成立后30年,改革开放时期治理行动者认知与行为之间的冲突很大程度上是由于当前多元化治理主体与单一化治理客体之间匹配差异性造成的。

首先,现行体制下中央是地方治理的直接推动者,它对地方治理行动空间的认知对地方直接的治理行动产生了巨大的影响。改革开放40年来,中央一直沿循着"摸着石头过河"的改革路径使得中央习惯上将地方推到前台进行改革试验,造成地方上局部机制创新与国家行政体制之间的"非法"冲突。

其次,地方政府是地方治理行动自由空间中的受益者,它一方面对地方治理保持着高度的行动热情,另一方面无法突破自身利益边界去寻求完全的地方公共治理。

再次,学者们常把自己定位在不同于政府的超然位置之上,他们总想把社会现实高屋建瓴成理论,而把社会问题各个击破为办法,也形成了对地方治理行动空间权力自由度的约束因素。

最后,新闻媒体常常喜欢用人民喜闻乐见的消息来迎合人民的政治心理,使得大众化的感情因素大量渗透到政府治理现实当中。来自社会的民众言论正是政府治理的权力运行一道难以突破的"防线"。

地方治理行动空间至少涉及中央、地方、学者及民众四大具有不同程度反思理性主体的认知博弈，四方各自在不同立场上的思维与认知共同作用于地方治理行动权力自由空间之上，最终影响政府治理主体在公共决策、集中资源及调配资源等各种治理行动上的效果。然而，在当前四方主体之间仍然不存在明确的沟通机制时，他们之间的认知不可避免地会在彼此之间产生不同程度的差异，根本上造成了地方治理过程的权力运行行动空间调适矛盾。

二 政府主导与社会、市场主导的困境

在我国的政治体制下，政府主导更具有现实实践有效性。然而，政府始终无法避免"官僚病"困境。为此，经过上百年的摸索，伴随着国家与社会的有效分离，社会与市场在地方治理过程中的作用日益为人们所重视，它们都具有政府本身所不可替代的治理效能。尽管如此，由于体制的惯性作用，以致地方治理过程中出现了政府主导还是社会、市场主导的导向矛盾。

改革开放40年来，我国社会经济在政府的大力主导下出现了快速发展的势头，罗尔斯认为政府在"调和规则与规则结构之间的不相称问题，非社会自身力所能及"，并且需要在政府主导的前提下与社会的互动才会达到动态均衡，[1]这倒是很符合我国现实状况。政府、社会与市场之间各自具有相互之间不可替代的重要治理功能，而厚此薄彼的态度显然是不利于整个地方治理行动的开展。

然而，社会、市场与政府原本是体制系统中的三大方面，它们之间在互相促进发展的同时还具有相互挤压的潜在风险。过度的政府主导最终会演化成政府与社会、市场争利的局面。我国社会、市场在现阶段尚未发育成熟，相对于政府而言仍处于弱势地位，这暗示着只要政府出现滥用权力，社会与市场就难以有效发育，甚至站在政府的对立面，对政治统治秩序产生负面性影响。

---

[1] [美]约翰·罗尔斯：《政治自由主义》，万俊人译，译林出版社2000年版，第216页。

就具体现实情况来看，最近出现了异于政府主导发展的新模式——市场主导与社会主导使得我国社会经济发展又出现了新的机遇。政府主导的深圳模式、苏南模式后出现了较新的市场主导（实际是半政府主导）的温州模式、宁波模式等。其实，在不同的主导模式中公有化与私有化的循环是其重要特征，像宿迁就出现了先前被私有化的医院最近又重新开始公有化。

然而，对于民众而言，无论是公有化还是私有化，已和当年的姓"资"姓"社"的争论一样变得毫无意义，其中的关键是怎么才能推动社会经济的快速发展及人民生活水平的大幅度提高。倘若地方治理行动者不能围绕在这个中心轴采取行动措施，那么它们的行动空间的权力自由度必然大大地被缩减。这样一来，反倒使地方治理行动者不得不在政府主导与社会、市场主导之间寻求一种平衡。

政府主导与社会、市场主导之间的矛盾是造成地方治理行动权力自由空间受到限制的第二大方面。如何做到政府、社会与市场三者之间的平衡则是地方治理行动者进行治理的必要前提。

三　体制与机制的困境

地方治理行动者在治理过程中不能跃出国家体制框架，但为了更有效地推行治理活动还得在体制内进行一些治理机制试验。体制是合法性的象征，而机制是合理性的调适。地方治理行动者要保证治理活动既要合法又要合理，难免会遇到各种现实因素的制约。

现实中会出现一些合法的不合理、合理的又不合法的事情。像为民众诟病的地方上的"强制拆迁"事件本来在现行体制下是具有一定的合法性，但是囿于合法性程度不够，一些本应在治理过程中强力约束强制执行的监督制度却存在着巨大的漏洞，最终致使拆迁过程中人性趋私因素得不到有效的制约。如此一来，昔日促进城市经济发展的强制拆迁顿时演化成了与民争利的现象。恰如政治社会学家李普塞特认为的那样，"合法性的价值确定"是公民按照政府的价值观念来确定是否符合他们的价值观念以及该制度是否合法，并据此对政府行为作出判断。① 其中，由此形成的现行地方行政体制与当前拆迁机制的矛盾问题便是造成拆迁难题的重要根源；体制所代表的公平性与机制所推崇的效率性之间发生了不可避免的冲突，直接对地方治理行动的权力自由空间产生了巨大的影响。

再如，在涉及地方治理人事运作过程的民主公开选拔过程中，候选的领导干部人选必须处理好党管干部与民主选举之间的关系，否则，仍然会出现民主体制与选拔机制之间的矛盾，反而使得地方治理活动陷入更深的困境之中。而且，在城市规划事务当中地方政府的城市外向发展思路发生了从偏好的"摊大饼"到"翻大饼"方式的转变，由先前的扩张城市转变到现在的改造城市，进而一大堆的社会问题出现在城市政府面前。这些社会问题的彻底解决当然寄望于体制的变革，但是，当前也只能靠机制的创新来得到一定的抑制。

此外，在招商引资过程中地方政府无疑扮演着主角的角色。G. A. 阿尔蒙德这样来定义"角色"："政治结构的基本单位是个人角色。一个角色就是一种规则化的行为模式，它是通过人们的他人的期望和行动而建立起来的。……描述一个政治结构也就说明了各种角色之间的联系；每个人各就各位，在这个位置上，人们期望它经常按一定的方式行事。"② 那么，地方政府在招商引资过程中的主要角色也就是民众所期望的社会经济发展的推动者，其能否最大限度地实现民众的期望值是地方政府角色实现的重要价值判断标准。招商引资本质上符合人民利益需求而具备了一定的合理性，但是，在地方行政体制中招商引资却是个新事物而未能来得及体制化，以致体制与这种新机制之间产生了不协调的结局。例如，在各工业园区、经济开发区设置管理委员会的现象尚未能在体制中得到有效的规范。由于不能跳出体制的框架外，就很容易造成现行机制与体制之间的矛盾冲突问题；如果不能很好地解决这个问题的话，

---

① ［美］李普塞特：《政治人》，张绍宗译，上海人民出版社1998年版，第53页。
② ［美］G. A. 阿尔蒙德等：《比较政治学：体系，过程和政策》，上海译文出版社版1987年版，第62页。

地方治理行动空间的权力自由度也会受到很大的制约。

一方面，体制本身作为改革的对象同时又不可避免地还要作为改革的前提，地方政府必须自行戴上这副"枷锁"又得想办法打开这副"枷锁"；另一方面，机制既是从体制外的不合理因素中形成的也是通过体制内的合理因素而创造的，使得机制在地方治理行动者看来既合理又不合理。进而，体制自身的二维性与机制的矛盾性共同作用于地方治理行动空间，对其权力自由度产生了巨大的影响。那么，如何解开体制与机制之间千丝万缕的缠绕是地方治理行动者织造行动自由空间的一大重要因素。

四 中央与地方博弈之间困境

中央与地方之间的放收权运动是我国地方行政体制调适的一大特色。"收放权"——这种权力的调整活动——是在中央与地方之间的利益博弈中实现的。正如王绍光所言，"中央与地方都试图通过讨价还价的方式，来转移改革成本，获取最大化的受益"[①]。这种收放运动的起初目标很单一，它着眼于突破眼前困境和难题而非通过彻底地变革体制来求得问题的完全解决。进而，由于目标缺乏长远性，中央与地方之间逐渐由原来的命令与服从关系演变为今日的利益博弈关系。

通常来讲，中央基于增加国家财政的需要与地方具有发展地方社会经济的效能使得中央必须把高度集中的权力下放到地方的同时又必须防止地方"尾大不掉"。新中国成立以来在经历数次权力调适困境后，改革开放以来中央开始围绕"以经济建设为中心"的原则给地方下放经济审批、建设权，在一定程度上大大激活了地方治理者的行动积极性。然而，地方在治理过程中推动社会经济发展的同时，也在创造着当前体制所不能解决的各种社会问题，诸如户籍问题、社保问题、住房问题、医疗问题、教育问题，等等。上述问题并非单纯的地方性问题，也需要中央的有力参与才能得到有力的

---

① 王绍光：《分权的底线》，中国计划出版社1997年版，第23页。

解决。因此，中央与地方关系的改革是地方政府体制创新的首要内容，具有前提性地位[①]，它对于地方治理行动空间的调适具有重要的影响作用。

然而，中央与地方之间的利益博弈会带来两个方面的矛盾：第一，中央给予地方极大的行动自由空间来发展地方社会经济的同时会导致地方治理过程中出现治理目标异化的危机。当地方治理者不能达到真正的治理效果时，中央就会考虑削减其权力行动自由度。中央手里始终操控"授权约束"机制，地方上的各种创新变革必须得到中央首肯和确认之后才能得到真正生效。然而，如此一来所造成的潜在危机是地方在治理过程中会出现应对社会危机的主观或客观上治理能力不足的情形，这样反倒使得中央原想激励地方却不一定取得预期的效果。第二，中央与地方之间的权力调整本来应该伴随着责任义务体系而相应变化，可是放权收权过程中中央与地方的权责一直处于失衡状态，恰如在土地财政问题上，一直未能找到合适的解决办法。

随着时代不断发展，中央与地方之间的权力博弈目标从最初的推动经济发展开始逐步转化为维系社会稳定。社会中出现的各种问题需要政府的变通回应。然而，政府的变通回应不能及时有效还是会造成新的问题。我国地方治理行动也遇到了国外同行所未遇到过的难题：治理行动者既是治理者也是变革者。

在现行体制下，政策的制度标准模糊性和因人而异给地方治理制造了瓶颈，并且从根本上影响到地方治理权力自由空间的边界。变通本身就是回应治理者对社会环境变化的适应情况。中央与地方的博弈除了表现为中央集中决策、地方执行外，还表现为地方执行模式一成不变与中央的执政导向变化所带来的变革回应性不足。中央不能全部解决地方上的社会问题，地方也无法自行恢复到合适的治理行动边界之内。

[①] 沈荣华、钟伟军：《中国地方政府体制创新路径》，中国社会科学出版社2009年版，第25页。

因此，只有建构适中的央地关系才能打破中央与地方之间无规律的利益博弈行为，地方治理行动自由空间也由此才能得到合理的构造。央地关系对地方治理能力有重大的影响作用，也是治理过程中不可忽视的矛盾关系。

五 政治绩效与民意表达的困境

政治绩效是地方治理者所不能忽视的行动导向，而且民意表达也日益成为地方治理的风向标。可是，政治绩效通常与民意风向之间有不可避免的冲突所在。政治绩效是"政治（政府）体系在解决重大事件，和为使人口占支配地位的部分获得满意和以此尽量减少对体系本身的挑战时所体现的能力"[1]，它追求国家政权稳定和社会经济发展而民意风向则在于民众利益的维护。那么，为了维护民众利益则难免会影响到政治稳定，这也造成了地方治理者角色矛盾的形成。"发展人民民主必须坚持依法治国"，这是中国特色社会主义事业发展的辩证规律。

在地方治理过程中公共政策的制定必须考虑政治绩效与民意表达的关系协调，不然会导致政策执行过程中出现问题。当前所担心的是政治绩效所指向的政府权威维护与民意表达所倾向的权力分散之间的矛盾。中央权威是地方治理行动自由空间的根本保障，一旦由于民意表达及公益诉求而出现治理权威架空的现象会直接影响到地方治理效果的体现。各社会阶层分散性的利益表达与政府集中性的权威维护之间必须通过一系列有效的规则制度架构联结起来，不然地方治理就无法回避其中的矛盾问题。

六 本质：个人与制度之间的权力冲突

地方治理行动权力自由空间里存在的五大矛盾从根本上来看是由地方治理者个人与整个社会制度之间的非联结性困境造成的。始

---

[1] ［美］劳伦斯·迈耶等：《比较政治学》，罗飞等译，华夏出版社2001年版，第11—13页。

终贯穿于认知与行为之间，政府主导与社会、市场主导之间，体制与机制之间，中央与地方博弈之间及政治绩效与民意表达之间的五大困境中就存在着个人与制度之间权力衔接问题。无论是代表地方治理者的个人还是意指公众个体的个人都要与制度之间存在必要的联系，使得适中的兼顾各方面利益的制度体系能够有效建构起来，确保地方治理的有效性。

地方治理行动空间的自由度本身就是一种具有悖论的权力自由模式，它必须在权责一致的法治前提下才能实现真正的行动自由，否则，由于上述五大困境的深刻影响，地方治理行动不得不深陷于种种矛盾和困境之中。恰如罗尔斯所说："自由是制度上的某种结构，是规定种种权利和义务的某种公开的规范体系。"[①] 当前，地方治理行动空间的边界不稳定性是其中种种矛盾的集中表现，这足以使得地方治理行动受到不可预测的影响，还会导致这种"治理兼具改革"的双重行动模式时刻处于危机的边缘。本质上，自由就是让个人与制度形成有机的结合体以确保真正治理意义上的规则运作。

个人与制度之间无法有效适当地联结起来就会出现法治的困境。个人所代表的感情因素与制度所代表的理性因素之间存在矛盾，却并非无法调和。"制度中的人"与"人在制度中"的两个命题并不冲突。人与制度之间的矛盾调和在于人在制度框架中进行治理与制度通过人的执行而生效。为了实现制度的组织化融合和体现个人的公共道德规范，就需要通过持之以恒的治理与完善法治建设来使得地方治理过程中的公共权力理性化、制度专门化、功能分化。[②] 总之，对于地方治理行动权力自由空间的困境解读的出发点在于思考一种合理的地方行政体制的切入口，确保我国地方行政体制改革的稳定顺畅。

---

① ［美］约翰·罗尔斯：《正义论》，何怀宏译，中国社会科学出版社2001年版，第200页。

② 黄建洪：《公共理性视野中的当代中国政府能力研究》，中国社会科学出版社版2009年版，第79页。

第二节 权力清单制度

法国思想家孟德斯鸠在《论法的精神》中提出了著名的"权力制约理论",即"防止权力滥用的根本办法是法治分权,以权力制约权力,实行各种权力的制衡"①,这为后世的法治实践提供了核心的理论基础。法治政府制度建构的主要实践内容是权力制约,这个制约权力的辩证意义在于保障民众的基本权利。从而,确保"依法治国造福人民"。

权力清单制度是一项旨在推进法治政府的制权举措,这必然要涉及权力关系调适活动。从理论上来看,在浙江省层面所能涉及的权力关系主要包括纵向的省政府与市、县政府之间(市、县政府与乡、镇政府之间)、省职能部门与对应的市、县职能部门之间,和横向的省职能部门以及决策、执法、监察部门之间的行政权力再调适与重构。只有捋顺权力关系,才能明确责任,这也是权力清单制度深化推进的理论思路。事实上,各级地方政府的权力关系调适,应立足于自身职能界定之上,由于各级地方政府所服务的公众对象各有侧重,它们各自的职能并不能"一刀切"搞"大一统";理论上,省政府继续下放给市县政府的权力具有边界性与制约性,应当把政府权力约束在合理的边界上。

一 历史回顾

2014年6月25日浙江省政府部门权力清单形成,并在浙江政务服务网和"浙江发布"上正式公布。从本质上来看,权力清单建设是对过去推行的行政审批制度改革的深化展开。目前,学界对这种新兴改革现象的研究还有待进一步丰富与扩充,具体情况是:第一,报刊报道较多。如《21世纪报》的《权力、责任清单的浙江经验》,《法制日报》的《权力清单制度建设的"浙江样本"》,

---

① [法]孟德斯鸠:《论法的精神》,商务印书馆1961年版,第54页。

《杭州日报》的《首晒责任清单"法治浙江"先人一步》,《人民公安报》的《浙江全面推行权力清单制度》,等等。第二,涉及浙江权责清单的改革内容及方式。张鸣(2014)认为浙江权力制度是一种制度倒逼式改革。鞠建林(2014)将它的本质浓缩为"清权、减权、制权"。陈海敏、吴朝香(2015)将之当作人大监督的"着眼点"。第三,关于浙江权责清单的制度源头及样本研究。孔令泉(2008)、方柏华(2014)溯究了权力清单制度的制度源头——浙江富阳经验。李人庆(2014)、王木森、王东(2015)等人对浙江省宁海县的微权力清单改革样本进行了研究。

浙江权力清单制度的理论研究目前还没有来得及全面展开,另一个重要原因是它仍需理论基础作为支撑。无论是从实践中还是理论上来看,浙江权力清单绕不开的问题导向是"要把权力关进制度的笼子"。为此,当下的思路是"摸清权力底数是第一步",可是,"政府权力放不放,都在政府那里"。这就引发了权力悖论:"政府权力行使由政府,难道监督也由政府?"

二 理论审视

可见,清权运动仍只是实现"权力进笼子"的第一步,后续的步子仍须从制权着手思考。从"清权"到"制权",必须贯穿于对政府权力的认识。因此,研究"权力关系"将成为权力清单深入研究的一个重心。从政治学来看,"权力关系"是"权力"的分支点,包括了分工与制约的权力原则和横向与纵向的权力流向。

从公法学来看,"权力关系"是一种关于行政法律关系的法理理论,包括一般权力关系和特殊权力关系。前者与政治学相通,后者则是源自19世纪的德国公法学界。吴万得(2001)介绍道:建立理论雏形的 Pau Laband(著述年份不详)着眼于官吏与国家的关系来说明特别权力关系理论;完善理论体系的 Otto Mayer(2002)立足于广阔的社会权力视野论述特别权力关系。学者美浓部达吉(1934)等人将特别权力关系理论引入日本。另一名德国公法学者乌勒(C. H. Ule,1956)则提出了著名的"基础关系与管理关系理论"。我国学界围绕着"特别权力关系"理论的存无问题展开过有关的学术讨论。

"权力关系"实质上包括了内部行政关系（政府及其部门之间）与外部行政关系（政府与社会公众之间）两个方面，这种理论为"制权"的"制何种权"及"何以制权"提供了理论保障。公法不兴，私法何振？而且，政治学须结合公法学，以及其他人文社会科学的研究成果，在综合学科视野下，深入研究中国特色的法治政府理论——权力清单制度。2013年11月12日中共十八届三中全会通过《中共中央关于全面深化改革若干重大问题的决定》，明确指出"推行地方各级政府及其工作部门权力清单制度，依法公开权力运行流程"。浙江省在2014年前后用了短短不到7个月的时间率先在全国建立起权力清单制度。

权力清单研究的意义主要是：第一，旨在从"清权"到"制权"的视角下研究分析权力清单制度中的权力关系理论，继续推进中国特色的法治政府理论研究，也为权力清单制度寻求理论支撑；第二，思考在现行体制下我国如何从权力关系的角度继续推进政府权力边界的限定，深入推进政府权力分工与制约，有效破除"条块分割"等因素对于制度创新的阻力；第三，在浙江省"四单一网"的制度建设目标指引下，尝试设计政府行使权力与监督政府权力的法治标准，将权力清单制度深化推进到全面法治政府建设层面。

权责清单的理论基础主要包括权力理论、权力关系理论、法治政府理论，依托于制度分析、法实证分析等研究路径，创新界定权力、权力关系的基本概念、内在特征，探究权责清单制度中的权力关系调适问题。政治权力的一个维度是横向的权力分工，横向权力关系主要包括省级职能部门之间分工（市县级职能部门与之保持相适应的同构关系）和省级权力三分解构——决策、执法、监察。从这个角度来考察，其中的问题导向通常是：（1）不同的职能部门之间能否形成监督制约关系？（2）决策、执法、监察三司机构之间如何形成监督制约关系？横向权力关系调适的困境在于权力重叠、权力真空、权力壁垒等，必须使权力在横向层面形成既分工合作又相互制约的均衡模式，确保权力行使过程中责任可以有效约束权力的肆意性。政治权力的另一个维度是纵向的权力分工，主要是层级控制。复数的政府设置在政府层级上给地方政府结构提出了基本要求，主要问题有：（1）地方政府的合理层级为几级？（2）不同层级的地方政府职能差异如何？（3）不同层级的地方政府之间的监督制约关系如何？从地方政府的差异性出发，可以找到职能配置的规律，这是纵向层面完善权力清单制度的理论思路。纵向权力关系调适的最大障碍是僵化的地方行政体制，过分重视权力监督的同时会忽略不同级别政府的积极性。

权力清单制度在本质上是一种"授权留责"的权力关系调适活动。因此，考察权力清单的深化进行须着重从权力下放后的监督情况进行探究。在地方层面上，权力清单制度是"法治浙江"的基本经验，也是"四单一网"制度体系建设的关键措施。权责清单制度建设在理论上看是一种对中央集权前提下行政权力的再解构与监督制约的政治活动。

三　完善建议

中央政府拿出作为顶层设计的法治化方案应具有全国一般化的特征，有一定的思路，但却无法细致地规范到各个具有差异的地方发展，能否使之体现为更加详细的计划是其中的瓶颈所在，因为除了要考虑地方的差异性之外，还要考虑中央权威的实际效力。单从浙江率先做的权力清单制度来看，地方的制度创新样本尽管可能在一定区域能够表现出独到的成功经验来，并在一定程度上对中央的顶层设计进行行动方案的具体化，但是这种地方特殊性决定了它还无法上升为全国普遍性的制度设计。因此，当前问题是行政权力的监督如何借助权力清单制度来建立封闭有效的监督循环，即"权力行使者受到监督的前提是监督者有责任实施监督"。基于这个思路，责任清单实施制度完善的推进思路主要包括：

（1）继续精简省级部门，实现权力集中，便于省级部门行政权力下放的监督与制约。将职能相近或重叠的政府部门进行整合，使得行政权力实现集中,从而推动权力下放后的有效监管。可以通过签订《行政权力下放协议》来明晰各自的权限与职责,将集中的权力纳入法治框架。

(2) 完善政府责任的法律体系,确保权力清单实施制度有法可依。制定《地方政府权力监督实施细则(办法)》,并对监督主体与责任主体的不同责任内容采取标准化设定措施。

(3) 政府权力行使的标准化,确保政府依法行政有既定程序可依和监督部门能够有效行使监督权和监督监督权,实现政府权力行使与监督的法治标准设计与开发的目标,确保政府部门的公共责任以标准化的方式实现公开。

(4) 在地方辖区(乃至全国)范围内开展法律法规清理活动,确保每一项行政权力都具有相应的法律依据。确保政府部门熟悉各自业务范围的法律依据,并养成行使权力时自觉依据法律的法治习惯。此外,还要实现法律清理活动的常态化与制度化。

总之,作为需要强调中国特色的法治政府路径,必须注意到三个方面的要害:一是不能用西方的法治理论全盘套用在中国的政治实践;二是学术理论研究的抽象化的法治理论也必须在可操性方面实现了具体化才能应用到中国的政治实践;三是在中国政治实践中的地方制度创新所具有的明显碎片化趋势也必须通过具体实践上升到一般理论再回归到普遍实践的归纳路径来推行中国全面法治化。

第三节 政府与社会组织管理法治化

2016 年,中共中央办公厅、国务院办公厅印发《关于改革社会组织管理制度促进社会组织健康有序发展的意见》,提出了"依法做好社会组织登记审查"、"严格管理和监督"、"加强社会组织自身建设"等基本原则,为社会组织的政府管理法治化指明了改革方向。而且,社会组织管理在理论上应倡导一个秩序的价值导向,这要求社会组织管理摒弃传统的政府主导模式,以政府供给法律秩序实现间接管理的法治化模式来创新替代。然而,社会组织管理的法治化并非习惯上的政府依法管理社会组织,而是将政府及其公共权力与社会组织一并规范入法律框架中。其基本创新思路是由政府法治化来推动社会组织管理法治化。

一 社会组织管理的本质内涵

社会组织原本是国家与社会互动的,并异于这二者的历史产物,它有广义与狭义之分。广义的社会组织可以指在一切社会领域中任何具有组织形态的由若干社会成员组成的结构体,包括各类政治组织、经济组织、文化组织、教育卫生组织,等等。狭义的社会组织则是指非政府的政治组织、非市场(企业)的经济组织及非营利性的社会服务组织。官方把这种广义的社会分成三类组织:企业、社会组织和中介机构。其中,社会组织可以发挥民众利益表达的基本功能。不少教材把社会组织定义为依法建立的、相对独立于国家的执政党系统和政府系统,以社会成员的自愿参与、自我组织为基础的社会公益活动或互益活动为主旨的非营利性、非政治性的一类组织。[1] 社会孕育出的社会政治事务与现象,无论是支持(顺承)国家的半官方组织、准官方组织、类官方组织,或是与国家之间保持中立的民间草根组织,或是反对国家的社会叛乱组织,都对

---

[1] 例如国外学者海文(1965)认为社会组织是具有共同致力于共同的目标,活动经费不来自官方,非营利性,成员进出自由等特征的社会成员集合(斯坦利·海文《协会管理》,尉晓欧等译,中国经济出版社 1985 年版,第 1 页)。美国的布劳(1965)则认为社会组织有四种基本类型,即经营性组织、互益性组织(如职业组织、行业组织、工会、政党、文艺团体、兴趣团体和教会组织等)、社会服务组织(如学校、医院等)及公共服务组织(如政府、军队、科学院、图书馆、博物馆等)(M. E. Olsen, *The Process of Social Organization Holt*, Rinehart and Winston. 1962: 45 – 47)。尽管我们国家所指的社会组织只是布劳所说的互益性组织,其实从长远来看随着社会的发展,这种社会组织的范畴迟早也要将经营性组织和社会服务类组织中的非官方组织一并纳入。还有国内学者岳颂东(2001)的公益说,将社团(狭义社会组织)与政府及企业进行了对比,认为其是依法成立的,从事于社会公益活动的非官方(政府)非营利(企业)的组织(王名等:《中国社团改革——从政府选择到社会选择》,社会科学文献出版社 2001 年版,第 15—16 页)。马庆钰(2007)则将社会组织与"民间团体""非营利组织"及"非政府组织"联系起来,其中自愿参与、自我组织、自主管理是社会组织存在与发展的基础(马庆钰:《中国非政府组织发展与管理》,国家行政学院出版社 2007 年版,第 3 页)。

第二章 政府治理现代化的权力基础

国家与社会关系产生了相应的正向或负向影响。因此,社会组织管理成为现代社会中国家治理的重要问题。

社会组织管理模式是关系到社会组织培育与成长的组织管理形式,一般包括政府、社会及市场三种内涵要素。围绕着这三种内涵要素的搭配来看,社会组织管理模式内涵主要包括以下两方面内容:

一是功能的界定。社会组织的功能是由其结构向社会所外在反映出来的职能体系,用来体现该社会组织在社会中所应发挥的作用。其中,筹集经费与志愿服务是一切社会组织所共有的外在功能。然而,在现实中,社会组织只是被当作政权维系与秩序稳定的政治职能补充及替代。在转型期,随着社会经济的快速发展,社会组织的发育成为我国社会主义初级阶段市场完善与社会进步的必然要求。社会组织一方面需要政府适度的扶助与培育;另一方面也需要社会的支持与信任。社会组织的自我发育却并不是政府职能转变的必然,这是因为社会组织与政府之间彼此不可替代的专属政治功能,使二者之间必然会有一个符合社会发展规律的转变之路。

二是环境的辨识。梁漱溟曾把团体(公共)生活的特征界定为四点:公共观念、纪律习惯、组织能力、法治精神[1],这对我们思考社会组织提供了很好的启示。一般来说,社会组织的发展需要一定适宜的生存环境,这种生存环境是由政府提供的制度产品、政策产品及社会、文化、历史氛围共同构成的要素系统。社会组织也如人体一样,有一个自然成长、发育及成熟的发展过程,除了外在的空气、水及食物的供给之外,人是可以拥有强大的和顽强的生命力的。如果过分地"帮忙",只会起到"揠苗助长"的反效果。社会组织亦如是。政府需要在法律规范下进行监管并供给相应的政策、环境,社会组织才能较好地履行自己既定的义务和使命。

统而言之,社会组织赖以存在和发展的一个必要前提是若要不受过多的干预,一般都要接受国家合理的制度安排,自觉进入法治

---

[1] 梁漱溟:《中国文化要义》,学林出版社1987年版,第64页。

体系之中。只要国家与社会互动顺畅，社会组织就容易自我发育，这给国家与社会治理带来的好处主要有：（1）真正意义上的多元社会治理；（2）资源合理分配与利用；（3）社会矛盾的化解（社会管理）；（4）政府职能的转变；（5）社会凝聚的黏合剂；（6）公民自治能力的培养。这所产生的社会效果是：社会组织的自我发育在一定程度可以摆脱政社合一、行政化的发展困境。而且，社会组织管理是一个宽泛的概念，不仅包括外在的政府对社会组织依法管理活动，还包括内在的社会组织自我管理活动，这事实上给一国范围的所有社会组织现实运作提出了一个秩序要求，秩序对社会组织的意义是：一是消除政府害怕社会组织扰乱正常行政管理秩序的担忧；二是确保各类社会组织能够在公平正义的社会环境中自我发育。

二 社会组织管理模式的现实困境

康德说过，"存在即合理"。这蕴含着当下存在的事物具有自身一定合理性的哲理。但是，这并不能推断出"存在就必然合理"的道理。社会组织是国家与社会互动的历史产物，它的出现和存在具有一定合理性，但仍然有很大的发展问题。一般来看，社会组织管理包括政府、社会、市场三种内涵要素，那么大抵有两种基本途径：一是自我发育的社会—市场途径；二是政府培育的国家途径。

从大历史来看，家国同构、一元不分的天下观对中国产生了根深蒂固的影响，原本源自西方的国家社会观理论对我国社会造成了不容忽视的冲击作用，致使国家社会二元化分离时出现了迥异于西方的自身独特特征。因此，当代中国市民社会与政治国家关系的讨论，力图建构既符合市场经济要求又与中国社会主义原则相协调的现代社会结构，推进国家政治生活之理性化、民主化进程，实现在社会主义市场经济基础上的中国社会与国家的彼此制约、相互协调的耦合机制，确乎具有重大的理论意义和现实价值。[1]

---

[1] 刘旺洪：《国家与社会：法哲学研究范式的批判与重建》，《法学研究》2002年第6页。

第二章 政府治理现代化的权力基础

我国传统的家国同构的社会结构形态，在二者粗分的社会结构体受到西方文明强力冲击后，由于自身文明底蕴的深厚造成了东西社会结构并存的状况。通常，在西方文明殖侵历时最长的城市尤其大城市里，西方特征的社会结构明显；而在农村里传统社会特征突出，这对我国持续百年的社会体制改革提出了严峻的考验和挑战。

这种国家与社会之间二元互动不畅的困境给社会组织以自我发育为基本内涵的社会—市场管理模式造成了阻碍，也基本否定了在中国社会组织从一开始就难以出现像西方那样的自我发育势头。所以，接下来还须看政府主导的国家途径。政府主导社会组织的管理方式是指政府采用一种主动取向的依照自己所制定的法规、规章及政策对社会组织进行的各种推动与促进活动及措施的形式。从法治角度来看，政府主导的社会组织管理的关键问题是"规范社会哪些领域"以及"怎么规范社会这些领域"，这些问题都关系到一个在合法性之后的合理性与正当性预期。

政府主导社会组织的初衷在于对社会组织的建立与发展的监管与协调，政府对社会组织成长的扶助，通常采取的方式是法律、经济及行政手段。政府主导的方式有两层含义：一是社会组织发展的方式；二是政府催生社会组织的方式。社会组织发展的方式大致有两种：一种是从政府序列中简政释放出来的本来就承担一定的公共职能的半官方组织；另外一种是从民间自发成长和发展起来的草根组织。法治要求政府主导社会组织的主要方式一定是法律手段多于行政手段和经济手段的，即政府通过依法出台一些法规、章程对社会组织的登记注册、建立运作、解散灭失来进行间接管理。

政府主导对社会组织的功能表现为：首先，扶助。政府可以恰当地为社会组织提供各种政策、法规、资金、人事方面的配备资源支持；其次，保护。不少社会组织由于自身的公共性或非营利性，而在发育期常处于难以承受大风险和大挫折的弱势地位，这时政府若通过其强大的能量为之提供一定的发育保护则无异于是雪中送炭；最后，调整。调整是政府对社会组织之间的利益纠纷关系所进行的一种协调与调序活动，确保社会组织发展具有一个和谐的秩序环境。在社会组织发展初期政府给予的适当扶助性质的主导推动对社会组织发育具有一定的促进作用。

从本质内涵上来看，社会组织存在的根本目标是促进社会形成公民精神、提升现代公民素质。如果相对应的管理模式不能实现这样的目标，那么应当说它的实施并不成功。国家本身也是一个社会经济集团，需要从社会的母体中汲取养料（税收与民意）来维系自身的发展，如果国家与社会之间互动不顺畅，就会导致国家反过来侵蚀社会。政府包办社会的事务太多，而有限的能力又无法承担相应的责任，社会容易会萎靡不振，但是，这并不意味着政府应当对社会组织放任管理，这是因为淡化政府主导色彩后政府会连管理责任也抛弃了。

这也同时说明政府主导的社会组织管理模式应该是其中的充分但非决定的因素条件。我国公民社会发育缓慢，公众的公共精神价值尚未完全形成，这让社会组织发展缺乏必要的社会基础。社会组织作为第三领域对国家与社会有制衡与调适作用。政府、社会与社会组织之间对公共权力与社会资源共享的问题，政府与社会组织之间是否界限明确，即公共领域与第三领域之间划分清晰，是政府培育本应妥善处理好的根本问题。政府在推动社会组织的过程中要正确与适当做到自身职能向本质属性的回归，确保政府、社会与社会组织之间能够在清晰与明确的权限范围与领域中互不干涉、并行不悖地有效运转。

但是，政府主导社会组织的管理模式，从姿态上仍然是自上而下，即便有鼓励社会发育之心，社会组织仍很难真正得到自我发展。而且，政府长期的主导也会使社会组织发展从经费等方面对政府产生依赖性。政府主导社会组织管理模式具有主观性、统制性及单向性的特征，它会导致三个方面的后果：

一是社会组织的行政化问题。政府主导社会组织发展的初衷不能不排斥政府"瘦身"运动之中的"甩汰包袱"的私心。中国要想一下子从"大政府、小社会"走向适度"政府和社会"恐怕一时半会儿还非常困难。社会组织的内部结构有行政化趋势，外部与政府互动也是模仿行政化途径（发文命令、项目管理）。或者，政府打着改善社会治理的幌子利用社会组织来"兜收"精简下来的那些"冗余人员"，结果社会组织仍然在非去行政化的前提下像过去行政单位那样低效运作。政府要履行自身"有限政府"的法定职责，不能把不该放弃的公共职能一股脑儿"减负"给社会。

二是社会组织的腐败问题。社会组织在政府的庇护下享受充分社会治理的公共权力及占有相对富裕的社会资源，但是这些准官方组织对官方的组织运作方式产生了严重的路径依赖，官僚主义与腐败是其中的大弊端，最有典型代表意义的是中国红十字会问题[1]，关于"红十字会的善款流向"及"红十字会的资金运作"问题都成了世界性谜团。

三是社会组织的碎片化问题。这是一个完全违背法治化规律的现象，集中表现为社会组织受到政府主管部门领导的主观意志影响强烈，它的发展方向不在于本身的自治。这进一步导致社会组织在发展上呈现碎片化趋势，即不同领域的、不同地区的社会组织只与本级管理部门（民政或公安系统）相关，而并非按照自身的发展规律发展。

事实上，政府与社会组织互不信任是根本原因，政府怕社会组织扰乱社会秩序，社会组织怕政府干预太多，这些都是非法治化的重要表征。社会组织与政府之间不信任感形成的根本原因是法治氛围缺失，没有一个良好的法律制约公权及保障权利的制度运作体系，即法治框架，社会组织与政府之间就会无法避免无规则的利益博弈行动，这也就给政府有效管理社会组织制造了难题。

一方面，政府最希望通过法律的手段将社会组织束缚于自己的主导范围之内；另一方面，社会组织害怕政府干预给自己的组织发

---

[1] 郭美美炫富事件导致网民质疑这个狂妄的女孩背后的红十字会老总的作风和经济问题以及红十字会本身的资金运作问题。中国的不少此类由政府举办的社会组织存在这样的资金运作不公开、不透明问题，这对社会组织的公信力产生了巨大的挑战。参见《郭美美事件引发红十字会危机》，2016年4月17日（http://news.ifeng.com/society/special/guomeimei）。

展带来阻碍。这种问题的症结在于政府与社会组织之间都不能保持相互的理性与克制。法治意味着双方彼此妥协、各让一步。既然政府的非法治化造成政府与社会组织之间不信任进而带来社会组织管理困境，那么双方相互达成管理共识，共同纳入法治规范框架，已成为时下推动社会组织管理创新的基本思路。

从这个层面来说，社会组织管理法治化创新即意味着政府与社会组织同时实现法治，特别是政府率先实现法治化从而带动社会组织法治化。这也就使政府与社会组织均处于法治规范下的事实之中，确保社会组织管理法治化创新并实现秩序导向。

在法治视角下，政府与社会组织之间的关系确定才是思考突破当下社会组织管理困境的切入口，这里需要着重思考两大问题：第一个需要考虑的问题是社会组织对与政府相对应的社会、市场领域的从属部分。从社会组织的内涵与特征来看，社会组织要同时承担政府交办的行政职能与社会自治管理的社会职能，所以它最大可能是处于政府与社会之间的交集部分，以作为二者之间职能沟通的桥梁，这样的好处是可以避免政府过度及刚性介入社会，防范二者之间不必要的矛盾与冲突。第二个需要考虑的问题是社会组织之间的内部关系。可以明确的是，不同的社会组织在政府提供的制度环境（法律与政策）下进行规则性运作，其间必然存在竞争与合作的利益博弈过程，尽管不是所有的社会组织都如私人企业那样纯粹追求经济利润，但是这种情况事实上表明了公共与私人交集的准市场（quasi-market）[①]领域已经出现。这种准市场状况要求社会组织的发展应当具有一个适应的规则体系，正如市场经济运行的那样。基于当下社会组织管理困境的考虑，社会组织管理模式应当得到长效化的创新转型，这其中的意义是重大的。要实现社会组织管理的秩序目标，须克服政府管理因领导人主观意志而改变的人治局面，还要确保社会组织自身摆脱"系全命于发起人（负责人）"的运作困

[①] 经济学上把完全市场认为是由利润驱动的经济要素，但是公共管理学由此引申出来的把那些半利润驱动或者公共责任驱动的社会要素认为是人们理念中类似市场的东西。

境，而这一切都有赖于社会组织管理模式的法治化。

三　社会组织管理模式的创新思路

中国当前处于转型期的传统与现代激烈的碰撞、政府与社会努力对话、和谐与矛盾并存发展的一个历史阶段。政府适度主导是社会组织自我发育的前提要求，二者形成辩证的关联，这要求对当下社会组织管理模式进行创新。社会组织的管理模式创新应当注意：中国的社会组织发展在不同的时间、区域、层次上具有巨大的差异性；在不同区域之中，社会组织发展与区域的经济发展程度具有正相关联系。社会组织是一种在社会中内源自发生成的规律性发展事物，在一定程度上排斥政府的干预。

政府在惯常的主导思维下采取了对社会组织以单向扶植为主要手段的社会组织管理模式所导致的政府失败与市场失灵的双重问题也需要得到合理的解决。而且，现代社会结构都具有高度分化的特征[1]，无论是政府还是市场，抑或是社会组织必须在这个结构中发挥出应有的功能与作用，才能确保社会的正常与有序发展，实现一种国家与社会良性互动的协调平衡状态。这种协调平衡状态正如上文所论证的那样，只有在法治状态下才能实现。

法治作为治国理政的基本方式，在推进国家治理体系和治理能力现代化中具有基础性地位与作用，它具有平等性、规范性、统一性等特征。构建现代新型国家治理体系，实现治理能力现代化，有赖于国家各项工作的法治化、制度化、规范化和程序化。[2] 法治也指深刻贯彻"法律统治社会一切"要旨的政治制度运作形式，也是"一个能够统摄社会全部法律价值和政治价值内容的综合性概念"[3]。因人而异的领导主观主义作风、革命时期的小农意识与历史承袭下来的"官本位"思想是转型期我国政府法治化进程的现实

---

[1]　[美] 阿尔蒙德：《比较政治学》，上海译文出版社1987年版，第69页。

[2]　徐汉明等：《深化司法体制改革的理念、制度与方法》，《法学评论》2014年第4页。

[3]　刘作翔：《迈向民主与法治的国度》，山东人民出版社1999年版，第100页。

障碍。若要消除这些人治作风惯性影响，就应当采取法治化途径。而且，法治的主要优点表现在它妥善地解决了人的欲望和人的精神追求之间的矛盾，而这对矛盾是所有的传统文化无法避免但又无法解决的矛盾。[①] 法治还包括静态和动态两个方面，它是静态意义上法制现代化唯一的目标和逻辑结构，也是动态意义上"法律至上"和"法律普遍适用"的运作体制。从动态角度来看，法治的运作目标是要能在社会中产生公众对法律的一种近乎"盲从"的习惯从众效应，而让人形成"无须思考，习惯使然"的行为习惯。此外，法治暗合了法律的统治不受任何人治（人情）因素的干扰及影响从而使整个社会处于一种理性自动运作的价值要义，必须通过一种在社会中权力与权利之间的巧妙制衡来实现"社会在法治框架下自行运作"的制度目标。

社会组织管理模式法治化创新所需要实现的政治目标是：其一，政府与社会组织共同处于法律制度约束之下，而且，制约政府公共权力成为社会组织管理秩序目标实现的前提；其二，以政府法治化（法治政府建设）来推动社会组织管理法治化创新的实现。

因而，从法治化角度来实现社会组织管理创新可以通过政府长期的、有效的政策供给和法律规范的推进措施及手段来实现。通过法律的明确规定，来确保社会组织逐步摆脱政府培育模式下所形成的单向依赖关系，努力承接和转移政府下放的各种社会服务职能。这是实现社会组织管理法治化创新的前提。基本路径是让政府管理与社会组织运作都处于一视同仁的法治框架之中。

第一，建议在宪法指导下出台《社会组织管理法》及其相关实施细则，一是把各地原本因为地方领导人的主观意志而创新出来的管理办法进行汇总与归纳；二是把不同性质的社会组织均放到一个公平竞争的市场环境中；三是防范政府逃避法定的管理责任。《社会组织管理法》是基于上述创新目标推动政府法治化与社会组织法治化，只有行政管理的双方主体都变成具有法治化特征的组织，才

[①] 於兴中：《法治东西》，法律出版社2015年版，第16—17页。

可能实现社会组织管理法治化。

第二，完善政府监管社会组织责任机制。政府必须为社会组织发展赖以生存的准市场体系提供相适应的制度规则，使之纳入法治化的发展轨道，这是政府应尽的法定职责。这些制度规则包括了适应社会组织发展的宽松准入机制与严厉监督机制，同时，将政府对社会组织的监管职能与社会组织的自我运作一并纳入法律的规范之下。政府责任机制是针对政府不可推卸监管社会组织的初衷而设立的。

第三，建立政府与社会、市场之间的合作机制。通过建立政府与社会、市场之间的合作机制来实现政府在支持与监管社会组织过程中，积极争取民众的公共参与，提升公众对政府的信任感与对社会的希望感，鼓励公共精神在社会中的普及与推广，使得我国公民逐渐养成热心公益事业的行为习惯，把公众的生活从无休止的工作压力中解放出来并引入社会公益活动中来，最终通过民众对生活的幸福感培养对国家的认同感与忠诚度。这可以由政府牵头来建设一个社会组织信息共享的网络平台，实现政府与社会、市场之间通过网络平台来替代以往的行政命令式的协调合作形式。

第三章　政府治理现代化的职能定位

政府治理现代化的职能定位问题是学界一直以来的研究热点，也是现实中制度建设的难点。这关系到中国政府的现代化转型及职能转变，而且行政体制改革能否深化展开也有赖于此。政府治理现代化转型的一个重要目标是服务型政府建设。习近平总书记早在2002年时就提出"致力建设服务型政府"的主张，并指出要用服务的心态去加强管理，因为我们是人民政府。对于服务型政府角色定位而言，制度建设通过行政体制改革来实现成了其中的根本措施。

第一节　服务型政府构建

服务型政府在中国的产生，最早应追溯到我们党关于"全心全意为人民服务"的政治理念上，这是我国政府作为服务型政府的理论标志。服务型政府建设的好处在于扭转机关衙门作风，从而推进行政体制改革，但是它的难题在于其中的政府角色定位。服务型政府角色定位的逻辑出路在于准确把握与深刻认识服务的前提、内涵及实施，促使各类行政行为（执法、管理、调控）逐渐纳入服务范畴。

一　服务型政府的研究状况

国内学界对服务型政府角色定位的理论研究主要有三大类：第一类是服务型政府的角色定位在于服务职能，如凌恩蓉（2002）、罗德刚（2007）、朱光磊（2008）等人认为服务型政府角色定位的本质在于服务本身；第二类是服务型政府角色定位在于行政体制改革，田昭容（2006）、方世荣（2002）、林俊达（2003）、高小平（2004）等人认为行政体制管理的目标在于对服务型政府角色的准确定位，陈振明（2004）、段寒冰（2006）分别通过晋江行政改革案例、政府雇员制度来阐释服务型政府角色定位问题；第三类是服务型政府角色定位在于管理方式转变，井敏（2006）认为要区别服务与管制之间的异同，王雁红（2005）、毛伟（2005）等人认为旨在推行服务的管理方式不仅要追求效率还要追求质量，张康之、程倩（2005）、郑新立（2006）等人认为这是一个提升政府能力的活动，董幼鸿（2004）则表示服务型政府角色定位还需要服务流程再造。

我国学界在还没完全弄清楚其真实内涵时就已匆匆将研究焦点转向"社会管理"。然而，学界对服务型政府研究在理论研究中表现为停留于"为人民服务"的理念中，在实践中却滞留于漂亮的口号上。本书针对个中困惑进行思索。学界对服务型政府的研究最早追溯到1994年，直到2000年以后这个研究领域开始热起来，但是真正的系统研究却要从2008年算起。然而，在此研究历程当中学界对服务型政府的种种功利态度导致了服务型政府研究始终处于一个浅表状态。2012年以后，学界研究兴趣从服务型政府进入社会管理，结果服务型政府研究成为目前一个学术"鸡肋"。这其中的原因很多，如在服务型政府存在与否的争辩、实践的口号空喊以及现实中各种似是而非的机制创新都让学者们感到十分困惑。服务型政府是手段还是目标？抑或是模式还是特征？抑或是权力导向还是权利导向？或者是理想还是现实？欲破除此研究迷思，须从服务型政府内涵的全景式界定着手，市场经济对人本理念支配下的服务型政府的服务机制创新体制有着根本性的决定意义。因此，服务型政府不是类似韦伯官僚制的"空中楼阁"，而是一种现实中的合理存在与制度变革的合法目标。

从学界情况来看，2003年以前是对"服务型政府"的理念进行零星探索阶段。我国学界开始对"服务型政府"的全面探究是从2003年起,2003—2007年是研究起步时期,2008年学界开始"服务型政府"的研究,自此以后,文章总量迅速飙升。然而,知网中关于学界2008—2013年以来的文章,自2009年达到极点后,研究热度呈缓慢回落趋势。这大概与学界对"服务型政府"的理论创新方面进入一个瓶颈阶段有密切关联。据笔者对中国知网的文献调查,基本情况如表3-1所示:

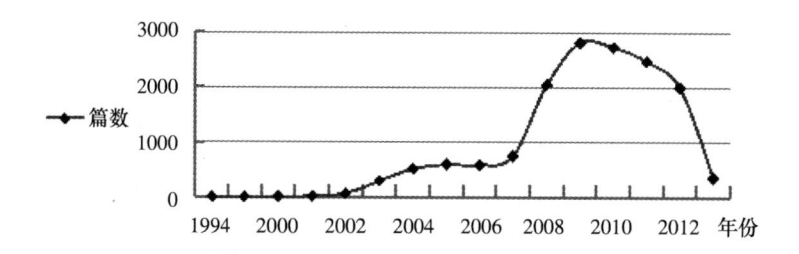

图3-1 中国知网关于"服务型政府"论文发表情况一览

早在1994年,《党政干部学刊》载《海外世界》一文,首次出现"服务型政府"一词。

2001年以后,"服务型政府"不再只是关键词,而开始比较频繁地出现在文章题目中。

2002年的文章主要侧重于对服务型政府的国际背景及与传统管制型政府区分等领域的探讨。

2003年的文章主要论域在于深入探究服务型政府与政府职能转变、与新兴的电子政务及政府能力提升之间的关系上。

2004年的文章则集中地探讨服务型政府的内涵。

2005年的西方新公共服务理论,尤其是"五项战略"对我国服务型政府理论形成了巨大的冲击,学界开始反思其内涵。

2006年的文章关于"服务型政府"的研究领域迅速丰富起来。

2007年的文章在往年的主要论域基础上未发生重大变化。

2008年的文章偏重于服务型政府具体的制度建设方面。

2009年文章的主题是深化探究服务型政府建设的路径。

2010年文章的论述开始转换到社会管理上来。

2011年文章的重点是讨论体制改革及其与农村问题的联系。

2012年学界重新梳理服务型的内涵与概念，究其本质，以跳出刚开始的功利主义误区。

如上则是我国学界关于"服务型政府"研究由中国知网显示出来的基本文献情况，这表明了我国学界对服务型政府研究仍然处于一个比较低端的状态，在没有厘清理论中的"服务型政府"构建与实践中的建设口号之间的关系时，就匆匆转变研究焦点。其实，服务型政府在学界不应只停留于"为人民服务"的理念探讨之中，而在实践中更不能空留于漂亮的口号之上。

在国外，对服务型政府的研究也是陷于一片迷茫之中。除了这些学者并不真正明白"service-oriented government"一词的含义之外，他们只讲服务讨厌政府，实际上也将他们引入了机制探讨的轨迹上来。比如，国外同行们研究的热点无非是行政听证会（Colin Knox, Zhang Qun, 2007）、政治参与及政府规模（Neda Samiei, Mohammad Reza Jalilvand, 2012）、政府信息再利用（An, et al., 2012），等等。

二 服务型政府的理论假说

服务型政府建构当前处于局部性的机制层面。诸如王雁红（2005）在《我国服务型政府的考察与反思》一文中将社会服务承诺制、行政审批制度改革、电子政务、政府超市、政务公开以及行政效能建设等机制创新活动认为是服务型政府建设的一部分。这就进一步割裂了机制与体制之间的联系，似乎服务型政府作为一种行政体制，它就只是由这些不成系统的单个创新机制所组成。此外，毛伟（2005）在《"马上就办"价值的现实考量》一文中认为："服务型政府是在管理效率层面上，要向社会提供高速、优质、便捷、有效率的公共服务。"这无非就是向我们宣示：服务型政府实际上是当前政府为了提高行政效率的功利产物。这样一来，服务型政府更是落于机制窠臼而难以自拔。具体来看，这种服务型政府的局部观表现为以下三种情况：

一是职能说。有些人非常功利地看到了"服务型政府"理念与政府局部的政府职能之间的关系，比如，王永昌（2001）的《深化行政审批制度改革　建设服务型政府》、夏斌（2001）的《对建设服务型工商意义的认识》、许鲁闽（2001）的《服务型政府应有全新的职能模式》一文提到"大连西岗模式"、冯润胜的《转变政府职能顺德创了首例》（2001）提到"广东顺德模式"、《中华工商时报》（2008）上载的《南平打造服务型政府》一文提出"福建南平模式"，等等。

唐铁汉（2016）在《强化政府公共服务职能努力建设公共服务型政府》中认为：建立和健全公共财政体制、建立中国特色的公共服务模式和公共服务体系、农村公共服务建设。张绪刚、朱晓红（2004）在《试论服务型政府的理念及其社会管理与公共服务职能》中指出：转变政府职能，建设服务型政府首先必须处理好政府、市场和社会的关系。朱光磊、于丹（2014）的《政府职能与服务型政府建设》则提出建设服务型政府是转变政府职能的新阶段。

二是能力说。在学界中，将服务型政府视为一种政府能力来看的也大有人在。比如，吴江（2005）的《提升政府行政能力　构建服务型政府》中指出："服务型政府建设有利于社会管理与公共服务的政府行政能力的提高。"张康之、程倩（2005）在《在服务型政府建构中提高党的执政能力》中指出："只有通过服务型政府的建设，建立健全有中国特色的社会主义'德制'体系和'德治'模式，才能使党的执政能力建设落到实处。"这种功利性的学术看法，在本质上是将政府行政能力的提升与服务型政府建设联系起来，认为服务型政府实际就是当下政府行政能力提升的重要体现；如此一来，这类观点在具体的服务型政府构建方面多集中于能力提升机制的思考，而难免会忽略对整个行政体制的考察。

三是手段说。学界将服务型政府建设视为一种政府体制完善的途径与手段更是一种主流观点。在这方面的论著很多,如李军鹏(2002)在《入世后政府竞争与中国政府管理方式转变》一文中指出:"政府竞争主要是政府管理方式的竞争,适应入世后政府竞争的管理方式是公共管理方式。"陈振明(2004)的《深化行政体制改革构建公共服务型政府——晋江市深化行政体制改革的调研与思考》;周庆行、段寒冰(2006)的《政府雇员制的运行困境与服务型政府的构建》;陈安等人(2008)的《现代应急管理体制设计研究》提到"现代应急管理体制与服务政府建设之间的关系";郜绍辉(2012)的《亨廷顿政治秩序论的逻辑透视及其对现实的启示》提出"社会转型、政治稳定与政治制度化与服务型政府建设之间的关联"。

而后,学界对服务型政府的研究热点开始转向中央政府一直倡导的"社会管理"。如燕继荣(2012)在《社会管理创新与服务型政府建设》一文中指出"社会管理创新与服务型政府建设";程倩(2012)则在《以服务型政府建设推动社会管理创新》中提到"政府管理模式和社会治理关系进行反思的一个结果,是服务型政府建设在新阶段的一个重要内容",等等。

三 服务型政府的学界争鸣

服务型政府在学界的争论由来已久,至今有十余年的时间。然而,这个争论主要集中在一个焦点:"服务型政府是否存在"而非"服务型政府何以构建"。学界不少学者相信,如果"服务型政府"在现实中都不存在,那讨论起来还有什么意义。由此,学界围绕着服务型政府存在与否的命题提出了如下三种观点:

第一,服务型政府是类似韦伯官僚制的理性事物。2000年,崔俊杰在《中国市场》中的一篇文章《服务型政府的实质及其理想范式》正式提出"服务型政府"。此时,服务型政府研究正方兴未艾,由于其能与我国政府传统口号"为人民服务"和市场经济建设相联系起来,因此被赋予了积极肯定的研究价值与意义。

然而,服务型政府研究仍处于基本理念发掘状态,其自身缺乏具体的体制与机制的支持，造成它很自然地被学界描述成为一种类似韦伯官僚制的理性事物。

第二，服务型政府是一种时髦的理论口号。2000年，朱立言、雷强在《上海行政学院学报》发表的《领导与管理》提到"知识经济时代的服务型企业、服务型政府及服务型社会"，最早喊出"领导就是服务"的口号。到了2008年，姜明安的《服务型政府与行政管理体制改革》和高小平的《创新行政管理体制和机制 建设服务型政府》等文章探讨了关于服务型政府建设的一系列问题。

第三，服务型政府是现实政府的一种类型，即与法治政府相并论。除上述问题之外，对于坚持服务型政府建设理论指导意义的那一批学者来说，他们宁愿相信现实中就存在这么一种政府模式或者类型；尽管当前一时半会还找不到尽善尽美的构建路径，服务型政府仍然被他们当作一种制度理想。

四 服务型政府的价值理念

服务型政府具有内在的价值理念支撑，让人们在现实中也能够切身地看到制度变革的方向所在。如刘祖云（2004）在《"服务型政府"价值实现的制度安排》一文中从价值与制度双向互动的角度探讨服务型政府构建的问题。彭向刚、程波辉（2012）则认为包含了公共意识、平等意识、合作意识、责任意识、奉献意识和利民意识等的公共服务精神是服务型政府的基本要点。杨冬艳（2009）也说公平正义是服务型政府的价值诉求。

第一，服务型政府与民主。服务型政府将价值理念由效率推向了公众，则其与民主必然发生联系。可以说，民主是服务型政府的第一价值理念。当然，这里的民主并不是简单"为人民服务"的口号，而是对权利的切实保障。如周红（2007）认为政府公信力的加强，有利于建设服务型政府；易承志（2009）则认为政府回应也与服务型政府建设密切关联；刘海、王平（2009）提出服务型政府与顾客认知价值正相关的观点，等等。

第二，服务型政府与法治。既然服务型政府强调对公权的约束，那么就不能绕开一个法制的框架构建。法治是服务型政府的制度运作基础。如马怀德（2008）指出，法治政府是有限有为的政府、是透明廉洁的政府、是诚信负责的政府、是便民高效的服务型政府。沈荣华、沈志荣（2008）将中西方两种服务型政府的模式在时代条件、社会结构、理论与实践模式等方面进行比较，并强调服务型政府应是负责任的政府，要注重程序化的完善。这方面的文章还有高小平（2004）的《规范化服务型政府的定位与思考》、袁曙宏（2006）的《服务型政府呼唤公法转型——论通过公法变革优化公共服务》、莫于川（2010）的《建设法治政府和服务型政府的基本路向——透视地方行政改革创新经验》、陈国芳（2011）的《服务型政府法治化的基本理念》、吴建雄（2011）的《服务型政府建设法治保障研究——以法律监督功能为视角》，等等。

第三，服务型政府与人本。人本理念是民主、法治及宪政的集中价值导向，也是服务型政府构建所追求的核心终极价值目标。如吴玉宗（2004）提出服务型政府的主要特征是为社会和公民服务的行政理念，包含了人民和民意主导性、公开透明性、有限性、有效性等内容。刘熙瑞（2004）认为服务型政府是彻底实现以人为本的政府、把服务作为根本使命的政府、与民融合的政府、践行便民原则的政府、倡行"以公谋公"的政府、严格依法行政的政府、被民监督的政府、清正廉洁的政府、承担着服务责任的政府、与社会共治的政府。顾夏良（2004）则指出了以民为本的公共服务型政府应当具备民主、责任、无私、效益、法治、透明六大要素。

五 服务型政府的理论模型

学界探究服务型政府有两种倾向：一是极力地从现实中寻找到服务型政府的原型；二是在理论上推导服务型政府的存在。而且，无论是上述哪种行为倾向，都无法避免对政府的历史与现实之间的比照分析。罗德刚（2009）着重区分了服务型、治理型、责任型及效能型四种不同类型的地方政府行政模式。这里，我们在罗德刚的研究基础上，又作了如下分析：

第一,服务型政府与"为人民服务"。"为人民服务"是政府一贯秉承的宗旨和价值导向。然而,学界仍然存在一种轻率的动向,就是认为政府已有"为人民服务"的宗旨,那我们现在的政府就必定是服务型政府无疑。

第二,服务型政府与管制型政府。什么样的政府才是服务型政府呢?学界没能给出具体的答案。似乎搞清楚了管制型政府,那么其对立面就是服务型政府了。诸如邢文祥(2002)的《从管理型政府向服务型政府的转变》认为,"服务型政府建设是政府职能从管制型转变过程中的工作方式改变问题。管理(制)型政府与服务型政府的区别在于政府的工作理念、工作方式及职能作用等方面";王秋红(2002)的《WTO规则与政府管理的变革》也提到管制型政府与服务型政府的区别在于:(1)从"人治"政府走向法治政府;(2)从计划政府走向市场政府;(3)从单中心统治走向多中心自主治理;等等。此外,刘熙瑞(2002)在一篇名为《加入WTO与服务型政府建设》的文章中详细区分了服务型政府与管制型政府在出发点、依据、内容、程序及后果等方面的差异。

第三,服务型政府与责任型政府。责任型政府被简单地理解为"负责任的政府",也自然是无可厚非的。但是,我们的疑问是责任型政府是不是也就等同于服务型政府呢?单就服务型政府目前已探知的内涵知识来看,责任无疑是其中的一个重要方面。沈荣华、钟伟军(2005)在《论服务型政府的责任》一文中就认为,为了确保我国政府"为人民服务"的本性,就要为之打造一个责任体系。

第四,服务型政府与效能型政府。从20世纪90年代开始"新公共管理"运动给政府带来了效率驱动的效能型模式,这与服务型政府有一定的关联。然而,当政府行政效率提高时,社会公平正义却并未得到真正的实现,这几乎成了学界攻击"新公共管理"效能型模式的重要理由。罗德刚(2007)在《论全面推进地方公共服务型政府建设》一文中认为:"公共服务型政府以提高公共管理质量和公共服务水平为目标,以发展为主题,是市场经济条件下政府管理的一种新模式。"

第五，服务型政府与治理型政府。罗西瑙的无政府治理与全球治理理论又衍生出一种被称为"治理型"的政府模式。这种模式极力将自己与上述管制型模式区别开来。治理型政府模式倡导政府与社会多元共同参与公共治理活动，这又让人感觉到这种模式似乎离服务型政府越来越近了。井敏（2006）在《试析我国服务型政府认识中的几个误区》一文中精辟地指出了当下服务型政府构建的四大误区：（1）只谈服务而不要管制；（2）完全受制于公民服务需求；（3）把政府职能从经济建设领域转移到公共服务领域；（4）以为开设了服务大厅、采用了便民措施的政府就是服务型政府。这就启示我们，对于服务型政府不同模式特征的探究，要注意对它们的共性与差异作出严谨的考察，不能以偏概全。

六 服务型政府的现实问题

服务型政府在中国的产生，最早应追溯到我们党关于"全心全意为人民服务"的政治理念上；也由此一些学者将之认为我国（人民）政府本身就应当是服务型政府的理论标志。事实上，服务型政府建设还须从以下三个方面进行根本上的完善：

第一，服务型政府建设缺乏公民与政府互动的社会基础。服务型政府以服务为行为目标，则不可避免地涉及公众与政府之间的互动问题。恰如，凌恩蓉（2002）在《转变政府职能 培植公众参与意识》一文中就指出：（1）公众参与是政府职能转变的必然要求；（2）政府自身改革是培植公众参与意识的前提；（3）培植公众参与意识、了解公众需求的途径和方法。

第二，服务型政府构建缺乏对政府公权力的约束。作为政府自身的一种制度变革，似乎政府要突破原有行政体制的束缚，就得不断扩张政府的公权力，然而，这恰又与服务型政府"人本"的核心理念背道而驰。其实，我国政府公权力并不是太小了而是太泛滥了，因此不能将服务型政府构建作为政府扩充权力、增加编制的借口。像田昭容（2006）的《中国服务型政府建构的路向分析》、井敏（2006）的《论政府服务与管制的关系》等文章就是探讨了此类问题。

第三，服务型政府构建缺乏对公民私权利的保障。倘若服务型政府只要求公众被动接受服务而非主动确认服务需求的话，政府各种关于服务型政府的机制创新措施，也只能是其自身的一厢情愿而已，公众不会为之买账。公众的私权利就体现为他们在现实中的切身利益，如果服务型政府构建不能实现公众私权利保障的目标，那么，公众就自然不会对政府的任何创新措施感到高兴和满意。例如，方世荣（2002）的《试论公众在行政体制改革中的权利》认为，服务型政府建设贯穿于行政体制改革过程中的公众参与构建之中。

七　服务型政府的实践困惑

我们发现学界至少存在以下四种迷思：

第一，服务型政府：手段还是目标？功利主义派将服务型政府当作创新手段；价值理念派则将之当作一种制度建构目标。孰是孰非？不能一概而论。那么，我们不妨作如下分析：其一，如果是手段的话，那么服务型政府只是被政府当作提高行政效率的方式。基于这种观点，人们把服务型政府产生的背景当作是政府在寻找突破改革困境的措施办法；这样一来，服务型政府构建是否值得探究，则引发了人们的思考。如果服务型政府不是必然手段的话，是不是还可以寻求其他替代措施来突破改革困境？这个问题暂时还难以得到回答。其二，如果是目标的话，那么服务型政府只是被学界看成理想化的"空中楼阁"。仅仅是目标，而缺乏现实的机制体系，那么服务型政府构建就只好被当作"空中楼阁"而被搁置下来。通常，即便是制度目标，也要在现实中找到相应的构建措施。其三，服务型政府立足于现实要有自己的建设机制，立足于理想要有自己的体制体系。综合以上两个问题来看，服务型政府实际是辩证的，它既表现为机制创新手段，又表现为制度变革目标。显然，服务型政府构建在现实中的基本内容是服务机制建设；那么，服务型政府在现实中要有服务机制建设的途径，而在理论中要把服务机制体系当作自身的制度目标内容。如此一来，服务型政府构建才不至于空洞无物。

第二，服务型政府：模式还是特征？为了探究服务型政府，学界挖掘出了各种政府模式，诸如效能型、管制型、责任型、治理型等，而且这些政府模式又不知不觉地被当作服务型政府的基本内容。首先，服务型政府如果是模式，那就与责任型、管制型、治理型、效能型存在一种"非此即彼"的关系。这在无形中形成了一个悖论，如果这些模式互不兼容，那么服务型政府的构建又成了"竹篮打水一场空"。而且，倘若将政府变革为效能型、责任型，抑或是治理型中任何一种，都无法符合服务型政府的全部内涵。因此，这个问题的关键在于："服务型政府的基本内涵是什么？"其次，服务型政府如果是特征，那么责任型、管制型、治理型、效能型都只是政府现实的一面写照。这又是一个悖论。因为治理型与管制型之间是水火不相容的。服务型政府也由此既无法是治理型又无法是管制型。最后，服务型政府构建要摒弃"模式论"，须缕析政府本质，要摒弃"特征论"，须考察政府职能。显然，"模式论"与"特征论"的最大理论解释不足之处在于"以偏概全"。当一种理论模型构建出来又无法与目标对象完全吻合，那么这种模型建构无疑只能宣告失败。因此，谢庆奎（2005）指出，"服务型政府是针对中国传统的管制型政府而提出的新概念。服务型政府是民主政府、有限政府、责任政府、法治政府、绩效政府。这是服务型政府的形态，也是服务型政府的目标"。

第三，服务型政府：权利导向还是权力导向？从理论上来看，服务型政府的价值导向不会是单一的，而且，其自身内涵的博大精深决定了它的价值导向应该是双重的。无论是权力制约还是权利保障，都无法单一地概括服务型政府的全部价值内涵。其一，服务型政府只强调权力，会将政府推向"全能政府"的窠臼。物极必反。过分地关注权力如何被制约，结果只会让政府想方设法地扩张权力，最终变成全能的利维坦怪物。权力实际是双向的，具有主体与客体的构成要件，如果不能同时考虑权力的运作与制约，那么服务型政府的构建注定要走向失败。其二，服务型政府只强调权利，会将公众推向政府的对立面。正如权力一样，权利也不是单向的，它也是一头指向公众，一头指向政府，只是方向不同罢了。如果单独强调权利保障的价值意义，那么公众"只计权利，不知义务"的公共精神缺失现象就会愈演愈烈。社会中的人与万物一样，也要遵循自然规律中的平衡与和谐法则；如果打破了这种自然平衡和谐，可想而知，我们的服务型政府构建将滑向认知的歧途。其三，服务型政府无法偏废权力与权利之间的辩证关系。服务型政府需要把政府与公众之间的互动联系结合起来考虑，通过合理有效的制度运作来将权利与权力调适在平和与和谐的坐标系中。其实，权力与权利之间的辩证关系正是服务型政府的基本价值导向。

第四，服务型政府：理想还是现实？学界不少学者试图从本源上来探讨服务型政府构建的问题。有人看到服务型政府缺失制度体系化，就将之等同于类似韦伯官僚制的理想产物。还有人认识到在实际的政府改革过程中各种服务机制的创新现象，因此，肯定了服务型政府的现实存在。

其实，在挖掘服务型政府内涵之前，我们当前所看到的现象还只是它的冰山一角。

服务型政府真的因为缺乏体制而悬浮空中？在前面的现状分析中，我们已经肯定了服务型政府体制内涵的一面，由此服务型政府应当还具有一个宏观视角，但是，学界不去辨析服务型政府构建与行政体制改革之间的现实联系，这足以使服务型政府构建陷入局部化的机制创新的困境之中。

改革开放40年来的"渐进式"改革模式给中国政府注入"局部（地方）试验"的路径依赖。尽管地方现行试点创新是出于一种谨慎态度，然而，这样的后果却使有着不同改革偏好的地方会在同一改革目标上（如服务型政府构建），创新出不同的方案来，最终哪一种模式能够成为全国的范本？人们莫衷一是。

服务型政府既代表了理想的体制创建，也体现了现实的机制更替。薄贵利（2012）呼吁学界要注意防范在服务型政府研究上的五大思维误区，即惯性思维、模糊认识、片面认识、传统思维、简单思维，因为偏执的争辩容易使学术探究误入极端化的窠臼，这与研究本身的理性化态度大相径庭。无论是体制变革还是机制创新，在理论上、在现实中都是服务型政府研究的冰山一角。真理将会越辩越明。服务型政府必须在现实中反映理想，在理想中照亮现实。

八 服务型政府的构建路径

服务型政府构建的理性路径是一种由机制到体制的升华。对服务型政府的理性看待思路在于对从机制向体制升华的再认识。或许，服务型政府建设在现实中不尽然地表现出一些机制创新，但是不能因此而以偏概全。一方面，我们要批判地看待现实中的政府服务机制创新现象；另一方面，我们也要乐观地规划理想中的服务型政府制度体系。总而言之，服务型政府好比硬币拥有两面，它一面是机制；另一面是体制，却在整体上被称为制度。

总体来看，服务型政府作为一项学术热点，它必定要经过一个由理念升华到理论、由理论回归实践的思想发展之路。

第一，服务型政府的构建必须以市场经济为时代背景。一般来说，服务型政府是现代政治发展的产物，它自身具有一个很重要的时代特征，那就是市场经济。而且，市场经济的完善与否，对于服务型政府的构建具有根本性影响。正如刘熙瑞（2002）所指出的那样："经济全球化背景下中国政府的改革目标必然是服务型政府。"服务型政府构建至少包括以下三个内涵要素：首先，市场经济的发展唤醒了社会中的服务理念，让政府意识到服务对自身行政的重要性，也让公众认识到享受政府服务的理所当然性。传统的单向行政模式受市场经济冲击而瓦解，公众对政府不再是被动的行政服从关系，而逐步转变为趋于平等法律权利保障的互动关系状态，这便势必呼吁服务型政府的构建及完善，也同时意味着对政府必须走出计划思维局限的时代发展要求。其次，市场经济的发展深化，也在逐步地转变政府的行政方式。在这种情形下，政府便会自觉意识到过去的行政强制手段已然无法适应当代公共事务管理的需要，而且也需要更加主动地去开发更多全新的服务方式来投入日益复杂的行政事务过程当中。最后，市场经济自身许多市场机制对政府的服务机制创新具有示范性效应。比如，当前流行的行政服务中心的诞生就是借鉴了市场中的商场超市"一站式"购物模式，等等。从新公共管理到新公共服务，不管学界对市场的褒贬程度如何，市场自身一些效率优势总是值得政府去学习和效仿。

第二，服务型政府的构建必须以人本理念为价值导向。无论是民主，还是法治，抑或是效能型、治理型、责任型政府模式，服务型政府所倡导的所有这些价值理念的基本核心指向必然是人本。而且，中国人本理念是离不开传统文化中的民本思想底蕴的。其一，人本理念的最外层理念形态是以集体形态的民众为主体内容的民本思想，两者之间既紧密联系又有区别。一方面这种人本理念要关注民众的集体行动能量；另一方面又要防范人与人之间的利益互相侵害。当然，为了确保社会秩序的安宁和谐则是这两种相互关联理念的共同出发点。其二，人本理念还要注重具体独立的个人，在清楚地考虑到每个人自身差异性的基础上追求人的全面自由发展。对于服务型政府而言，人本理念既关注政府中公务员的个人情况，又关心公众的个人发展。而且，这种人本理念要求服务型政府构建在两者之间寻求合适的平衡点，不偏颇任一观点。这种人本理念导向是我国现代文化发展的时代产物，也是当代社会发展的必然趋势。只有在服务型政府构建过程中严格遵循现代人本理念的价值导向作用，服务型政府才会从"空中楼阁"演变成现实中的高楼大厦。

第三，服务型政府构建必须以涵盖一系列服务机制的制度体系为基本前提，服务型政府宏观上体现为一种具体的行政体制，微观上反映为一系列紧密联系的机制创新。服务型政府构建既不能缺乏具体的制度建设目标，也不能忽略现实的各种机制创新。如果把服务型政府构建比作一种政治发展的上层建筑的话，那么，它的整个构建过程就好比围绕着这个上层建筑施工图（制度目标）所作出的一系列营造过程（机制创新）。换句话来说，就是只有服务型政府构建将现实中的各种机制创新紧密联系成为一整套关于政府服务的行政体制，服务型政府构建才会在我国的制度变革过程中演变成现实。像当前实践中的行政服务中心、服务承诺制、电子政务等，都要在自然形成机制关联的基础上实现机制体系的体制化，才能最终完成服务型政府构建的制度价值目标。杨雪冬（2007）也主张，中国的公共服务型政府建设是改革发展的必然结果，但有效的、可持续的公共服务必须依靠进一步的改革进行深化。

因此，服务型政府本身就具有一种存在合理性与变革合法性并存的双重属性。一方面，我们要坚信服务型政府构建是现实中更加实实在在的制度变革内容，而非虚无缥缈的"空中楼阁"；另一方面，服务型政府构建伴随着现代市场经济体制发展而萌芽完善，同时也是公众对政府高效优质服务的时代呼唤。作为合理存在与合法变革的服务型政府必然要依靠人们的坚定信心、百折不挠的毅力及果敢明智的创新智慧才能在我国未来的行政体制改革过程中拥有美好的发展前景。

第二节　服务型政府的角色定位

所谓"角色定位"是通过在政府与社会、企业及其他国家机关之间联系中的功能和作用区别而界定的[①]，它的特征则有：（1）政府角色定位体现着社会资源汲取与分配的实现方式和手段；（2）角色定位也能够对行政效率有个很好的反映；（3）角色定位还能够昭示社会经济发展的现状。政府角色定位是为了公共利益而服务。从内涵上来看政府角色定位包含了静态和动态两个方面；较之于静态的角色形态，动态的角色定位是一种关于这种静态角色的动态把握；所以它本身是一个动态联系的过程。首先，如果政府角色得到合理定位，那么，也就意味着行政体制内有了明确合理的权限划分；其次，政府职能重心、方式手段及权能关系的转型势必引发政

[①] 彭澎：《政府角色论》，中国社会科学出版社2002年版，第2页。

府角色的再定位;最后,政府行动领域的变化也会在很大程度上体现为角色内容的变化。

一 服务型政府角色定位的现实分析

进入 21 世纪以来,中国政府开始把行政活动的效率与质量放到并重的位置。当下,服务型政府建设所遇到的难题是如何使服务型政府建设由"务虚"转为"务实",这就需要明确与强化服务型政府角色定位。在此,我们需要拷问如下三大问题:

第一,该做什么,不能做什么?

在服务型政府构建过程中,政府角色定位困境主要表现在政府与公众对公共服务的认识上。对政府而言,它应该明白自己"该做什么"和"不能做什么",而不是自由地抉择"做些什么"。"法无规定政府不得作为",政府只有严格依据法律的责任而无肆意妄为的自由。而公众虽对政府有一定的角色期望,但却缺乏有效的、具体的制度措施去直接实时地监督政府,结果便造成了一些地方政府的公务人员在执行公务时,为达目的不择手段,损害了公众的合法权益。

政府官员和管理者对于公民的请求不是说"是"或"不",而是应该说,"让我们一起来解决我们应当做什么,并且使它成为可能"[①]。这种服务理念本身对社会提出了很高的要求,不仅政府要理性听从于民众的公共需求,而且民众还要理性对政府提出要求。

服务理念是一种将民主平等意识镶嵌入公共服务行动之中的文化观念集合。政府的服务理念从中华人民共和国成立时的"全心全意为人民服务"到今天的"服务行政",历经四十年的政府改革背景下的文化嬗变。政府服务理念应当从两个方面来进行理解:一是完善政府的服务理念;二是引入民众公共参与。现实情况是服务理念还未彻底镶嵌入政府思维之中,有些公务员脑海里的服务观认识

---

① Janet V. Denhardt and Robert B. Denhardt, *The New Public Service*, *Serving*, *Not Steering*, New York: M. E. Sharpe, 2003, p. 35.

不足，这不仅是政府治理现代化面临的重大难题，也是服务型政府构建的巨大瓶颈。什么时候政府部门彻底转变了工作作风，那么服务型政府角色定位就可以在现实中找到文化依托。邓小平同志曾指出："全党要始终把人民拥护不拥护、人民赞成不赞成、人民高兴不高兴、人民答应不答应作为党的一切工作的出发点和归宿点。"这给服务型政府角色定位指明了政治方向。

第二，微笑服务到底在哪里？

从20世纪80年代开始中国政府就逐渐放弃了计划管理模式而适应市场经济模式，与市场相适应的微笑服务已成为地方政府各级机关及公务员必须学会的首要行动技能。为公民提供公共服务的动机与企业雇员为顾客提供服务的动机非常相似，并且得到了再认识和相互支持以及认同。[①] 要想使"微笑服务"这种市场方式像烙印一样刻在政府身上，就必须促使服务理念深入人心。"人人懂服务"才是地方政府改变机关作风的前提与契机。

第三，服务创新到底"新"在哪里？

不少地方都在探索公共服务供给的政社合作机制，通过政府购买公共服务等方式，实现基本公共服务供给方式的多样化，非政府组织越来越多地参与到公共服务建设中来，发挥了较好的作用。如北京、上海、深圳、无锡、青岛、厦门等，越来越多的地方政府尝试向社会购买公共服务，涉及的项目有环卫、城市绿地养护、城市照明、养老、扶贫、社区服务等。[②] 但是，诸如行政服务中心建设、万人评议政府、领导接待日等此类的机制创新活动尽管带来一定的社会成效，同时却缺少了服务型政府角色定位过程中的制度建设。

"在很多地方的制度创新不具有复制性，也就难以制度化，因为很多举措都是把既定的制度结构撇在一边。"[③] 在很多地方，尽

[①] James Mac, Gregore Burns. *Leadership*, New York: Harper and Row, 1978, p.221.
[②] 句华：《政府如何做精明的买主——以上海市民政部门购买服务为例》，《国家行政学院学报》2009年第4期。
[③] 杨光斌：《中国政治发展战略选择》，中国人民大学出版社2011年版，第105页。

管试点很成功，比如广东省以信息化助推服务型政府建设①、江苏吴江行政服务局建设、湖南省制定《湖南省行政程序规定》及其配套规章和《湖南省规范行政裁量权办法》，等等，都表明了地方政府能够因地制宜，结合本地的政治经济社会发展情况来推行服务型政府建设，可是这样的试点经验要么由于地方政府级别过低缺乏行政立法权而无法有效地进入法治渠道，要么由于各地之间发展差异较大而无法从地方试点样本上升到全国普遍性的改革方案。

效率观是从市场经济中衍生出来的，与传统意义上的政绩高压下政府高行政率是两码事。对于服务型政府而言，盲目追求 GDP 肯定不会是其中的真谛，"大多数政府机构要完成日益复杂的任务，所处的各种环境竞争性强，变化迅速，顾客要求质量和有选择余地"②，所有的效率行动在服务型政府情形下都应直接指向"为人民服务"而非简单地"为政绩服务"。市场经济下服务型政府构建所需要倡导的效率取向，在人本价值导向引领下的效率观使得政府能够意识到所谓的高效是针对公众所需要的公共服务而言的。

党的十八届三中全会强调，"改革开放的成功实践为全面深化改革提供了重要经验，必须长期坚持"，并且还"必须切实转变政府职能，深化行政体制改革，创新行政管理方式，增强政府公信力和执行力，建设法制政府和服务型政府"③。服务型政府建设中的角色定位应随着法治建设不断完善而稳定推进，在关键时期显得任重道远。

---

① 广东省以信息化助力服务型政府建设近两年间，广东电信为省委省政府及 21 个市政府提供各类政府热线 1000 多项，为全省 12 个市政府提供 "12345 行政咨询热线" 服务，为各市提供 "12301" 旅游热线服务、"12369" 环保投诉热线服务，有效地推动了政府公共服务的在线化与网络化，是在科技上完善服务型政府的案例。参见《广东省："两化融合"助力服务型政府建设》（http://city.ifeng.com/cskx/20130225/346409.shtml）。

② [美] 戴维·盖布勒、特德·奥斯本：《改革政府——企业家精神如何改革着公共部门》，周敦仁译，上海译文出版社 2006 年版，第 13 页。

③ 《中国共产党十八届三中全会公报发布（全文）》，2013 年 12 月 24 日（http://news.xinhuanet.com/house/tj/2013-11-14/c_118121513.htm）。

二 服务型政府角色定位的基本逻辑

服务型政府是以民众利益为导向的法治、民主及责任政府。我国政府突出强调服务型政府建设是人民政府建设的本质要求，也是我国政府为人民服务的根本体现。服务型政府是一种以公共服务为内容的政府行为模式，它要求政府以特定的规则方式为公众提供连续的公共服务；服务型政府强调以民为本，强调人民权利的至上性。[1] 服务型政府应该以公众利益为根本，按照民意导向来不断地努力提高公共服务质量，使得公众能够获得最大的满意度。因此，服务型政府是一种与服务相适应的模式、与制度相适应的体系及与权利相适应的范式，通过规则化运作来对服务、体制及权利的合法性进行确认和保障，从而体现在公共治理过程中的效果和效能。

（一）服务型政府角色定位前提：服务作为指挥棒

服务型政府角色定位必须以服务本身为行动指挥棒，把执法、管理、调控等活动均纳入服务的范畴，用服务的属性来调试上述各类行政活动的中心、方式及内容。服务型政府以公共利益为目标，努力按照公众客观需求为尺度来为全社会提供高质量的公共产品和公共服务。[2]

服务型政府是从传统消极模式向积极模式转变，推崇公共服务精神，提升公共服务的尊严与价值。服务型政府的治理效能产出最终要体现为公共服务，而要求政府顺应时代要求改变自身当前的行政方式，使广大民众能够真正实实在在地享受公共服务。公众在公共治理过程中的作用是突出的，他们能够有效地导引地方政府的服务本位观念，确保政府始终都能够围着"为公众提供优质公共服务"的导向棒运作。服务的质量就是服务的标准。[3] 而且，服务型政府是在管理效率层面上，向社会提供高速、优质、便捷、有效率

---

[1] 罗杰群：《服务型政府的构建与社会阶层和谐的实现》，《中国行政管理》2007年第11期。

[2] 谢庆奎：《服务型政府建设的理论研究》，《学习与探索》2005年第5期。

[3] 柳成洋、李涵：《标准化与服务型政府建设》，《中国标准化》2012年第11期。

的公共服务。服务型政府要求服务意识强、服务态度好、服务质量高、服务效率高。

(二) 服务型政府角色定位导向：服务内涵

在服务型政府语境下，这种服务应是政府提供服务的同时民众欣然接受的行政活动。如果是政府单向提供的行政活动，而忽略民众的需求与满意，那么这只能是计划而非服务。如果民众的公民素质尚不能认识服务内涵，也会导致服务变异。

Zhuravskaya（2000）在考察东欧国家的转型过程中发现了这些国家之所以遇到很大挫折，与政府的"攫取行为"有相当密切的关系。[1] 比如在俄罗斯改革中，由于税基扩大后的税收增额必须全部上缴到中央政府，地方官员便不能从中获益，这使得地方官员在地方上摊派及乱收费的现象非常严重，财政收入增加的同时却阻碍了市场的完善和发展。"所在城市的社会经济发展程度、公众的个体特征都在一定程度上影响公民对公共服务的总体期望和满意程度。"[2]

服务型政府天然地以社会公平正义为理念追求，具有公共性、公平性、公益性和公开性的价值取向，而且在法治架构下才能保证政府服务行为的规范性、减少主观随意性以更好地为社会提供公共服务。

(三) 服务型政府角色定位实施：服务方式

服务型政府角色定位的坐标是服务，角色实现内容自然指向于服务，那么，角色实现方式也应是与服务相适应的行政方式。首先，这种方式不是纯粹的计划与命令的形式，而应更多地采取指导与合同的方式。其次，这种方式是与市场相适应的行政方式，需要严格遵守市场规则。最后，这种方式旨在扭转政府机关作风，迫使

---

[1] Ekaterina V. Zhuravskaya, "Incentives to Provide Local Public Goods: Fiscal Federalism, Russian Style", *Journal of Public Economics*, 2000 (76), pp. 337–368.

[2] 新加坡南洋理工大学南洋公共管理研究生院课题组：《完善服务型政府体系，实现全面均衡发展——2012年连氏中国服务型政府调查报告》，《经济决策参考》2013年第10期。

政府须以一种平等的姿态来对待作为服务对象的民众。

在行为上地方政府从家长制的主导形态逐步转变为市场制下的对话形态。服务型政府的法治化需要一种顺畅的政民互动作为社会基础，也就是说政府想要把服务行为实施好就要摒弃过去的"自己点菜公众吃"的威权作风，并逐步适应新时期的"公众点菜政府做菜"的民主风格，即中央一直号召的群众路线，这真实反映了服务型政府法治化的现实特征及未来走向。市场思维即法治思维，迫切要求政府摒弃官僚主义与专断作风。

三 结论与思考

服务型政府角色定位问题是学界一直以来的研究热点，也是现实中制度建设的难点。这关系到政府的现代转型及职能转变，而且行政体制改革能否深化展开也有赖于此。对于服务型政府角色定位而言，制度建设通过行政体制改革来实现其中的根本措施。

服务型政府建设的学术研究已展开数十年，然而，关键问题在于如何对服务型政府的角色定位。把握好服务型政府角色定位问题，政府可以将服务型模式建设推进到深化实施阶段。单纯的机制创新并不能治本解决制度建设问题，连起码的"微笑服务"形式也未能实现好。服务型政府建设中的角色定位在理论上可以彻底扭转政府作风，但不是简单的行政机制或行为创新。

服务意识即公务员在执法过程中应认为自己在使用公共权力为社会民众服务，而不是稍微拥有一点权力，就滋生"人上人"的官僚思想。无论你处于何种职业、身居何职，我们之间除了做的事不一样，其他没有任何差别。唯有在心中确立了这样的平等思想，才可以心甘情愿地为民众提供服务。

一个可治理的政府就是所说的"高能量"政府，即它必须能够行动，并且能随时、迅速、决然地采取行动。[①] 若要做好服务型政

---

① [美]汉密尔顿等：《联邦党人文集》，程逢如译，商务印书馆2004年版，第114页。

府角色定位工作，一方面，须深刻认识服务的内涵，服务不是简单的口号，而应是政府所做的为民众所接受认可的行政活动；另一方面，转变政府的行政活动方式，实现平等的对话与沟通，适应市场经济时代的指导与合同方式，服务型政府角色定位才能做到有效与顺畅。

第三节 政府管理与精准扶贫

精准扶贫是国家在新时期提出的一种全新治理贫困的政治理念，它的具体落实极其需要在现实中开发各种有效的制度措施。从本质上来看，精准扶贫是要解决以往的粗放扶贫方式及效果问题，以把扶贫的治理效果更精准地体现出来。与此同时，志愿服务是推行已久的公益慈善性质的社会治理活动，在一定程度上达到了精准扶贫所要实现的精准化效果。从东部沿海地区 N 县的实践来看，可得出这样的结论：志愿服务事实上已成为精准扶贫的社会模式。

志愿服务参与精准扶贫工作看似前后不相干的逻辑命题，但是，从比较二者的内涵与作用来看：首先，志愿服务在一定程度上实现了精准扶贫所要追求的精准效果；其次，精准扶贫自身内在的需求排斥、区域排斥、识别排斥等问题[①]可以通过志愿服务得到有效克服；最后，志愿服务还可以通过营造"人人奉献"的社会互助氛围来辅助扶贫获得由输血到造血的功能转变。

一 精准扶贫的基本内涵

精准化的含义在于精准地实现与达成目标，这是一种目的善的要义。2016 年春节，习近平总书记视察江西老区，走进井冈山民家，他给大家耐心与细腻地阐发了"精准扶贫"的政治理念，这是对江西乃至全国其他地方政府提出的新的工作要求。既然是

---

① 邓维杰：《精准扶贫的难点、对策与路径选择》，《农村经济》2014 年第 6 期。

精准化扶贫，那必定要一扫过去的扶贫思路与方法，或者，与其说是扶贫，不如说是治贫；中央消除贫困、消除两极分化的决心与魄力让全国的地方政府坚定了全心全意为民众办实事的信念与信心。

（一）精准扶贫的时代内涵

习近平总书记于 2015 年 3 月 8 日在参加十二届全国人大三次会议广西代表团审议时提出："要把扶贫攻坚抓紧抓准抓到位，坚持精准扶贫，倒排工期，算好明细账，决不让一个少数民族、一个地区掉队。"然而，"精准扶贫"的重要论述最早是在 2013 年 11 月，习近平到湖南湘西考察时首次作出了"实事求是、因地制宜、分类指导、精准扶贫"的重要指示。

从历史溯源来看，精准扶贫政策的出现在很大程度上借鉴了广东省扶贫"双到"工作的经验[1]，从规则到户和责任到人[2]发展到现在的扶贫资金到村到户，扶贫驻村工作队的成立等，都是对广东经验的浓缩。

根据中办发〔2013〕25 号文件的定义，精准扶贫是指通过对贫困户和贫困村的精准识别、精准帮扶、精准管理和精准考核，引导各类扶贫资源优化配置，实现扶贫到村到户，逐步构建扶贫工作长效机制，为科学扶贫奠定坚定基础。

"谁来扶"与"怎么扶"将是扶贫工作实现精准化的根本问题，它牵涉扶贫能否成为一种常态机制，而正常有效地在社会运作。扶贫的标准更是"精准扶贫"背后隐藏的扶贫精准化的核心问题。精准扶贫"是一个具体的战术层次的工作要求，但更应该体现为战略上、原则上、理念上的对扶贫工作的要求"[3]。

只有真正贫困的群众脱离了贫困，"扶贫"才能算作达到了"精准化"的预期目标。因此，"精准扶贫"的精准化三大要求是

---

[1] 邓光耀：《广东"精准扶贫"成全国经验》，《南方日报》2013 年 3 月 26 日版。
[2] 王和顺：《广东精准扶贫经验及对我区的启示》，《北方经济》2014 年第 11 期。
[3] 左停、杨雨鑫、钟玲：《精准扶贫：技术靶向、理论解析和现实挑战》，《贵州社会科学》2015 年第 8 期。

指：(1) 精确识别，这是精准扶贫的前提。精准扶贫与贫困普查之间存在密切的联系。① 通过有效、合规的程序，把谁是贫困居民识别出来。(2) 精确帮扶，这是精准扶贫的关键。贫困居民识别出来以后，针对扶贫对象的贫困情况定责任人和帮扶措施，确保帮扶效果。(3) 精确管理，这是精准扶贫的保证。一是贫户信息管理；二是阳光操作管理；三是扶贫事权管理。最终，要切实做到"扶真贫、真扶贫、治本扶贫"，从而提高民生福利。②

从本质上来看，扶贫工作是一种对贫困人群的社会援助，不单是经济援助性质的社会活动，还牵涉相当的资金、物资等方面的调配与管理活动，那么，精准化是一种要求对前者的重新布置与安排，以期扶贫的精准化效果及程度目标的实现与达成。事实上，除了物质化的资金、物品捐赠之外，精神上的嘘寒问暖也是一种广义意义上的扶贫方式。当然，这种精神上的扶贫内容最好与物质化的扶贫内容搭配使用。

表 3-1　　　　　　　　精准扶贫的基本内涵

扶贫：贫困人群的社会救助活动		精准化：治理贫困
内容	物质化的资金、物品的捐赠及精神化的嘘寒问暖	目标	1. 解决贫富差距问题 2. 促进社会秩序稳定 3. 安定社会人心，减少民怨民愤
形式	搭配使用，相互补充		

(二) 精准扶贫方式的理论基础

从扶贫主体及方式来看，即"谁来扶"和"怎么扶"，扶贫的方式主要分为政府、市场、社会三种模式。

1. 政府主导模式

从世界各国的经验来看，政府是消除贫困的主体。③ 我国是社

---

① 邓维杰：《精准扶贫的难点、对策与路径选择》，《农村经济》2014 年第 6 期。
② 杨秀丽：《精准扶贫的困境及法制化研究》，《学习与探索》2016 年第 1 期。
③ 联合国开发计划署：《千年发展目标报告（2015 年）》，联合国，2015 年。

会主义国家,党和政府具有强大的政治优势和资源动员能力,是我国扶贫取得成功的关键。[1] 大量实证研究也表明,政府投入具有显著的减贫效应。

不少研究者也指出了政府主导的扶贫模式的弊端和不足。张全红(2010)利用向量自回归模型发现农村扶贫资金投入对农村减贫的效果不显著;[2] 赖明和成天柱(2014)利用2001—2010年的县级面板数据证明财政扶贫资金存在效率损失;[3] 李盛基等(2014)运用脉冲响应函数发现部分扶贫资金未能产生减贫效果,而且几乎各项扶贫资金对降低贫困强度效果不显著。[4]

2. 市场推进模式

赵慧峰等(2012)分析了"扶贫+科技+市场"的"岗底模式"的成功经验。[5] 孙文中(2013)基于新发展主义主张"建构一种'政府主导、市场运作、主体参与'的扶贫机制:政府以强制性为行为制定依据、规划方向,通过市场运作提高效率,社会、组织和个人依靠互助与合作发挥其服务、筹资、监督等功能,在发展经济的同时消除贫困"[6]。

由于缺乏理论研究和顶层设计,在各地扶贫实践中也出现了市场力量被滥用、误用的现象。因此,应当提出更加符合"精准扶贫"要求的新型市场化扶贫模式。[7]

---

[1] 文建龙:《改革开放以来中国共产党的扶贫实践》,《大庆师范学院学报》2016年第1期。

[2] 张全红:《中国农村扶贫资金投入与贫困减少的经验分析》,《经济评论》2010年第2期。

[3] 赖明、成天柱:《财政扶贫的效率损失——基于财政激励视角的县级面板数据分析》,《经济问题》2014年第5期。

[4] 李盛基、吕康银、孙晔:《中国扶贫资金支出结构的动态减贫效果研究》,《技术经济与管理研究》2014年第8期。

[5] 赵慧峰、李彤、高峰:《科技扶贫的"岗底模式"研究》,《中国科技论坛》2012年第2期。

[6] 孙文中:《创新中国农村扶贫模式的路径选择——基于新发展主义的视角》,《广东社会科学》2013年第6期。

[7] 宫留记:《政府主导下市场化扶贫机制的构建与创新模式研究——基于精准扶贫视角》,《中国软科学》2016年第5期。

3. 社会扶助模式

社会扶助模式主要源自公众对公共活动（如扶贫工作）参与的实现。参与式扶贫理念源于参与式发展理论，它将"参与"和"赋权"两大核心思想融入扶贫工作当中。参与式扶贫从贫困户的角度出发，主张从制度建设和机制创新等方面赋予贫困群体的参与权利，为他们表达意见和需求开拓渠道。[①] 与此相联系的理论还有"合作型反贫困理论"，提出"反贫困工作不是由任何单一主体的投入即可完成的，它需要政府、社区、贫困群体之间的有效合作，且必须通过一个有效的合作平台来完成"[②]。

（三）精准扶贫的时下困境

在我国，贫困治理是各级地方政府不可推脱的责任，但这也引发了社会对扶贫工作的争议。如果不考虑道德上的原因，传统观点认为"救急不救贫"。政府的法定职责是依法提供公共服务，包括市场调节、制度供给、公共物品生产等。然而，在新时期，为实现共同富裕，政府事实上仍必须大力推进精准扶贫，这也与我国国情相适应。

精准扶贫的老问题主要有识别不精准、帮扶措施缺乏差异化、扶贫资金有限[③]，以及贫困人口漏出、扶贫项目针对性不强、扶贫效果不明显等突出困境，而在精准识别、精准施策、精准评估等问题上研究跟进的较少。[④]

而且，在现实中还面临着社会结构性贫困、城乡分立的贫困以及思想精神贫困的新难题。由于在精准扶贫工作的制度保障、精准帮扶的可持续性、精准扶贫配套措施等的缺乏，精准化机制不到

[①] 李鸥、叶兴建：《农村精准扶贫：理论基础与实践情势探析——兼论复合型扶贫治理体系的建构》，《福建行政学院学报》2015年第2期。

[②] 许源：《中国农村扶贫：对象、过程与变革》，中南大学出版社2007年版，第145—136页。

[③] 葛志军、邢成举：《精准扶贫：内涵、实践困境及其原因解释——基于宁夏银川两个村庄》，《贵州社会科学》2015年第3期。

[④] 陆汉文：《落实精准扶贫战略可行途径》，《国家治理》2015年第38期。

位，造成贫困扶助的受益者的往往主要是富户。① 客观的、物质上的贫困是容易被消除的，但是，主观的、精神上的贫困却是不容易解决的。在很多时候，它往往以前者的伴生物出现，却会引起更为严重的后果。比如扶贫者的腐败②会刺激被扶贫者，也即真正贫困者的社会心理，造成贫困户上访等问题。

贫困总是出在人心之中。心灵的贫困远甚于物质的贫困。尽管贫困总是率先以经济的形式展现出来，但是，它的持续性却将根子埋在思想与文化上。除了传统的政府慰问性质的社会救助活动形式，社会中的慈善也须尽早从"伪慈善"的困境摆脱出来。"坚决打赢脱贫攻坚战"，精准扶贫不应仅仅是理念上的道德善表现，还应是现实中的制度善形式。只有好的理念配套好的手段、方式，才能真正使精准效果在社会中得到广泛实现。还必须明确的是，扶贫不应单是政府的职责，还应得到社会的积极响应才能实现。

二　N县志愿服务与精准扶贫

志愿服务是指社会公众在政府号召下或自发组织下，凭借社会自我利益感知的敏感性，实现社会互助互爱的慈善目标。志愿服务的本质特征就在于它的志愿性、无偿性与公益性。③ 志愿服务因具有志愿性、奉献性（利用自己的时间和技能）、服务性（帮助他人、服务社会）而具备政府、企业所无法企及的精神价值和人文关怀，无论对参与者还是受助者，都具有无法替代的意义。志愿服务的社会功能可归纳为：社会动员功能、社会保障功能、社会整合功能和社会教化功能。④

---

① 唐任伍：《习近平精准扶贫思想阐释》，《人民论坛》2015年第10期。
② 赵武、王姣明：《新常态下"精准扶贫"的包容性创新机制研究》，《中国人口·资源与环境》2015年第11期。
③ L. M. Salamon, *America's Nonprofit Sector: A Primer*, New York: Foundation Center, 1992, p. 256.
④ 廖恳：《论志愿服务的社会功能及其形成》，《中国青年研究》2012年第3期。

N县地处我国东部沿海发达地区，有十余年的志愿服务发展史，这对于我们深刻认识志愿服务及其内涵的扶贫本质起到了重要的佐证材料作用。N县目前已建成县级志愿者招募基地12个；县级志愿服务基地45个；二级志愿服务组织74个；基层志愿服务队5000余支；注册志愿者近2万名；各级志愿服务队组织登记志愿者近3万名。已组织开展各类城乡环境大整治青年志愿者活动25次，吸收20多个社会公益组织、上百个志愿服务队、5万名志愿者参加。N县志愿服务中的扶贫本质主要表现在：

第一，志愿服务方向的潜在内容是帮扶（治理）贫困。例如，"绿叶爱心基金"主要用于推动N县志愿服务事业发展，支持各类志愿服务活动，为广大志愿者和相关服务项目提供基本保障。2013年的N县党群服务中心共有5800余名在职党员志愿者，已完成认领实现群众微心愿8200余个，开展各项志愿服务活动1500余次，中心总共服务26000人次。还有重点帮扶困难群体，关注低收入家庭青少年的客旅护航、启智行动、爱心之堤等32个县级社会化服务项目，2015年，N县新年心愿活动为375名困难青少年圆梦，共结对低收入农户青少年9404人。面向外来务工子女开展了"爱心午餐"公益项目，2015年共获得爱心款项28万元，累计获得83万元，753人次学生受益。打造天明阳光家园、培智学校等15个助残阵地，通过各种结对形式，累计帮扶2872名残疾人。

第二，志愿服务方式是全民共同参与的社会集体公共行动。目前N县共有62支志愿服务总队（站）。在18个乡镇街道志愿者服务总站成立的基础上，建成运行志愿服务工作委员会。党群服务中心拥有自身独立的一套志愿服务队伍架构。红十字会志愿服务总队、机电学院志愿服务总队、心动力志愿服务队等则是社会志愿服务组织。

第三，志愿服务的基本目标主要是自我服务，实现基层社区治理意义。目前，社区志愿服务形式一般有安全巡逻、文明交通、城市卫生、文艺宣传、中小学生课业与心理辅导、孤寡残独帮扶、广场舞上文艺舞台，等等。品牌案例则有"雏鹰"服务队、"金鹰"

教师服务队、"红枫叶"服务团队、新"博爱之家"、志愿卡换超市购物计划、老年人食堂、"夕阳红"服务队、"巧媳妇"爱心团队。此外，乡镇政府动员基层党员关爱农村留守儿童，也是一种带有社会治理意义的精准扶贫方式。

志愿服务实现了精准化扶贫的基本目标，主要表现在：其一，社会的认同感及接受度强。那种曾由政府居高临下式的扶贫方式，有时候会遭受到特定人群的排斥，因为他们可能认为自己无法接受"嗟来之食"。而志愿服务是慈善性质的，相比之下，亲和了许多。其二，容易激起人们的感恩心理，形成良序的治贫循环。志愿服务更具有潜在而又明显的教育意义。其三，消除了信息不对称困境，逐步形成社会信任与宽容的氛围与环境。这有利于安定民心、消除民怨。

从N县的志愿服务事业来看，通过民众自我服务来实现社会帮扶目标，不仅达到了救助贫困、授人以渔的效果，而且还达到了精准扶贫可预期的具体效果：

其一，达到了精准化的要求，即精确识别、精确帮扶、精确管理。N县的志愿服务事业很大程度上是依靠互联网技术来推进，实现了"互联网+志愿服务"的效果，这使得志愿服务在信息渠道方面具有了强大的优势。例如，随着N县"党群同心圆"三期平台开发的完成，平台功能更加完善。"微心愿""最新活动""帮帮团"三个板块主要用来发布基层群众的服务需求。

其二，从心理上解决了精神贫困问题。N县天明阳光家园是一家专业助残服务的社会机构，它的扶助对象主要是18岁以上的残障人士。目前，免费招收的二十余名残障学员基本恢复了生活自理能力，有的学员甚至可以到超市工作。

其三，志愿服务事业容易形成爱心接力，发扬"我帮人人，人人帮我"的慈善宗旨。N县成立了"爱心同盟"，目前，已资助大病家庭贫困生14人，其中挽救了7个人的生命，还组织了百人圆梦计划，每月定期资助100—300元的伙食费。爱心同盟的另一宗旨是对不在养老院养老的孤寡老人进行帮忙照顾。

志愿服务更为柔性化与人性化，并不直接把社会贫富差距暴露出来，而是积极用公益慈善活动让社会所有人均等受益的同时又通过自己的行动来形成良性循环，促进志愿服务的常态，这使扶贫工作可以借此而实现更加精准化、更加常态化、更加长效化。

总体而言，志愿服务积极把社会力量调动起来，在一定程度上推动与促进精准扶贫的目标实现与机制完善。志愿服务虽只字未言扶贫，却在事实上发挥着精准扶贫的社会效果。

三 结束语

精准扶贫继承了传统扶贫的政治理念，与我国社会主义本质内涵——实现全民富裕是直接相吻合的。它的理念便是立足于改革开放40年来"一部分人先富裕起来"的局面已形成而"剩下的一部分人后富"的实际尚未到来的社会形势判断之上，终将使得精准扶贫的治理贫困价值目标在精准化过程中具有全局意义——不在于某一地区、某一阶层、某一行业的贫困治理，而恰在整个国家、整个社会的贫困治理。

精准扶贫的形式可以是政府的救助活动，也可以是市场推进的慈善活动，还可以是其他的形式。随着社会公共实践的不断展开，精准扶贫在贫困理念的引导下也将自身的外延扩展出更多的新模式。

通过对东部沿海地区N县志愿服务事业的调研，我们发现志愿服务从社会实践效果来看已经符合了精准扶贫的治理理念，也达到了精准扶贫的预期效果，它被认作精准扶贫的新形式，这应是一种时代的必然。志愿服务作为精准扶贫的社会模式，它虽不一定以扶贫为目标，却实际起到了精准扶贫治理贫困的理想要求。"让先富起来的这部分人愿意投入扶贫这项慈善事业，并对这些扶贫先进集体和个人进行表彰，有序引导社会力量参与扶贫开发。"[①] 总之，

[①] 王国勇、邢溦：《我国精准扶贫工作机制问题探析》，《农村经济》2015年第9期。

社会的贫富差距缩小并不是单靠简单的金钱和物资捐助就能实现的，它更需要通过某种合适的方式来实现社会的公平正义，让所有人在良好的社会环境中能够通过自己的努力实现个人的价值和获得自己想要的生活。

第四节　政府社会管理职能

法治的本义在于调整社会中各种利益关系，无论政治的、经济的，还是文化的，使之能够在礼或法的规则支配下形成适应政治统治的秩序氛围。天下井然有序是法治的秩序取向。中国的传统文化，不但不能断层，而且还应当继续发展与更新，这样中国的法治化才能具备扎实的社会文化根基。政府社会管理事实上是在法治框架中推进与实施，这构成了政府治理现代化的基本内涵。如何确定政府社会管理的具体职能及组织设计，将成为其中重要的制度内容。社会管理职能主要直接体现在实施地方治理的地方政府身上。

转型期地方政府社会管理职能转变是地方行政体制变革的重要内容。社会管理职能转变本质上是对地方政府政治职能回归式的重新界定。从地方政府自身的组织结构（省、市、县）与人事结构（领导职务与非领导职务公务员）共同构成的结构体系着手，社会管理职能转变有了重要切入口。地方政府结构体系的主体性功能的有效配置与合理调适则是社会管理职能转变的路径。由此，地方政府社会管理职能转变将通过地方政府结构体系的公共治理行动网络化形态实现。

一　政府管理职能转变的切入口

地方政府社会管理职能转变并不是一种所谓的制度性创新，而是在内涵上体现为政府本质回归和公权的制约限制，也是一种政治职能回归式的重新界定。社会管理职能转变以涵盖组织与人事的地方政府结构体系为重要的切入口。

(一) 社会管理职能转变本质是对政治职能的本质回归

转型时期,地方政府社会管理职能转变是我国地方行政体制变革的重要内容,它具有以下三大意义:

第一,社会管理职能转变对地方行政体制变革具有根本的推动作用。

社会管理的职能转变要求地方政府实现本质性回归,扭转骨子里"社会控制"思维定式,有力疏导社会矛盾、保障社会和谐顺畅。我国这种以促进地方政治、社会与经济协调发展为基本导向的地方行政体制变革是一种积极寻求通过变革地方政府自身来实现社会有效管理的调适活动。地方政府能否实现自身本质(民主的、有限的、正义的政府)回归,决定了我国社会管理体系建设程度,根本上对地方行政体制变革具有重大的推动作用。

第二,地方行政体制是社会管理职能转变必要的制度基础。

从现行的地方行政体制到即将变革的新体制可以通过地方政府社会管理职能的转变来得到根本实现。现行体制既是改革的对象,又是推行改革所依赖的组织手段。[①] 而且,作为地方政府社会管理职能转变的制度基础,现行地方行政体制由于变革而产生崭新的体制,又会进一步成为社会管理职能转变的制度基础。社会管理体系必然始终以地方行政体制为自身的制度根基。

第三,地方政府社会管理职的转变也是当前地方行政体制改革的重要内容。

地方政府社会管理职能的转变是当前我国地方行政体制改革的重要内涵,它涉及我国政府的本质回归及其公共权力的调适制约。地方政府社会管理职能转变直接针对地方政府主体结构体系的体制性变革,因此必然是当前地方行政体制改革的重要内容。

其实,政府社会管理职能是指政府在处理各类社会关系的过程中以公共治理者的身份介入并且与民众保持有效顺畅的沟通,从而使得社会问题在民众心里得到真正解决。"政治系统与公众的关系

[①] 徐湘林:《以稳定为基础的中国渐进政治改革》,《战略与管理》2000年第5期。

取决民主的形态。"① 政府在职能上进行社会管理的转变本质上是对我们党一直以来的亲民传统作风的本质归位，也是旨在扭转社会各种不良风气的社会变革。

（二）政府自身是社会管理职能转变的重要变量

我国地方政府是由中央政府将内部行政权力解构而创造出来的下级从属单位，它是国家政权中的一个重要组成部分，在国家政权中居于"基石"位置，是国家权力在特定地域上的物化形态。② 然而，作为相对独立的政治单位，随着时代的发展，地方政府不再是中央被动的执行者，而发生了许多角色上的变化。

首先，地方政府是中央无法替代的地方治理者；地方政府以自身接近地方公众的优势而代替中央在地方上进行依法治理，中央政府负有监督地方管理公共事务的责任。

其次，地方政府是沟通地方公众与中央的重要桥梁；中央政府无法直接与公众进行沟通与对话，但地方政府却可以居中传达双方的意见，促成中央—民众的政治交流。

最后，地方政府是相对独立的公共部门，只在宪法与法律的框架下推行和实施中央政府的决策及命令。改革开放以后，中央不断地赋予地方政府各种经济权限，激活地方的积极性，从而使地方政府成为地方上能动的代理者和中央在地方治理的合作伙伴。我国地方政府已不再是完全意义上的省—市—县—乡（镇）—村多层级结构，而开始向省—市（县）两级扁平化结构发展。

（三）政府结构体系是社会管理职能转变的切入口

地方政府可以划分为组织与人事两大方面，包括了所赖以集体行动的公共组织与规则化行动的人员调配。在组织上，地方政府分为宏观管理者的省级政府与微观服务者——城市政府和农村政府。政府组织通过治理的结构形态来体现治理的规则化公共行动模式。在人事上，地方政府涵盖了领导职务公务员与非领导职务公务员，

---

① 俞可平：《中国治理变迁30年（1978—2008）》，社会科学文献出版社2008年版，第239页。
② 沈荣华、金海龙：《地方政府治理》，社会科学文献出版社2006年版，第1页。

他们是对地方三级政府公共治理的直接行动者,并从微观层面反映了地方政府社会管理的行动效能。所以,地方政府社会管理职能转变的切入口就是地方政府自身——其所赖以公共行动的结构体系,也即地方政府的组织结构(省、市、县)与公务员人事结构所组成的体系结构。

作为地方政府的人事结构,无论领导职务还是非领导职务公务员都必须意识到自己的地方公共治理者角色定位,注重在自身法治素质提升的前提下开发多元化的社会管理能力,确保地方政府与公众之间顺畅的互动关系,维护好地方政府的形象。而且,由地方政府自身组织结构与人事结构所组成的结构体系伴随着侧重点在于社会管理的地方行政体制变革,将会出现各种制度设计意义上的变化,是地方政府社会管理职能转变的主动要素。

地方政府社会管理职能转变侧重点不在于单纯的行政幅度调适,而根本上着眼于省、市、县三级地方政府之间的功能清晰配置与合理搭配及其公务员所依法行使权力的法治制约。三级地方政府及其公务人员代表地方公共治理的政府治理行动者不应当在彼此之间只有行政层级之区别而忽视其他重要内容,同为地方公共治理行动主体,它们必须慎重界定和区分各自的社会管理职能,才能真正促进我国地方行政体制的优化调适。

二 政府社会管理职能转变的制度设计

涵盖了组织与人事的地方政府结构体系,社会管理职能的界定实际上也就是指地方公共治理行动过程中居于核心地位的行政体制变革。明晰地方政府的社会管理职能可以促进地方党群、政群关系及社群关系的顺畅化,确保社会稳定和国家长治久安。由此,为了达到这个治本的秩序性目标,地方政府社会管理职能转变应当通过地方三级政权组织及其公务员管理的制度变革来得到实现。

(一)省政府旨在负责地方宏观性社会管理决策

省政府是地方政府中行政级别最高的一级组织,在社会中拥有仅次于中央的权威和威望。然而,省级政府既不同于中央也不同于市县政府，它必须履行好中央所赋予的监管地方之职责。较之于中央政府，省政府职能是中观上的区域部署；而较之于市县政府，它又是宏观上的整体规划。虽然省政府离民众仍有一段距离，却比中央要近得多，可以就近发挥地方治理的功能。

省级政府政治性职能比中央弱，在地方上的社会管理职能日渐突出。因此，在界定省级政府的行政职能时不能盲目比照中央派出政府的性质来图方便。必须注意到省级政府本身就具有地方政府的共同属性——地方公共治理者角色之后，才能有的放矢地妥当配置省级政府的现实职能。

（二）市、县政府侧重于地方中观性社会管理执行

代表城市的市政府主要治理城市区域，而代表农村的县政府则致力于发展农村经济。市政府面对的是众多城市市民，而县政府要面对广大农村村民。不同的服务对象使得市、县政府要应对不同的社会问题。城市中的民生保障问题是市政府的重中之重，而农村中的"三农"问题也是县政府所不能忽视的。无论城乡合一还是城乡分离都不能改变市、县政府的基本职责范畴；否则，市、县政府之间的权限彼此越位会导致社会治理紊乱。

从中华人民共和国成立以来的省管县到改革初期的市管县再到如今的省管县的逐步恢复说明了我国对市县级基层地方政府的作用的认识日益明确。省管县对于在城乡分治的前提下统筹城乡发展具有行政层级优势，而市管县则对城乡合治具有鲜明的行政幅度优势（减轻省级政府的管理压力），它们之间互为长短。现阶段，我们行政体制调整的根本目标在于保证自省级以下的地方政府能够既有行政层级优势（扁平化组织结构形态）又有行政幅度优势（垂直顺畅信息沟通渠道），从而实现地方公共治理优化。那么，我们就要像明确省级政府职能性质一样来清晰界定市、县政府之间的职能。当然，市、县政府的区分就已经内含了二者仍然具有各自不断演化的独特职能。因此，作为城市政府代表的市政府与作为农村政府代表的县政府本来就在所代表的地方公众群体方面具有很大的差别，这使得二者之间不太可能有必然的从属关系（除了政治需要之外);无论是县管市(旧民国制度)还是市管县(当前体制)如果不能在根源上解决市、县之间的利益与产权清晰界定,就会导致二者互相争利、破坏地方公共治理的局面。

地方政府组织结构主要包括省级政府和市、县政府,这样划分的原因有二:一者,省、市、县政府处于同一治理行动圈内而并不同于自此以下的乡镇政权和村庄自治,并且基层民主的发展趋势会使乡政村治最大化地依靠村民自我管理而排斥外来行政力量的干预,省、市、县政府则在很大程度上依靠政府自身的力量来推动地方治理,因此,地方政府组织应当排除乡镇与村庄;二者,尽管在同一治理行动圈中,省政府直接代表中央在地方推行全国政策及协调市县政府之间的治理行动,而代表城市的市政府与代表农村的县政府在行政序列中开始出现了并轨而行的趋势;省、市、县代表的三方行动正是地方治理中社会管理的全部体现。

(三)公务员承担微观性社会管理职责

我国传统文化认为"格物、致知、修身、齐家、治国、平天下"是至今仍重复不断的精英成长过程;"学而优则仕"使得人民中较优秀的部分人出来从政,以构成政府的公务人员。"公务员"意在执行公务的人员,同时内含着现代意义上的"公仆"属性。然而,政府权力与组织同在,公务员进入组织之中就意味着权力的获取。权力不但与责任伴生,还与利益同在;分蛋糕的人如果也是吃蛋糕的人很有可能使自己得到的蛋糕最大。因此,对公共权力的制约与限制最直接、最关键的还是体现在对代表地方公共治理直接行动者的公务员的行为目的、方式的法治程序性控制上。

公务员作为地方政府的主要构成通常分为领导职务和非领导职务两种,并且社会管理对二者有不同的行动要求。不仅是道德层面,对于公务员更有法治事务素质要求。为了避免公务员私利行为对地方公共治理造成的不良影响,无论领导职务还是非领导职务都应当具备完全的法治事务素质,即按规则化行事程序凭借公共理性来参与地方治理。现代政府的一个核心价值是"回应",即政府行为能达到"与人民的偏好相一致"①。社会管理职能要求地方人事结构中领导职务公务员与非领导职务公务员能够妥善处理好与地方民众的关系,并且在二者之间形成良序的职务协作关系。领导职务公务员和非领导职务公务员通过两者之间的密切协作共同构成地方政府的网络治理形态。

领导职务公务员是处于领导职务之上的公务人员,他们拥有地方治理公共决策权。这些被称为"官员"的人在社会中享有一定的地位和权势,这除了有体制原因外,还有一个原因就是在地方公共治理中对他们的角色定位不清。对于地方政府中的领导职务公务员,潜意识中的"将社会管理替换为社会控制"导致他们自己把原来多元的地方公共治理者角色偷换成单一的地方治安管理者形象。

非领导职务公务员是地方政府中基本的治理行动者,他们在组织中占大多数,享有着治理执行权限。由于要直接面对地方民众,他们与之打交道的态度及方式对民众的政治认同感产生巨大的影响。除了上级领导单调的决策影响外,非领导职务公务员自身能力与素质对治理效果也产生了重要的影响。

地方三级政府及其公务员发挥着旨在对社会关系的全程治理的主体性功能与作用,是对政府自身社会管理职能的根本体现。在地方公共行动过程中,社会管理表现为一种网络化治理形态,除了中央的支持与民众的基础促进外,省、市、县政府及其公务员之间会形成各种网络博弈关系。省—市、省—县以及市—县及其公务员之间公共治理活动会表现出地方政府结构体系中的各种行动博弈。并且,地方政府结构体系中各方面之于社会问题会发挥着功能形态各异的社会管理功能。地方政府社会管理职能转变体现为通过地方政府结构体系公共治理行动的网络化形态实现。

三 政府社会管理职能转变的路径

在地方政府结构体系中,组织结构主要包括省、市、县三级政

---

① [美]劳伦斯·迈耶等:《比较政治学》,罗飞等译,华夏出版社2001年版,第36页。

权组织，人事结构则涵盖了领导职务公务员与非领导职务公务员。省、市、县三级政权组织本质上由于利益代表归属与功能作用的不同而具有各异的社会管理职能，而领导职务公务员与非领导职务公务员作为地方公共治理直接行动者承担着重要的微观社会管理职责。

（一）省级政府代表中央在地方进行治理

省政府的社会职能主要在于区域性宏观决策管理及协调区域内外的社会管理事项。由于要直接对中央负责，省政府的任务中心更侧重于中央政策在地方的执行，确保全国政策环境的统一性。省政府社会管理的政治属性使其具有更多的监管地方之职能，其应代替中央而非市、县政府去密切联系地方公众、协调区域社会矛盾。本质上，省政府作为最高层级的地方政府的代表，立场应始终与中央保持一致，从而保障中央在地方上的执政公信度。

（二）市政府在城市和县政府在农村

市政府重点负责城市区域的社会保障体系，以为城市居民营造一个宜居和谐的城市生活环境而从源头上消除各种不必要的社会矛盾。市政府应当始终认清楚自己在代表城市居民，要与这些用赋税供养城市政府的公众时刻站在一起，在保证城市公众切身利益实现的前提下接受省政府代表中央的领导。

县政府管理着广大的农村区域，负责农村区域的社会协调发展。与市政府不同，县政府代表农村地区居民的切身利益所要面对的社会问题，是来自人数众多却生活质量仍比不上城市居民的农村居民（农民与其他阶层）的利益表达与诉求；因此，县政府要致力于排除历来因城市"剥夺"农村导向的不良影响，提高辖区内农村居民的生活质量和缩小城乡之间的发展差距。如此，县政府才能真正从本源上履行好社会管理职能，在地方政府体系中做好又一个公共治理行动者。

（三）公务员在地方治理中直接行动

作为地方公共治理直接行动者的公务员所要承担的社会管理职责是微观上的，它既是公务员行使公权的价值导向，也是其行使公

第三章 政府治理现代化的职能定位

权的制约限制。无论领导职务公务员还是非领导职务公务员，都要牢记"把群众利益放在首位"的社会管理工作要诀。这样，才能从标本兼治的效果上正确处理好社会中各种复杂的矛盾关系，从而真正落实自身的社会管理职责。

领导职务公务员的社会管理职责是始终联系群众，深入了解群众需求，在决策环节中疏导各种社会矛盾。

非领导职务公务员每天都要直面群众，最能够切身体会人民群众的根本福祉所在。所以，他们更应深入群众生活之中，将群众路线进行到底。非领导职务公务员的社会管理职责由此是直接明确的，必须在个人作风、工作态度及方式上做到人民群众的喜闻乐见、让民众从心里满意政府的施政。

为了实现社会管理中针对各种复杂社会关系调理、确保社会稳定与国家长治久安的秩序性目标，地方政府结构体系应当通过行政体制的制度性变革来实现一种组织结构与人事结构上的网络化治理形态，使得省、市、县三级地方政府在公共治理行动中互相配合协作地发挥各自特殊的社会管理职能，并且，地方政府中的公务员能够以密切联系群众、时刻走群众路线的立场来有效地承担自身社会管理职责。因此，当前我国地方政府社会管理的本质内涵便体现在转型时期背景下的社会管理职能转变过程之中。

第四章　政府治理现代化的方式转型

政府治理现代化既包含了原则性的转变规律，也包含了路径化的转变方式。政府治理现代化的方式转型即其治理技术的转变及创新。为了实现政府治理现代化方式转型，首先须从传统的政府治理技术出发，探究其中的奥妙，最终找到合理的创新替代方式路径，从运动治理到法治治理是政府治理现代化方式转型的基本思路。

第一节　运动治理

作为我们党夺取革命胜利的重要法宝，运动治理是兼具我国历史与时代特征的一种公共治理方式，它内含了政治运动、社会运动及群众运动等属性。公众和政府之间的利益碰撞，催生了由"党委—政府—社会"三级网络构成的治理结构。运动治理具有公众参与的隐形优势因素与短暂间歇症状的显性弊端。作为一种矛盾事物，运动治理利弊相生。国家因素和社会因素都对之起到了至关重要的影响作用。若过分强调公众因素会导致群众政治运动，而过分强调政府因素也会导致政府强制执法。所以，运动治理隐藏的群众因素并不适合具有鲜明政治属性的政府公共治理，却非常适合高社会性的政党组织运作。

一　运动治理的内涵辨析

网络对运动治理的词源界定是"中国运动式治理具有权威性、有效性、运动性、反弹性和动员性等特点，是当前我国政府治理的一种方式。无论是从规范研究还是从经验研究，中国运动式治理课题都为当今学术界提供了研究的素材和拓宽了研究的空间"①。运动治理的关键词是运动，也即意味着这种治理模式具有运动的特质、内涵及效果等。所谓"运动"，在美国学者罗杰斯和斯多瑞（1987）那里则是指"在特定的时间内通过一系列有组织的传播活动，在相对大规模的人群中争取特定的后果和效果"②。李侃如（2010）则认为运动是"指通过动员群众全力解决某些特定的问题，其广义的目标是社会政治变革和经济发展"③。皮休特·索罗金（1973）在回顾人类的历史时，认为"运动是一个无时不在的明证，有的运动导致政权的颠覆，有的是要求改善工作条件的罢工运动，有的运动则是要求更改宪法或法律"④。在政治学中，运动治理中的"运动"与政治运动、社会运动及群众运动有密切关联。

首先，运动治理在属性上是一场政治运动。像日本学者绵贯让治（1983）就给政治运动下了一个比较抽象的定义，即"为实现思想、行动和社会关系中的变化，而在某种程度上有计划地作出努力，随之在某种程度上进行持续的、有组织的集体行为"⑤。查尔斯·塞尔（1977）在《正在进行的革命：中国的动员革命》一书中认为，政治运动作为实现社会主义改造的工具具有积极的边际效用。⑥ 由此，政治运动可以看做是"包括执政党在内的多元政治主

---

① 读秀词条（搜索关键词为"中国运动式治理"），2010年5月21日（http://book.duxiu.com/EncyDetail.jsp? dxid = 900009942527&d = 6ECC8F0902826514103F75673B6EF19F）。

② 请参考 Everett M. Rogers and J. Douglas. *Communication Campaign* 转引自 Berger c. r. and Chaffee S. H. eds. *Handbook of Communication Science*, Sage Publican Inc. 1987：817。

③ [美] 李侃如：《治理中国——从革命到改革》，胡国成、赵梅译，中国社会科学出版社2010年版，第74页。

④ [美] 皮休特·索罗金：《社会和文化的动力（第三卷）——社会关系的波动、战争与革命》，美国书刊公司1973年版，第123页。

⑤ [日] 神岛二郎等：《日本政治学动向》，马斌等译，商务印书馆1983年版，第38页。

⑥ Charles Cell. *Revolution at Work：Mobilization Campaigns in China*, New York：Academic Press. 1977, Appendix 1.

体为了实现某种政治目的所发动、参与的具有明确的目的性、严密的计划性和组织性、有着大规模群众参与的政治活动或政治行为",它具有"运动的政治主体权威性强、时效性短、口号与宣誓显著、间歇性与局部性"等特征,作为"社会机能综合性失调的产物,它是通过广泛的政治动员和政治参与来实现的,是强制性的社会变迁"①。所以,运动治理不能够排除相关的政府(党政)因素。

其次,运动治理在内容上则是一场社会运动。中国台湾学者林嘉城(1992)认为社会运动"系一群人为了消极上防止社会问题的恶化,或积极上解决社会问题,追求社会理想目标,所从事的行动",并且具有教育民众、改变政府公共政策、解决社会问题等三大功能。② 此外,美国社会学家戴维·波普诺(2005)认为,社会运动是"一种依赖于非制度化方式来产生社会变迁的集体努力"③。由于运动治理要不可避免地涉及公民的现代政治参与,所以它又往往是一次以社会卷入为代价的治理形式。运动治理的社会因素,在某种程度上是促使治理效果有效发挥的重要方面。

最后,运动治理在表象上可以显现为一场群众运动。"他们把群众运动的作用绝对化,仍然坚持依靠群众运动的方法进行社会主义建设。他们往往习惯于一种突击式的,打破正常工作秩序的,以行政命令为主的'运动式'工作方法和管理方法。他们殊不知,在革命年代,狂飙式的群众运动是革命发展的象征;而在建设时期,频繁的运动则是社会不稳定、不成熟的标志。"④ 社会因素之中涵盖着群众因子,对于运动治理而言,群众参不参与并不是问题,而群众如何参与才是真正的问题。

运动治理所针对的问题影响层次深、规模大,由此,非到矛盾

---

① 王蔚:《现代化视野中的当代中国政治运动研究》,中国社会科学出版社2010年版,第75、365、97页。
② 林嘉城:《社会变迁与社会运动》,(台北)黎明文化事业股份有限公司1992年版,第95页。
③ [美]戴维·波普诺:《社会学》,中国人民大学出版社2005年版,第610页。
④ 郑谦:《中国:从"文革"走向改革》,人民出版社2008年版,第130页。

累积到恶化时，无以引发这种运动式治理。若非某一问题达到受害人群庞大、影响极其深刻的严重程度，运动治理一般很难自动运作起来。例如，工商部门的"3·15"执法针对的是全年累积起来的社会反响巨大的问题，而非某次受到商业活动侵害的个别消费者的利益问题；公安机关"严打"破案活动通常在社会治安出现较大安全漏洞时容易启动起来等。

运动治理按照公共政策分析模式，可以分为运动决策和运动执行两大方面。一方面，运动决策者具有巨大的随机性，与偶然坐上决策位置的人密切相关，人为感情因素影响很重。倘若治理决策者兴趣不在当前公众反映最为强烈的问题上，则运动治理一般难以正常启动起来。另一方面，运动执行亦在于运动的"游击性"，就如"暴风雨"一样迅速地开始和结束。所以，运动治理作为一种公共治理形态，其特征与内在的"政策—执行"简易逻辑有密切关系。

运动治理是一种为实现特定政治目标自上而下式的治理工具，[1]它在运动过程之中内含了一定的但非制度化的治理程序。[2] 运动治理实际是一种包含了政治的和社会复杂意义的公共治理形态。这里，我们认为运动治理即以非规范性、非常规性及非制度性的，且严重受到个人（主要是政治领袖与社会精英）意志左右，由一次特定的社会问题引发，在强制性的社会舆论压力下最终启动的一种具有我国历史渊源的治理模式，它对我国政府执法惯性影响十分深刻，也是当下我国治理与改革困境的重要根因所在。

二 运动治理的问题缘起

据中国知网收录的学术论文来看，关于"运动（式）治理"主题的文章达到了58篇。冯志峰对运动治理这方面的论文有4篇：

---

[1] 冯志峰：《中国运动式治理的定义及其特征》，《中共银川市委党校学报》2007年第2期。

[2] 冯志峰：《中国政治发展：从运动中的民主到民主中的运动——一项对110次中国运动式治理的研究报告》，《甘肃理论学刊》2010年第1期。

《中国运动式治理的定义及特征》(2007)、《中国运动式治理的成因及改革》(2007)、《中国政治民主化路径述评——基于运动式治理与政治民主化关系考察》(2010)、《中国政治发展：从运动中的民主到民主中的运动——一项对110次中国运动式运动治理的研究报告》(2010)。单鑫也有关于运动式治理方面的两篇文章：《多维视角下的中国运动式治理》(2008)、《运动式治理与地方政府治理转向——以N县社区为建设为个案》(2010)。此外，还有唐贤兴的《政策工具的选择与社会工具动员能力——对运动式治理的一个解释》，李云龙的《运动式治理模式的得与失》，徐晓林、朱国伟的《解释与取向：运动式治理的制度主义视野》，李里峰的《运动式治理：一项关于土改的政治学分析》等。

运动治理，学界亦将之称为"运动式治理"，在中国的语境下，又被称为"整风"、"整顿"、"整治"等，其本意莫不是在于对这种治理形态模式特征的一种本质性考量。运动治理起源于我们党革命时期，尤其是在延安抗战年代逐步成型。革命战争年代政党以武装暴动的形式在军阀纷争的中国大地上夺取国家政权为基本纲领与行动特征，则必然要发挥自身的动员号召能力来争取人民大众的支持与拥护。

三 运动治理的基本特征

冯志峰（2010）在《中国政治发展：从运动中的民主到民主中的运动——一项对110次中国运动式运动治理的研究报告》中对我国自1950年到2009年以来的110次运动治理进行了整理和总结，并发现了这种覆盖政治、经济、文化及社会等各个领域的运动式治理的短期性、反复性及政府主导性等三大特征。[①]

实际上，运动治理牵涉的主体主要有作为社会问题利益相关方的公众和作为社会问题治理主体的政府，治理客体是社会问题。

---

① 冯志峰：《中国政治发展：从运动中的民主到民主中的运动——一项对110次中国运动式运动治理的研究报告》，《甘肃理论学刊》2010年第1期。

第四章 政府治理现代化的方式转型

当社会矛盾激化时，可以通过两种途径来引发政府运动治理的启动：一是公众的不满情绪，乃至对政府出现了问责声音；二是政府自身（尤其是领导的关注）的预测和反思。无论是哪种途径，都会将已经矛盾激化的社会问题当做动力源输入到政府公共政策系统之中。

当政府正式地把公众极端不满的社会问题提上议程的时候，牵涉到政府内部的运动治理机制程序正式开启。首先，是作为领导决策中枢的党委在负责人（作为一把手的党委书记）的召集下以委员会议的形式对该社会问题集中讨论，并拿出一套宏观的指导方案交由政府去执行。其次，政府以党委的政策决议为指导精神，由此通过行政会议来决定更为具体的、牵涉到各个政府部门的执行方案。再次，包括党委和政府在内的政治宣传机器发动起来，由此号召社会去响应和支持。最后，运动治理由"党委—政府—社会"构成的三级治理主体在良好的互动下开始在预定期限内对特定社会问题开展整治，一旦取得了明显的社会效果之后，这种运动式治理又戛然而止。

第一，运动治理的执法部门可以是特定的，也可是多元的。运动治理的特定执法部门是指治理过程中只牵涉一个权威主体，而多元的部门由于执法过程中配合与合作的需要而牵涉多个权威主体。在我国，运动治理的部门主要是指具有执法资格的政府机关，如"3·15"执法中主要是工商部门唱主角。

第二，运动治理的执法领域也分为特定的或多元的。由于受到执法权限划分的影响，运动治理的领域也是要得到相应的区分的。若执法权限归属单一部门，则执法过程中的专门领域便是运动治理的特定领域；若执法权限分散于多个部门，则执法领域便是运动治理的多元领域。

第三，运动治理的执法时间也是特定的或多元的。由于治理主体和治理领域对执法期限具有内在的影响，相关的各个执法领域可以分别在各自执法主体的治理下在统一的期限内展开运动治理，或者分别在各自的期限内展开运动治理。

由此可见，我国这种特殊的运动治理模式并非缺乏执法活动程序和法律规程规范，却是由于这些单一的程序和规范未能实现系统化，相互之间形成衔接紧密、内容完备的体系（包括执法启动时间，执法检查程序、执法反馈时间等方面）。

四　运动治理的优劣辨析

运动治理包含了国家和社会两大因素。一方面，运动治理离不开公众参与，否则它将是政府的一厢情愿。另一方面，运动治理由于其内在简易的治理逻辑而引发的短期间歇症之中，其反反复复、循环而生，却难以真正有效地解决当前各种具有长远意义的发展性问题。实际上，运动治理自身却是一种利弊相生的矛盾产物。

（一）隐性优势：公众参与特质

运动治理模式的好处主要是在短期内确实可以取得明显的效果，提高行政管理效率。面对大型突发性事件，运动治理模式具有制度式治理模式不具备的社会动员优势，可以更高效地调动社会资源，获得又快又好的结果。运动可以帮助党和国家在短时间内有效地动员社会民众、贯彻国家意志、实现社会治理。

运动治理的高执行率通常是与政治动员中的公众参与程度密切相关，最重要的是在治理的公共领域中牵涉到作为利益相关方的公众，运动治理自身的公共性则体现在治理目标与公众利益相一致及治理结果与公众福祉相照应。不然，运动治理不管怎样号召和动员都无法得到公众的积极响应，反而还会受到公众的情绪抵触。

从整体上来看，我国这种特殊的运动治理模式，首先要求国家能够有效地动员民众来配合各种治理实施，其次还要求国家为了实现深嵌于模式之中的群众路线而注意各种决策和执行的工作方式问题，最后还要求政府在公共治理过程中不忘"全心全意为人民服务"的初心。

（二）显性弊端：短暂性间歇症状

运动使得这种动员和治理难以纳入常规化和制度化的轨道，而只能以不断的新的运动来加以维系。并且，运动式管理存在成本高、资源浪费、问题反复和成果难以巩固等弊端已广为人知。① 原本的"因事设人"逐渐退化为"因人设事",反倒使昔日高效率的运动治理模式弊端重重。"运动式治理的弊端在于其不可持续性,运动式治理的对立面是稳定的常态治理。"② 这种弊端,我们称之为运动治理的短暂性间歇症。

五 运动治理的时代展望

一方面,运动治理无法真正应对行政管理过程中重现率极高的一般日常问题;另一方面,运动治理中缺少了民众积极参与,也是不能发挥出社会效能。因此,理性来看,对于政府而言,当下若再继续采取运动治理方式,肯定是"治标不治本",且社会问题不断。政府不应当套搬政党的运动治理模式,而应开发与适应新的公共治理方式,这里囿于篇幅的原因,就不作赘叙。

恰与政府不同,政党(党委)自身本质的社会属性要求其要能够紧密地与人民群众联系起来,而不是与政府"抢事做",要站在民众利益的角度去进行政治决策,而不是去主动自我行政化。革命年代的经验证明了运动治理对党委自身的政党运作的高效性,同时党委自身密切联系民众的职责也要求其采用一种能够深入地与民众打交道的治理方式。这将会是党政之间职能缕析的合理突破口。

由此,如果运动治理能实现在保留了自身的公众内核并整合到国家制度的前提,应当被理性地作为一种适合政党的政治活动(如选举)及国家在危机时刻(外敌入侵、天然灾害)的正式应用措施。那么,这里就需要注意运动治理改造的一个前提和两大应用。

运动治理即便形成常态化形态,尚不足以确保公共治理社会效果的秩序稳定化和取向亲民化。对于本身就存在"治标不治本"弊端的运动治理,要实现一种治本的效果状态,只能是不断地推动其

---

① [美] 文森特·奥斯特罗姆:《美国公共行政的思想危机》,毛寿龙译,上海三联书店1999年版,第45页。
② 单鑫:《运动式治理与地方政府治理转向——以 N 县社区建设为个案》,《江南大学学报》(人文社会科学版)2010年第4期。

自身的制度化和正式化。当这种运动被固定下来后成为一种经常性的制度措施，则由于不再受到（领导）个人决策因素的过分影响，而重新适应时代的变化而易被改造成有效的现代化治理工具。

第二节　法治治理

十八届四中全会通过的《中共中央关于全面推进依法治国若干重大问题的决定》指出：全面推进依法治国是关系我们党执政兴国、关系人民幸福安康、关系党和国家长治久安的重大战略问题，是完善和发展中国特色社会主义制度、推进国家治理体系和治理能力现代化的重要方面。法治本义在于"一切服从法律的统治"，它不仅是一种价值理念追求，也是一种制度目标建构，它的基本价值导向在于制约公共权力并且保障公民权利。正如马克思所说的民主制社会能够消灭国家和法律的异化，"不是人为法律而存在，而是法律为人而存在；在这里人的存在就是法律，而在国家制度的其他形式中，人却是法律规定的存在"[①]。法治作为人类所追求的美好的价值理念和高效的政治状态则是对法治化进程内涵最好的阐释。法治化在各阶段中的成果都会是法治的直接外在表征。法治化也是一个多维度的概念，它与法治这个基础理论有着密切的联系。法治是法治化的内容，而法治化则是法治的表征，二者互为表里。而且，法治化是法治形式上的外延与功能上的内化表现，展示了法治的发展演变特征。

一　法治理论的沉思

学界关于法律的关系说应得到再度的审视。法律仅仅是在功能上被认为是"调整各种社会关系"，事实上已经掩盖了法律的许多特质方面，特别是与法治之间的密切联系。没有法律，肯定实现不了法治；但是，只有法律，也不一定能实现法治。因此，法律的关

---

① 《马克思恩格斯全集》第1卷，人民出版社1957年版，第281页。

系说定义在本质上是一种功能说,从根本上无法真正还原其与法治之间的关联。这其中存在几个方面的问题值得深思:

1. 法律如何仅就调整社会关系来统治社会?这也就意味着穷尽所有社会关系必须成为可能。

2. 法律如何被创造出来?或者说法律是被人创造出来的吗?

3. 法律如何将权(力)、信(用)、势(态)三者之间有机地结合起来?

关于第一个问题的思考,穷尽一切社会关系是必须的,但是囿于人性的自利,那一群(偶然被授权)制定法律的人自身存在着千方百计逃脱法律制约的可能性,他们无时无刻都想成为"法外人",结果使得调整一切社会关系成了空想。法治视野下的法律是必须具有能够调整一切社会关系的功能。

有人会认为关系说只是认为法律调整社会关系,何必一定要认为是调整所有社会关系呢?例如,民法只是调整民事(社会)法律关系,刑法只是调整刑事民事(社会)法律关系。但是,不要忘记民法与刑法乃至一切其他法律之间尚存在着巨大的衔接空间,也就是说所有的法际关系才是构建与维系完全(全面)法治的关键。

法律被构造得完美精致,才能让我们重新唤回强大无比的法治。否则,一切法外人必定用他们手上制定的法律来侵害而非造福社会,于是也会将法治悄然替换为人治。只是在人治的状态下,法律才会被用来谋取私人利益,完全背离了法治的公益目标。进而,我们可以认为法律在观念上应被认为并非是由人造出来的,而是一群才智杰出的人通过自己过人的天赋从社会和自然中领悟出来的真理与规律,并结合社会实际而制定的用以规范人们行为及其社会关系的思想产物。

这种标准在法治状态下被认为是公共的,是因为它真正实现了制度与人性之间的互动。好的制度与好的人性(善)之间互动会得到趋近理想的社会,而坏的制度与坏的人性(恶)之间互动会产生一个败坏与堕落的社会。此外,好的制度如若不能约束与规制坏的人性（恶），也会造成社会结构的恶性崩溃，而坏的制度更会把好的人性（善）泯灭和消亡。

权（力）、信（用）、势（态）是传统法家阐释法治的重要术语。他们认为法治状态下法律必须将三者全部联系起来，权生于信，势生于权，那么，信必须凭借法律来形成法治所要的势态（均衡与稳定的社会格局），才能实现法治中制度与人性之间的良性、顺畅循环及其自动运作的状态目标。

法治的根本要义在于"一切人毫无例外地服从法律的统治"。那么，这就必须要求国家内部应具备统一的法制基础，使得政府与民众皆有共同的从属。这里，国家法制统一不仅意味着国家加快立法速度及提高立法质量，而更在于对国家法与民间法之间的调适和整合，使得国家法制具备民间习俗基础。

在国家法意义层面，国家法制统一意味着其法律体系统一及其各部门法律之间的衔接与制约。所谓法律体系指涵盖整个国家政治与社会经济生活的一切行为规范及风俗习惯所构成的法结构，它具有"部门齐全、结构严谨、内部和谐、体例科学和协调发展的完备法律体系，体现社会主义的价值取向和现代法律的基本精神"等特征。[①] 韦伯也指出，体系化意味着建立所有由分析所获得的法的原则的联系，使他们相互之间组成一个逻辑上清楚的、本身逻辑上毫无矛盾和首先是原则上没有缺漏，而且都必须能够归纳到这些法则的名下的规则体系。[②] 法律的体系化具有整理法律材料提供一种外在模式和对法的原则及对法律上重要的行为进行逻辑的意向阐释的两个方面的功能。国家法制统一最初直接体现为法律体系内部的衔接统一，而不能出现法律混乱及冲突的现象，这起码的条件决定着国家立法机关的沉重历史责任。

先秦法家管子所言："法不一则有国者不祥。"因此，现代法治最为本质的特征当属它的统一性。亚里士多德曾经说过，"法治应

[①] 李步云：《论法治》，社会科学文献出版社2008年版，第49页。
[②] ［德］马克斯·韦伯：《经济与社会》下卷，商务印书馆1997年版，第16—17页。

该包含两重含义：已成立的法律普遍获得服从，而大家所服从的法律又应该是制定良好的法律"①。这就告诉我们法治统一性实质具有一个基于良善价值取向的辩证性意义：法治统一性必须既要保证其对人治的绝对排斥——其内在的良善价值理念的内容体现，也要确保其制度层面的运作顺畅有效——其内在的良善价值的现实实现。最终，法治统一性确保法治的普遍性权威在全社会范围内根本确立，并使法治固化为社会习俗。此外，法治也是一种制度内的法（理性的"法"的因素）与情（感性的"人"的因素）之间关系的妥善协调状态。由此，法治的统一性问题也即在追求表现为（感性的）人类集体智慧结晶的内在良善的价值理念（公平、正义、平等）的政治框架中如何实现法律（理性的）在全社会以制约公共权力、保障民众权利为目标的制度运作。

法律体系内各类法律的形式问题是法治统一性的首要保障。法治首先具有形式主义特征，因此它的统一性也必先表现为（静态上）法律在形式上的全面衔接与统一。当然，法治形式统一的目的还是为了进一步促进其自身的实质性统一，以推动法治在制度运作过程中的平衡与协调。

法律的精髓是法治的灵魂所在，而只有保证所有法律严格遵守这种从社会生活中生成的法律精髓，才能使得法治能够成为社会中最为严谨、最可信赖的信仰系统。在一国法制体系中，子法承应母法之立法宗旨，下位法贯彻上位法之立法精神，同位法之间秉持相同的精髓要义，而最终根结于宪法大义；并且，国家法与社会法都可以在我国不断发展、传承和创新的传统文化中找到自身统一的精神内涵归宿。

"妥善协调法律价值冲突，不仅使法律价值体系更加完善，更重要的是这是推进法治国家的第一步。"② 法治的统一性不仅表现在法律结构体系在形式上的衔接，还在于法律的价值内涵在实质上

---

① ［古希腊］亚里士多德：《政治学》，中国人民大学出版社2009年版，第199页。
② 李龙：《政治文明与法治国家》，武汉大学出版社2007年版，第117页。

的一致，因此，从整体上来看，法治统一性是法治要保持法律体系内外部运作要素的协调与契合。

从形式上与实质上保证了法治的统一性，根本上只是促进了静态意义上的法律体系化，但是对于动态意义上的制度运作只是起到了推动源头上的统一，却还不能完全确保法治在实质运作层面能够真正实现其内在的价值导向。那么，我们还需要在制度运作过程中设计一系列确保法治现实运作符合其内在价值导向的规制措施。因此，学界就有人提出法治统一性就是"指法系统内各类法律相互作用而形成的彼此衔接通畅的结构状态；它主要由法律体系的形式、价值导向、立法过程及技术、法渊源和实质执行适用过程来决定的"①。

在广义的法意义层面，国家法制统一则昭示了国家法与民间法之间的统一。"社会的习惯、道德、惯例、风俗等从来都是一个社会的秩序和制度不可缺少的组成部分，因此也应是法治的构成部分。"② 除了在静态的内容与形式上整合统一之外，国家法与民间法还应在动态的互动中保持一致，从而最大化地保证社会中不再存在"潜规则"与国家法制产生冲突；同时，政府与民众皆在相同事务领域中服从与遵守相同的法律规范，而不存在任何的区别对待。

国家法制体系的统一最终体现为法律体系的内外之间衔接有序，从根本上确保国家法律至高无上的权威性。统一有序的法制基础对外可以极大地保障民众基本权益，对内可以有力地约束政府公共权力的肆意妄为，进而有效地保证了法律规范中的政府与民众之间权利义务的关系平衡。由于避免了政府权力的任意扩张和民众过分的利益诉求，国家法制基础的统一和完善实质上为法治化进程铺平了道路。

作为重要的法治要素，规范要素主要包括法律、机制及信仰三大方面。第一，法律。完善的法律体系是法治建设的首要规范条

---

① 汪习根、廖奕：《论法治社会的法律统一》，《法制与社会发展》2004年第5期。
② 沈荣华：《现代法治政府论》，华夏出版社2000年版，第119页。

件，它要求涉及法治建设的一切法律都能够形成统一、完整及衔接的体系结构，确保法治建设具备坚固的法制基础。第二，机制。法治建设如何运作是程序层面的规范要件，其对法治化有至关重要的规范作用。避免了无序化的互动，机制要件可以保证法治建设取得良好的互动效果。第三，信仰。法治信仰的形成是法治建设规范的内在要件，公开透明的制度运作平台搭建有利于社会养成法治习惯，有力地促进法治化进程。总之，规范要素作为制度运作平台的基本内涵对法治建设提出了更高的水准要求。综上所述，法治建设的三大法治要素在一定程度上互相紧密联系，共同构成了一个完整的法治要素体系。权力、规范与利益必须同时存在才能为国家法治化提供内在的驱动力。

二　法治政府的建设

法治政府建设的四个基本目标是政府依法产生、政府服从法律、法律监督政府、政府模范守法。基本思路是：可以通过制度创新来实现法治政府目标，然后在即成的法治政府框架中推行制度创新，形成各种创新制度的固定化与法治化，最终全面推动法治中国建设。主要措施是：中央全面集权、迅速建立起强大的政治权威，严格限制政府执法活动、保障民众合法权益，在社会领域实施相关创新措施、实现政民互动顺畅化。

王立峰（2008）在《论法治型政府构建》一文中指出："法治（型）政府是构建于法治国家与法治社会二元框架之内的政府运作机制，是政府治理模式的法治化形态。"[①] 也就是说法治型政府其实是建构于法治国家与法治社会之间的桥梁，只有通过法治型政府构建的步骤，才能实现法治国家与法治社会之间的互动，最终实现法治。法治政府意指"装在法治框架里面的政府"，也是以法治为基本治理规则的政府类型，其核心内容在于它是一种政府受到宪法与法律的规制和控制，为民众公心执政的政治现象，它表明政府的

[①] 王立峰：《论法治型政府构建》，《白城师范学院学报》2008 年第 5 期。

一切执法行为都将必须严格依据国家法律而不得擅自妄为。显然，在法治政府状态下，权力被严厉地驯服于法律的管制与约束之下，关系被纳入法治框架，政民互动也实现了法治化。

总而言之，政府所拥有的只能是法律规范后的公共权力，它周边的社会关系也必须法治化，这样才能实现政民互动顺畅化，进而巩固国家政权。按照法治原则来推导，那就是与政府这个公共权力相伴而生的公共责任应当被建构成足以充当政府对应物（狭义）的社会与市场可以拥有的制度性抗衡力量。而且，由于一开始在制度建构中设置的制度边界的存在，政府公共权力才会得到有利的约束。

法治化是法治的动态表现过程，它的重要组成部分是政府法治化或法治政府建设。法治政府的基本内涵在于规范政府权力、规制政府关系、调谐政民互动三大要义。法治政府建设困境主要表现为政府既是法治建设的创新主体，又是法治建设的制度对象，政府存在脱离法律规范的主观冲动与客观可能，会发生法治退化为人治的结果。

英国学者威廉·韦德则认为，法治政府必须满足三个基本意义：其一，要求每个政府当局必须能够证实自己所做的事是具有法律授权的，几乎在一切场合这都意味着有限的授权；其二，对政府行为是否合法的争议，应当由完全独立于行政之外的法官裁决；其三，法律必须平等地对待政府与公民。[1] 在公丕祥看来，政府法治有五条标准，即政府守法、越权无效、行政救济、程序化、效益化。[2] 沈荣华则认为，法治政府的具体要求主要表现为四个方面：一是改革传统政府体制；二是按照市场法则与运行规律调整好政府的职能体系；三是依法行政；四是提高政府工作人员的综合素养，强化服务意识。[3]

---

[1] ［英］威廉·韦德：《行政法》，徐炳等译，中国大百科全书出版社1997年版，第25页。
[2] 公丕祥：《中国法制现代化的进程》，中国人民公安大学出版社1991年版，第239—242页。
[3] 沈荣华：《地方政府改革与深化行政管理体制改革研究》，经济科学出版社2013年版，第61页。

第四章 政府治理现代化的方式转型

从根本特征上来看，法治政府简单而言就是四个字，即"政府守法"，这在形式上是一个"唯法是依"的政府形态，在内容上是一个"彻头彻尾贯彻法治"的制度建设，通过这样将法治注入政府组织并使法治成为政府内在精髓的制度创新措施来在现实中扫清各种法治化障碍，为全面实现社会主义法治铺平道路。具体来看，法治政府包括以下基本内涵：

第一，政府是依据法律产生的。这就是要彻底扭转过去及当前仅凭政府领导意志（俗称"一句话"办事）就能改变政府组织、编制及行为决定的计划人治状态，同时也必须要让所有公务员（尤其是官员）知道"不依据法律将寸步难行"，而且"不懂得法律将无法执行公务"。正如罗尔斯认为的那样，"在某些制度中，当对基本权利和义务的分配没有在个人之间作出任何任意的区分时，当规范使得各种对社会生活利益的冲突要求之间有一个恰当的平衡时，这些制度就是正义的"[①]。

第二，政府是法律的奴仆，唯有如此才能做好人民的公仆。恰如柏拉图在《法律篇》中称"官吏是法律的仆人或法律的执行官"，并且法律是否具有权威地位是决定国家兴衰的因素。而法律应按照全部善德来制定，以实现理性和正义。[②] 政府需要在法律的监视与控制之下，而不是相反。"法律的基本作用之一仍是约束和限制权力，而不论这种权力是私人权力还是政府权力。在法律统治的地方，权力的自由行使受到了规则的阻碍，这些规则迫使掌权者按一定的行为方式行事。"[③] 政府害怕法自然就害怕民众，因为法是人民的公意。

第三，政府的法律监督可以依靠政府及其公务员的道德自觉，但更要依靠来自独立于政府的执政党、司法机关（检察院及法

---

① ［美］罗尔斯：《正义论》，中国社会科学出版社1988年版，第1页。
② 西方法律思想编写组：《西方法律思想史资料选编》，北京大学出版社1983年版，第23—25页。
③ ［美］博登海默：《法理学、法律哲学与法律方法》，邓正来译，中国政法大学出版社1999年版，第358页。

院)、人民个体或团体的外部监督,执政党对政府依法采取政治监督(重组或解散),司法机关对政府采取行政法监督,人民对政府则采取民主监督,这些监督都必须通过法律的形式表现出来。正如法学家阿伦所说:"法律是统治者与被统治者之间的一道屏障,它保障个人不受那些拥有政治权力的人敌对的歧视。"① 政府对法律产生内在的敬畏之心,法治权威得到巩固。法治政府也通过解决及缓解公民所遇到的困难的法律修正案,从而提高了法律的权威。②

第四,政府需要带头守法,为社会与民众守法作出示范与表率。公共权力的行使必须要有法律的依据,政府必须守法,这是法治的真谛。③法治政府主要表现在政府自身的全社会普遍规范性供应状态,也即让政府依据一种公开、客观与理性的评判标准(实际上就是法治本质的价值追求的现实化)来将法律以一种清晰明确、仅此唯一的方式向全社会表现出来(前提就是政府带头守法)。这样一来,公共权力被严格地驯服于法律统治之下,而国家制度能够在政府法治化过程中给予强大的支撑保障。党既领导人民制定宪法法律,也领导人民执行宪法法律,做到党领导立法、保证执法、带头守法。

政府法治化过程所要实现的目标是法治政府,这也是实现法治的基本前提。"宪政思想正如它希望的那样通过法治来约束个人并向个人授予权利一样,它也希望通过法治约束政府并向政府授权。"④ 哈贝马斯也指出:"如果人们认为,在客观领域中没有任何合法的制度,而只能有认为是合法的制度,那么,交往行动中存在于根据和意向之间的联系将从分析中予以排除。"⑤ 因此,政府法

---

① [英] 阿伦:《立法至上与法治:民主与宪政》,《法学译丛》1986年第3卷。
② [美] 戴维·E. 阿普特:《现代化的政治》,陈尧译,上海世纪出版集团2011年版,第214页。
③ 周光辉:《论公共权力的合法性》,吉林出版集团有限公司2007年版,第177页。
④ [美] 斯蒂·M. 格里芬:《美国宪政:从理论到政治生活》,《法学译丛》1992年第2期。
⑤ [德] 哈贝马斯:《重建历史唯物主义》,郭官义译,社会科学文献出版社2000年版,第288页。

治化非常依赖于制度的有效供应，最终实现法治政府的建构目标。

法治政府主要包含以下三个建构目标：

1. 规范政府权力。现代法治中的政府权力，不能"无视或者任意更改法律"，而应当服从法治①，这样一来，"政府也就应从法律之上走向法律之下"②。这是法治政府理论中最为传统的观念与看法。在这种观点下，法治化的首要步骤被认为在于对政府及其所拥有的公共权力的制约。唯有政府权力的法治化，方可实现政府治理的法治化。③"法律作为最高的行为规范，作用对象包括了公民和政府，强调的是对政府权力的约束，因为手握权杖的人才是对法律最大的威胁和最有可能的破坏者。"④那么，为了分析清楚法治如何对其进行制约，则要从政府及公共权力的探究开始。这是因为公共权力本质上是一种异化的社会力量，因为它产生于社会反过来又凌驾于社会之上，公众的权力变成了支配公众的权力。⑤

首先是对政府的认识。⑥ 政府主要分为组织形态的行政单位和人事形态的公务人员两个方面，包括了所赖以集体行动的公共组织与规则化行动的人员调配。法治化的侧重点不在于单纯的行政幅度调适，而是着眼于各级政府之间的功能清晰配置与合理搭配及其所属公务员所依法行使权力的法治制约，推动法治政府建设。

在组织上，政府分为作为宏观管理者的中央政府和省级政府与作为直接服务者的城市政府和农村政府，并通过这些公共组织所构成的结构形态来体现治理的法治化行动。

---

① David Walker. *The Oxford Companion to Law*, Claredon Press. 1980：1093 – 1094.

② 蔡定剑：《依法治理》，摘自俞可平主编《中国治理变迁》，社会科学文献出版社 2008 年版，第 42 页。

③ 何增科：《政府治理现代化与政府治理改革》，《马克思主义与现实》2014 年第 6 期。

④ 何勤华、任超：《法治的追求——理念、路径和模式的比较》，北京大学出版社 2005 年版，第 97 页。

⑤ 周光辉：《论公共权力的合法性》，吉林出版集团有限公司 2007 年版，第 11—12 页。

⑥ 本节内容参考了笔者的文章《论转型期地方政府社会管理职能转变路径——基于组织人事结构的考察》（载《宁夏党校学报》2013 年第 1 期），已作修改。

政府法治化过程中组织与人事因素最终要回归到公共权力本身。法治化过程涉及各种相关制度、体制及机制的变革与创新都离不开对权力因素的调适，从这个角度来看权力也是其中的重要变量。制度化的公共权力设置了一个稳定的结构和长期持续的机制，也对公共权力的占有、支配、运行作出某种专门安排，为政治过程设置一个稳定性的框架，从而减少该过程的不确定因素和随机因素的影响，[1] 而且，运转有效的制度设计必定是权力受到调适规范而有序恰当的安排。这其中包括权力的配置与划分、权力运行的程序和权力行为的责任三个方面；既从不同角度、不同侧面组成了权力法治化运行的基本内容，又构成了权力法治化运行的机制框架。[2]

2. 规制政府关系。政府法治化其实需要调整的标的物是社会关系，在政府的视角下这些社会关系本质是权力关系。权力关系是组织形成的"黏合剂"。[3] 这些社会关系包括政民关系、党政关系、府际关系、央地关系、政企关系，它们是法治化进程中必须调整和规范的首要关系。所谓政府社会政治关系是指以政府为中心的与广义的社会中各种政治活动主体，如民众、市场、政党、企业等，形成的利益内容综合。

从整体上来看，法治所要调整的这些社会关系核心指向利益，折射出社会人性。对法治而言，其所要调整的政府利益关系包括了如下要义：第一，法治所要规制的第一对象是政府，那么所要调整的关系必须是以政府为中心的各类社会政治关系。另外，除了从规制政府利益关系的目的来看必须如此之外，从规制政府利益关系的手段来看政府各类利益关系也是重要的可操作的切入口。第二，法治调整的具体对象是镶嵌于政府之中的公共权力运作，而这些权力所体现的正好是各类政府社会政治关系。第三，

---

[1] 周光辉：《论公共权力的合法性》，吉林出版集团有限公司2007年版，第41、42页。

[2] 王英津：《论我国权力法治化运行的逻辑建构》，《中国人民大学学报》2000年第3期。

[3] 周光辉：《论公共权力的合法性》，吉林出版集团有限公司2007年版，第8页。

法治化的效果是朝向一种稳定且和谐的社会秩序，从根本上来说，这种稳定且和谐的社会秩序离不开对所有政府各类社会政治关系的合理调试。

3. 调谐政民互动。[①] 政府法治化是一个政府法治从无到有的过程，有人认为分内源式政府法治化与外源式政府法治化两种方式[②]，还有人认为是社会演进型法治化道路和政府推进型法治化道路两种形式。[③] 政民互动既是法治化的方式，也是法治化的结果，政民互动在内涵上表现为民众对政府行政效能的主观评价以及政府的自我认识。在政民互动过程中政府自觉与公民自觉是政府与公民关系问题的两个方面，缺一不可，构建和优化政府与公民良性运作关系取决于这两种自觉互动的方向及其程度。[④] 若要确保社会秩序稳定，政民互动关系的法治化规范就要促使政府与民众两大行为主体在国家政治生活中形成良序的互动联系。维护人民的根本利益和促进人民的长远福祉是政民互动的核心价值内涵，并形成了对社会管理的公共引导作用。

政民互动还是一种能够自动维系社会秩序的法治化行动联系。政府与民众作为法治过程中重要的能动载体，只有彼此之间形成法治化互动，才能有力地疏导社会矛盾，使得社会能够良序发展，实现社会管理的终极目标。只有让法治意识深入政府与民众心里，以实现对社会公共行动指导的价值目标，才能确保社会和谐。

三 法治治理的路径

法治化进程事实上包含了政府法治化、社会法治化及基于二者之上的政民互动法治化三个部分，这样才可以"在公权与私权之间

[①] 本节内容参考了笔者的文章《政群互动关系中的政府公信力探讨》（载《领导科学》2011 年第 8 期），已作修改。

[②] 王蓓蓓：《政府法治化的路径选择及转向》，《江汉论坛》2010 年第 8 期。

[③] 郭学德：《试论中国的"政府推进型"法治道路及其实践中存在的问题》，《郑州大学学报》（哲学社会科学版）2001 年第 1 期。

[④] 乔耀章：《论政府社会管理中的政府、社会、公民三者关系》，《湖北行政学院学报》2004 年第 5 期。

建立一道法律的分水岭",实现法治蕴含的"正义秩序"之要义。①只有在全社会中形成普遍一致的法治信仰,政府与民众及团体之间保持良好的法治互动,才能有效地推动法治建设。法治化的根本在于政府与公众及团体之间的互动联系。"市民认同"就成为规约个人、集体、社会和国家彼此间的关系,扼制冲突强度和制约离心倾向的必要途径和可靠手段。② 一方面,法治化需要政府与社会(公众及团体)之间的互动来推动;另一方面,借此来形成社会法治共识,为法治奠定社会文化思想基础。

法治政府的建立只是实现法治化的政治基础,并不等于法治化的全部内容。从本质上来看,法治化寓意国家与社会之间的互动,狭义上则可以理解为政府与社会(公众及团体)之间的二元联系。"法治的基础和界限就寓于市民社会与国家的这种互动发展构架之中。"③ 国家(政府)原本是从社会中脱胎而来,以其独有的秩序维系功能而独立于社会,但是,这并不代表国家(政府)可以凌驾于或者吞噬掉社会。法治是任何一个正常社会都要遵循的政治发展方向,它的首义便在于顺畅与妥当处理好国家(政府)之间的关系。法治在"内源性的内容上表现为法律与人民权利的关系"④。中国法治化困境问题的权力实质的背后藏着一个民心问题。无论是体制改革,还是政府改革,或是调适党政、央地及府际三大关系,无一不是从"权力制约、争取民心"的本质入手。

人民所信任和忠诚的并不是政府和领袖,"而是支撑着整个国家的法律"⑤。政府与民众之间的互动关系直接决定了法治化进程

---

① 沈荣华:《地方政府改革与深化行政管理体制改革研究》,经济科学出版社 2013 年版,第 67 页。
② [美]希尔斯:《市民社会的美德》,转引自邓正来、亚历山大编《国家与市民社会》,中央编译出版社 2002 年版,第 44—45 页。
③ [英]哈耶克:《通往奴役之路》,王明毅译,中国社会科学出版社 1997 年版,第 200 页。
④ 沈荣华:《地方政府改革与深化行政管理体制改革研究》,经济科学出版社 2013 年版,第 90 页。
⑤ [美]戴维·波普诺:《社会学》(下),刘云德译,辽宁人民出版社 1988 年版,第 411 页。

的顺畅性，二者之中任一方不配合、不合作都会造成法治化困境。法治化进程恰如我国阴阳学说中的太极一样，只有阴阳（政府与社会）协调，方才能推动和谐循环互动。我国法治并不是政府法治化与社会法治化的简单集合，而是在二者的基础上深入地实现政府与民众互动法治化，使得法治作为一个信仰在政府与民众的心间全面树立起来。从整体上来看，我国法治战略在全局上是在国家统一的法制基础前提下政府法治化、社会法治化及政府与民众互动法治化的有机系统。

由政府率先实现法治化后再推动社会法治化，从而政府与民众之间可以在政府法治化与社会法治化交叉领域之中形成理念与行为上的各种碰撞。当政府与民众能够在法治的理念碰撞中形成一致共识时，他们也自然在法治行为中达到互动默契。"法律权威的确立必须以法律信仰作为前提和基础，法律权威的形成最终取决于普通民众和执法官员对法律的信仰。要使人们相信法律、尊重法律、服从法律，就必然需要强有力的精神动力支持。"[1] 久之，一种基于我国传统文化遗产之上的法治习惯也由此在政府和民众身上得到切实体现。

总之，法治政府无论从表层意义，还是从深层含义来看，都是要确保法治普遍性权威在国家制度层面的根本表现，以推动法律制度符合法治内在价值要求而进行运作，最终实现法治在全国统一范围的确立。法治政府除了意味着基于统一的法律系统之上紧密配合的制度运作支撑之外，还衍生出一种以"制约公共权力，保障民众权利"为价值导向的社会制约平衡关系。它既是国家层面的权力制衡关系，也是社会层面的政民互动关系。社会中形成与产生对政府权力与政府关系的广泛的制约力量，确保政民互动顺畅化，是法治政府实现的基本条件。

---

[1] 何勤华、任超：《法治的追求——理念、路径和模式的比较》，北京大学出版社2005年版，第124页。

第三节 基层协同治理

改革开放四十多年，社会经济的快速发展带来了人口的密集流动，这也给政府基层治理带来了一定的挑战。通过对江苏S镇派驻基层治理工作站的考察，我们总结了一定的基层协同治理的创新经验。江苏S镇派驻工作站的创新做法主要是建立府际备忘合作、双方协同基层治理、各自实施配套创新措施。启示是它既推动了人的城镇化，即新型城镇化，还推动流出地的创业致富，缩小贫富差距，在区域发展战略上实现全民共同富裕。

一 江苏S镇派驻工作站设立的背景与基层协同治理的创新初衷

在实现国家治理的现代化与服务型政府的过程中，基层协同治理已经成为最重要也是最困难的一环。随着经济的快速发展和社会人员流动性的加强，社会环境中人与物的流动性成为基层治理难度加大的重要因素。这些亦构成了国家新型城镇化建设的重要内容。笔者通过调研，对江苏S镇派驻工作站进行了分析。

江苏S镇派驻工作站设立的基本背景是：

第一，S镇社会经济快速发展。通过调研发现，江苏S镇作为苏南地区经济大镇，原本由三个乡镇合并而来，在过去曾一度是老县城驻地。自20世纪80年代开始，江苏S镇在苏南地区乘着改革开放的东风，步入经济快速发展的超车道上。江苏S镇辖区面积118平方公里，其中已建成区面积34.4平方公里。如果说苏南地区中心在苏锡常城市带，那么这些城市带的根基却在众多的像江苏S镇这样的经济发达城镇。江苏S镇政府的建制比照副县（处）级，内设二室八局。江苏S镇政府的机关部门组成单位主要有党政办公室、政法和社会管理办公室、组织人事与社会保障局、经济发展和改革局、财政和资产管理局、建设和环境保护局、服务业发展局、社会事业局、综合执法局、行政服务局。

第四章　政府治理现代化的方式转型

第二，外来流动人口迅速增多。江苏 S 镇仅作为一级基层乡镇政府，却要对一个已然有一县城规模的经济社会发展状况进行管理，也需承受巨大的风险和压力。这个负有盛名的小镇吸引着成千上万的外来务工人员，与镇上原住民，共同贡献于该镇的经济发展。然而，随着当地经济的快速发展，外来人口的密集流入，江苏 S 镇也在新时期遇到了自身的社会发展难题。可以认为经济的发展与新问题的出现构成了江苏 S 镇当下基层治理的新常态。流动人口则为其中一个重要的职能内容。当然，这种人口流动绝非单纯的流入，还包括了向原籍反向的流出。这种人口区域性流动形式主要有：（1）外出务工；（2）本地婚嫁（娶本地媳妇或嫁于当地）；（3）其他原因的当地定居。由此带来的流动人口管理新变化是新本地人的出现，原住当地就不可能再以传统的地方保护主义排外眼光（抢工作、城市福利搭便车等）来打量。

从历史的角度来看，中华历史数千年有一大半时间在战乱中度过，众多的百姓南渡北上，侨州、侨郡、侨县的设置不仅是郡望与怀祖观念的衍生，也是对人口大规模流动的社会治理的积极回应。解决大量人口涌入所带来的问题，需要进行制度创新以更好地进行应对。基层治理表现为现代基层政府的一个重要行政职能，是立足于社会秩序从而解决社会发展带来的各种现代性问题。正如著名政治学家迈耶所言，"政治（政府）体系在解决重大事件，和为使人口占支配地位的部分获得满意和以此尽量减少对体系本身的挑战时所体现的能力"[①]。经济的快速发展所带来的庞大外来流动人口管理，促使 S 镇改变当前普遍流行的社会管理思维模式，以求实现社会的稳定和发展。在其他地区频出基层治理困境时，安徽 J 县和河南 G 县向 S 镇派驻协同治理工作站成为在我国基层当中进行社会治理创新的亮点，它的基本特征就是跨区域的基层协同。

作为一种基层协同治理创新，江苏 S 镇派驻工作站设立的创新

---

① ［美］劳伦斯·迈耶等：《比较政治学》，罗飞等译，华夏出版社 2001 年版，第 11—13 页。

初衷是:

1. 基层治理新思路。从当地派出所常住人口注册登记情况来看,本地人口有13.3万左右,已办理暂住证的外来流入人口却有18万之多,两者合计31万余,已达到一个县城的人口规模。若放到中西部地区,甚至比得上一个地级市。在江苏S镇全部犯罪案件中,外地人占了十之八九。对于S镇方面,展开基层协同治理创新主要出于如下两大方面缘由:第一,远超过本地人口数量的外来常住人口给江苏S镇带来的复杂社会管理形式迫使江苏S镇抛弃苏南地区原有的本土保护主义。据以往的历史经验来看,很多社会危机和矛盾都是由于地方保护主义引起的。在外来人口数量庞大的情况下,稍稍偏袒本地人就很容易激化外来居民的敌对情绪。所以,顺应时代发展、改变管理思路,正需要S镇的远见卓识和胆略魄力。第二,S镇既然抛弃了地方保护主义,就势必要从另外一个角度来思考如何敞开胸怀接纳外来流入居民。江苏S镇提出的口号是"把外地人当自己人来看,让他们在S镇扎下根来"。当这些在S镇居住和工作的外来人员从心理上消除了"客居"感后,就能够自觉地融入当地的社会人文环境氛围当中,与当地人一起建设新S镇。从而,原本以基层自治为导向的"S镇人管理S镇人"氛围,便能很快地在S镇上一视同仁地蔓延开来。

2. 两地携手共同致富。与河南G县有着相类似的社会经济背景,安徽J县是20多个国家级贫困县之一。作为皖西的山地县,J县必须利用国家和安徽省的"皖江经济产业转移带"政策来吸引东部的资金、技术,挖掘自身资源禀赋,夯实招商引资基础,搭上了中西部地区崛起的快车。在江苏S镇扎根的外地迁徙民众,就正好带来一次契机。由此,安徽J县政府主动协助江苏S镇政府的社会管理,这一举可谓有三得:首先,维系稳定。协助江苏S镇进行社会管理,实际上也是对J县自己进行社会管理,使得来自J县的同胞安心在江苏S镇工作、居住乃至致富,才能确保留守老小安居故土。而且,只有居住在S镇的J县同胞致富、留守老小安居故土,J县才会有发展和兴起的希望。其次,招商引资。协助S镇做好维稳工作，可以增进两地的友好合作关系。进而，这种合作关系又将为J县带来东部的商情信息。一方面，在S镇创业致富的J县老乡，可以被当作创业模范引回故乡再创业；另一方面，S镇还可以发挥东部区位优势，为J县传递第一手的招商引资信息。最后，经济发展。社会稳定促进百姓安居乐业，招商引资推动社会经济快速发展。J县可以通过此次与S镇合作的契机，一改过去贫穷落后的面貌，一举富民强县，实现良好的社会治理绩效。

二 江苏S镇派驻工作站的基层协同治理创新经验

S镇派驻工作站是一种跨区域的基层协同治理形式，在机制层面一定程度上解决了两地共同的基层治理难题。面对主要的单一基层政府治理势能不足和地方排外主义倾向等问题，S镇派驻工作站发挥了流入地与流出地各自的治理优势，共同为我国社会主义基层协同治理探索新形式与新办法。主要做法是：

第一，建立府际《合作备忘录》，明确双方基层协同职责。安徽J县驻江苏S镇基层治理工作站是江苏S镇政府与J县政府，以跨省域地区的府际合作方式展开了对江苏S镇基层治理的业务对接和合作。在缺乏明确的制度安排及法律规范的前提下，江苏S镇政府与J县政府之间采取了《合作备忘录》的方式实现我国基层政府之间的基层协同治理。

第二，J县在编制与经费上准确对接江苏S镇的基层治理任务。在机构编制上，J县方面派驻了公安、交警、司法、财政、计生各1人，S镇方则派出联络员1人。职责是实现跨区域联动式社会治理。本地同乡商会（例如，东方丝绸市场）则发挥了参与社会治理的功能。在分工协作上，主要是发挥J县驻S镇社会治理机构的计生服务、维权调解、户籍管理三大职能。J县驻S镇的跨区域联动式社会管理工作站设立的基本目标就是两地基层政府之间的社会协同管理。由J县派出的5名协管人员，编制仍在该县，并由该县负责基本工资及每月5000元左右的招待费用，大约每年需要拨款16万余元。而且，S镇也将在财政拨款上对两个（安徽J县和河南G

县）工作站给予了共计40万元左右的经费补助。S镇派给工作站的联络员主要负责府际合作双方的信息传递和沟通、确保两地基层政府之间的合作信息互通。

第三，S镇实施基层协同治理创新配套措施。S镇为了配合跨区域基层协同治理的效果，推出的组合拳举措有：一是新S镇人公寓。首期工程建设了可容纳一千户的经济适用型保障房，单户住房面积在70—90平方米，不收房租，只由物业公司收取一定的物业费，大概5000元/年。今后，新S镇人公寓将由镇政府、村委会及镇企业共同营建。参与营建的企业主要包括恒立、盛虹等大型化纤公司。此举措主要是让外来务工、创业人员，在S镇居住时能有一个"家"的感觉。二是义务教育服务。S镇通过支持镇公办学校非户口歧视性的扩大招生与民办的外来务工子弟学校服务准入来满足新S镇人子女的义务教育需求。此外，S镇的公办学校帮助和支持民办子弟学校，比如提供教学课本、器材或教师队伍援助等，来不断提高民办学校的办学及服务质量。通过诸如此类的教育服务供给，来留住外来人员，使他们快速融入成为"新S镇人"。三是民办医疗服务。S镇通过鼓励和支持外来人员自主兴办门诊医疗，来弥补本地医疗服务的供给不足。比如，20余家外来机构竞争四家镇政府医疗指标，最后由来自J县的两家（两家皆冠名为J县连锁的S镇门诊部，聘用了外来医务人员）获得营业资格。S镇政府通过抓阄处理，来确保竞争的公平。随之，S镇政府一视同仁地对镇上所有审批的门诊医疗在医保、社保及低保方面进行职责监管，以确保镇上所有居民都能享受到均等优质的医疗服务。

第四，J县亦实施基层协同治理创新配套措施。J县方面的主要做法有：第一，流动人员计生服务。J县成立流动人口计划生育委员会，指导驻S镇工作站的计生工作，并与S镇政法与社会管理局计生科进行业务对接。工作站每年都要一季一次，配合当地乡镇的计生管理人员对S镇的流动人口提供上门计生服务，主要针对育龄妇女提供妇检、计划生育网上登记、孕前检查等。第二，J县人创业者协会。该协会是由J县出面组织的在S镇创业致富的本地企业家抱团的非官方组织，主要致力于以带动同乡创业致富为目标的担保贷款、帮扶救助活动。J县人创业者协会通过一种基于同乡熟人关系的网络，来实现"先富带动后富"的帮扶目标。第三，J县江苏S镇工业园。J县属皖西地区，西邻武汉、南接安庆、北达合肥，凭借合武高速、沪蓉高速的交通便利优势，在县城里开辟近400平方公里专供S镇的J县人返乡创业工业园。工业园的启动主要依靠国家扶贫基金的10个项目。随之，J县从S镇成功引回6家返乡创业企业。

一言蔽之，清晰的备忘合作框架结构是J县驻S镇社会管理工作站取得良好社会绩效的重要根源。"政府的任务是为所有公民提供生存、稳定以及经济的和社会的福利。"[1] 在合作框架下S镇政府和安徽J县政府都采取了相应的配套管理措施，来确保两地社会协同管理合作的顺畅与有效。

三 江苏S镇派驻工作站的基层协同治理创新启示

通过调研发现，这种社会管理派驻工作站的实践效果非常明显。一方面，S镇与J县之间的基层政府合作愉快；另一方面，S镇政府不但完成了繁重的社会管理任务，J县政府也实现了自身的经济发展目标。概括而言，跨区域基层协同治理机制在流动人口管理方面主要有如下三大功能：

第一，维系稳定，凝聚民心。仅S镇而言，最容易起冲突的本外地矛盾被有效地调解在温和范围内，让镇上所有居民心中有正义和公平的寄托，确保了镇级基层政府的公信力，同时可以在社会安定的前提下聚拢当地的民心，为社会经济建设奠定根本的秩序基础。其实，派驻S镇工作站维系的正是两地（S镇与J县，S镇与G县）的社会稳定，凝聚的是两地人民的民心，提高的是两地基层政府的公信力。

---

[1] [美]迈克尔·罗斯金等：《政治科学》，林震等译，华夏出版社2001年版，第39页。

第二，加强合作，优势互补。J县及G县与S镇之间的协同社会管理，不仅增进了两地人民之间的亲密感情，同时也推动了两地基层政府之间的友好合作。作为中部后发展地区基层政府代表的J县和G县，与作为东部发达地区的S镇，各自有着自己独特的发展优势，强化互相之间业务的合作，无疑可以实现彼此的双赢。S镇得到了基层治理效能提高的好处，J县和G县则得到了招商引资的实利，最终三地的社会经济都步入快速发展的超车道上。

第三，转变思维，优化服务。提高社会管理效能的关键在于转变当下的惯性思维，把管理的服务内涵发掘出来，则可以在取得民众认同的前提下实现社会管理的高效能。不是抱守传统计划经济时代的统制管理，而是适应当今市场经济时期的服务管理，以优化服务策略替代强制作风，促进公众积极主动参与，来达到社会和谐安定的秩序目标。

很明显，这种基层协同治理形式主要是针对流动人口管理所采取的机制试验办法，在一段时间达到了卓有成效的目标。并且，据跟踪了解，由于工作站在镇上盛名远播，不仅J县籍和G县籍新S镇人的纠纷调解需要工作站进行处理，而且其他地方的新S镇人也开始纷纷求助工作站。派驻S镇跨区域基层管理工作站的机制创新经验，对全国基层协同治理具有一定的示范意义。主要的创新意义是：第一，派驻S镇社会管理工作站更主要的是改变了当下我国流动人口管理现状，解开了社会矛盾冲突的困境，推动了国家长治久安。"优良政府所创造的信任是保持政体稳固的关键。"[①] 第二，派驻S镇工作站将会是我国基层协同治理创新的一种代表形式。第三，派驻S镇工作站在强化基层政府的府际合作条件下，揭开了我国府际关系转变的新篇章。

派驻S镇社会管理工作站是一种推动地方（基层）政府高效运作的机制措施，它无疑能够使政府反应灵敏起来。地方上对于流动人口管理囿于属地管理，不敢跨越户籍体制的雷池一步。基层协同

---

① ［古希腊］亚里士多德：《政治学》，商务印书馆1993年版，第265—266页。

第四章 政府治理现代化的方式转型

治理效果评判须从管理的必要性和管理方式的有效性两方面进行思考，现实是政府要么"懒政"不作为，要么胡乱作为，这些非理性的行政行为都影响着政府的治理效能及合法性。早在2014年，中央就出台了《关于进一步推进户籍制度改革的意见》，明确指出："要促进大中小城市和小城镇合理布局，功能互补，增强中小城市和小城镇经济集聚能力，为农业转移人口落户城镇创造有利条件。"基层协同治理创新既要实现转移农业人口城镇化的流出管理，还要实现促进农业区域致富的流入管理，缩小贫富差距，在区域发展战略上实现全民共同富裕。

第四节 宁波基层治理创新案例及其特点

宁波市以"问题"为导向，把创新基层社会治理作为夯实基层基础的重要举措，持之以恒地深化推进，许多工作走在全省甚至全国前列，形成了特色鲜明的社会治理"宁波实践"[①]。宁波市基层社会治理创新的基本特点包括了扩大公共参与、推进政府购买公共服务、完善网络服务平台等。宁波各县、市、区积极探索社区治理新模式，以区域化党建为引领，统筹协调各类社会组织、驻区力量和资源，构建多元参与、共同治理的格局。宁波市将打破传统城市街区、行政村界限和管理模式，将行政村和社区、工业园区统筹规划为新型社区，建立社区联合党委、社区协商议事组织、社区公共服务中心"三位一体"的新型社区组织体系。宁波市基层社会治理的创新经验主要做法包括扁平化组织架构、网格化管理、信息化支撑平台等。具有代表性的典型案例则有"房东管理房客"式流动人口管理、契约式医师服务体制、81890服务平台等。宁波市基层社会治理创新的共性规律是闷声搞改革、超前理念指导稳健实践、以公众参与促进基层社会治理。宁波市基层社会治理何以持续长效？

[①] 笔者在2018年主持并参与宁波市发展研究中心年度课题时，课题组撰写了上述调研报告。研究报告的题目即为本节的标题。

须将宁波市地方政府社会管理职能与社会治理创新统一起来，从彻底解决社会矛盾的立足点出发，顺畅政民互动，才能促进宁波的基层社会治理创新工作更进一步。

一 宁波基层治理创新的内涵

改革开放以来经济得到快速发展，而社会建设的步伐跟不上经济发展的节奏。创新社会治理、加强基层基础建设，是关系宁波当前改革和未来发展的全局性大事。要狠抓社会治理创新和基层基础建设，为宁波跻身进入全国大城市第一方队提供坚强保障。其主要内容是：

第一，发展社会自治，不断完善社会管理的公共参与基础。一是完善社区自治制度。在规范选举委员会推选、居民代表推选、选民登记、候选人提名、候选人竞选、投票等程序，创新候选人与选民接触、设立室内投票站、操作人员回避等制度上积累了一定经验。二是加强社会工作人才队伍建设。加快社区工作者向社会工作者转型，逐步形成"党委领导、政府推动、社会运作、社工引领、各方参与"的社会工作模式。三是加强社会组织培育管理。成立了社会组织服务中心，作为社会工作和社会组织的综合服务平台。

第二，推进政府购买公共服务，不断满足公众切身利益需求。一是打造81890求助服务中心。81890服务模式是"政府搭台、市场运作、社会参与"三位一体的"全天候、全方位、全程式跟踪监督服务"。二是构建社区居家养老服务模式。三是社区居家养老服务模式引入精神养老服务。四是推进基本公共服务均等化。

第三，依托网络虚拟平台，打造无缝隙服务体系。打造"e线"信息平台，综合人口管理、场所行业管理、社会资源管理、消防管理、巡防管理、案件研判、指挥调度管理七大功能，实现从地图到信息的共通、共融、共享，具有信息及时准确、人口管控效率高的特征。微博问政也是自媒体时代推进社会管理创新的一项重要载体。

宁波市基层社会治理的优秀经验层出不穷，如雨后春笋不断冒出，都源自20世纪的"发动和依靠群众，坚持矛盾不上交"的"枫桥经验"。在宁波，随着体系化的"1+X"政策制度的逐步落地，更为高效、更加精准的基层社会治理创新模式正在不断丰满，依托区域化党建、社会化参与、扁平化指挥、网格化管理、信息化支撑，基层治理除了在广度上"做加法"，更在深度上"做乘法"，着力打造新时期"枫桥经验"的"升级版"。宁波市基层社会治理的创新经验主要做法，归纳起来可以包括：

第一，扁平化指挥，打破"条块割裂"。

权责不对等，是乡镇（街道）在基层治理过程中遇到的最大短板。因此，近年来，根据全省基层治理体系"四个平台"建设的要求，宁波陆续完成了对乡镇（街道）和部门派驻机构承担的职能相近、职责交叉和协作密切的日常管理服务事务的归类，通过完善相关机制、整合工作力量，构建集综治工作、市场监管、综合执法、便民服务于一体的基层治理体系。

在这"四个平台"建设的过程中，原先相互割裂的"条""块"关系进一步明晰。同时，以综合指挥、属地管理、全科网络、运行机制为支撑，多种力量"拧成一股绳"，基层社会服务管理效率进一步提升。宁波市各乡镇（街道）都已建成综合指挥室，并全面运转。与改革前相比，乡镇（街道）人员编制净增200多名，鲜明地体现了充实基层的导向。

第二，网格化管理，倒逼"沉到一线"。

网格化管理的基本内涵是通过智能手机来走访辖区网格，及时发现问题，线上进行记录反馈，发现安全隐患，解决邻里纠纷，处理灾害事件。宁波自2015年起，在各级村社管理的基础上，按照全域、全员、全程的理念加强网格整合，将"党建、综治、城管、安全生产、食品安全"等十多个部门网格纳入统一网格体系，实现空间全覆盖、地域无缝隙。网格化管理的优势在于通过"网格发现问题—上报指挥平台—事件流转处理—网格验收成效"的流程。

在宁波，庄市街道是网格化管理的一面旗帜。作为试点地区之一，庄市街道14个村（社区）被划分为189个网格，每个网格配备网格长，就民政救助、食品药品、市容市貌等 28 项内容进行走访巡查。每个季度，街道将根据问题发现率、走访户数等指标，对网格员、网格长进行考核激励，倒逼服务真正"沉到一线"。

第三，信息化支撑，打造"智能时代"。

宁波市依托技术革命和信息化支撑实现了基层社会治理的"华丽转身"。自 2016 年以来，宁波建立了全市统一的基层社会服务管理综合信息系统，大力整合涉及基层社会治理的 20 多个部门的信息系统和形式多样的采集终端，建立全市统一的基层社会服务管理综合信息系统。这也是将线下的"枫桥经验"搬到了"网上"，实现"线上线下"的多元互动。技术给力，让群众办事更加方便，让政府决策更加科学。

例如，2014 年以来镇海以现有网格为基础，开发了统一的信息工作平台，也就是"e 宁波"的原型，并下载至每位网格长的手机中。在镇海区社会治理综合指挥中心，一个集综治工作、市场监管、综合执法、便民服务四个方面信息和服务于一体的综合信息平台分外忙碌，大屏幕上滚动显示着各网格长依托"e 宁波"手机客户端，在网格走访中积累获得的各项数据。

第四，成立基层社会管理服务中心，统筹组织协同。

基层社会管理服务中心的运作包括了人员配备、业务管理等各个方面。例如，街道安监所实施事前监督，及时报送基层信息，起到了防患于未然的作用，这是一种新的探索；81890 社会服务平台，可以为特殊群体提供方便。

此外，在海曙区社会组织服务中心，海曙区建设公益创投机制，切实培育扶持各类社会组织，并积极引导参与社会公益服务，破除以往社会组织"重登记、轻管理、轻服务"等问题。据《法制日报》统计，2014 年宁波市社区工作居民满意度达到 90% 以上，比 2012 年提升 6 个百分点。

第五，加大社会管理支出，推进政府购买社会服务。

近两年，宁波市财政投入 3000 多万元，委托社会组织、专业机构承接社区公共服务和管理项目 1200 余个，以满足养老助残、纠纷调解、特殊人群帮教等群众需求。为确保基层"有钱办事",宁波市落实社区工作经费保障,全市行政村工作经费、社区工作经费、服务群众专项经费,平均分别达到35.1万元、36.8万元和22.5万元。

在未来的社会发展中,基层社会治理创新将会成为一种常态。按照"小政府、大社会、大服务"的行政体制改革的既有思路,实现政府部分职能向社会组织转移,也是其中应有之义,必须从促进政府职能转变、提高公共服务供给效率和质量的高度来认识,自觉将政府为社会发展和人民生活提供服务的事项放手委托社会组织去做。总之,基层社会治理创新是一项具有深远意义的系统工程。

二 宁波基层治理创新的案例

从典型案例中整理与总结创新经验,是不断完善宁波基层社会治理的基本思路。当前基层社会治理创新工作正处于爬坡阶段,不进则退,要下定决心,坚定不移,继续加大力度推进基层社会治理创新工作,立足于社会管理模式、治理方式的转变,利用大数据为群众提供精准服务,打通服务群众的"最后一纳米"。

(一)北仑区流动人口管理创新:从"以房管客"到"以房东管客"

长期以来,流动人口为北仑区的城市建设和经济发展作出了重要贡献。作为宁波市最早开放的国家级开放功能区,北仑区的流动人口远多于户籍人口(多出17万人左右),预计未来还将有爆发式人口增长。因此,如何为规模庞大的流动人口提供卓有成效的服务管理就成为事关北仑区经济结构转型与社会秩序稳定的一个重大问题,对整个宁波市乃至全省的经济社会发展具有非常重要的现实意义。

基本成绩:2013年以来,在借鉴、吸取国内外城市流动人口服务管理经验的基础上,北仑区根据省委、市委决策部署,结合全省"三改一拆""腾笼换鸟"和全市"三治理一提高"等专项行动,紧紧围绕"控制总量、提升素质、加强管理、优质服务"的工作主线，实现三个"转"、五个"控"，积极实施五套组合拳举措，进一步加大流动人口服务管理力度。2014年9月，北仑区经省政府批准成为宁波市唯一一个在全域范围内开展居住证制度改革试点的县（市）区，全区流动人口结构优化工作取得初步成效。

主要做法：第一，在管理理念上，北仑区流动人口服务管理从敞开接纳转变为严格引导管控。第二，转变流动人口管理机制，从部门管理转为政府综合管理，健全组织网络机制。第三，转变流动人口管理方式，从简单粗放转为综合施策。坚持以房控人，强化出租房屋管理，加强流动人口资源管控。第四，转变流动人口管理协调机制，从各自为政转为联合执法。坚持整治疏人，开展联合整治行动，加强流动人口执法联控。

主要问题：（1）公共租赁房供给较少。按照北仑区进一步加强流动人口服务管理工作的实施意见，鼓励流动人口生活居住较多的区域集中建设公共租赁房。但目前，北仑区政府仅投资建设了两个集中居住区（317间），全区仅7个行政村出资建成7个集中居住点（共2704间）可供流动人口集中居住，加上全区"三改一拆"工作的推进，大部分违章建筑被拆除，城区"群租群居"、车库出租、危房出租等现象相对有所上升，居住环境较差，社会反响比较恶劣。该问题的形成既有政府前期规划不周、时间仓促、动员不足、投资不到位等原因，也有部分基层部门和行政村的拖延推诿、资金欠缺、利益纠纷与流动人口抵制反对等原因，如何提出有效解决方案，急需全方位、系统化、深入性的科学评估。（2）租赁房治理效果欠佳。一是房屋租赁乱象整体呈现"按下葫芦浮起瓢"和官民之间"躲猫猫"之势，难以作出有力的抑制，违章建筑出租仍大量存在。二是部分出租商品房的房主对政策出台十分反感，拒不按照政策条款规定的标准装修房屋，对已查处违规情况拒不整改。三是农村存在大量违章建筑用于出租，房东拿着自住的合法产权证办理出租房屋登记，却将合法房屋的出租许可证挂在违章建筑房屋内，将违章建筑用于出租，以规避职能部门查处。

改进策略："旅店式前台"管理模式是解决这一问题的有效思

路之一，即房东和房客达成租赁意向后，房东带领流动人口到社区进行登记备案、办理居住证，社区警务室按照要求进行审查，取得"流动人口准住通知单"后，房东方能与房客签订房屋租赁协议，房客才能入住社区。在实行"旅店式前台"管理的过程中，最重要的是要充分调动房东配合的积极性。对此社区每个月可以召开一次至数次的房东例会，组织房东学习流动人口管理的相关制度要求，收集辖区内发生的典型案例以案说法，提高房东的管理和参与意识。同时，社区还在例会上定期评出管理较好、表现突出的优秀房东，给予一定的物质或精神奖励。通过房东例会的召开、奖惩措施的落实，将由以前房东不重视、社区忙应付的管理现状逐渐转变为房东主动管、社区协助帮的有序局面，推动房东们责任观念和配合意识的提高，并能够按照六步租赁流程，主动上报房屋租赁情况，带领承租人前往社区进行登记备案和审查。

（二）公共卫生管理创新：从"公共医生"到"契约医生"

2015年5月，宁波市在全省开展新型契约式家庭医生服务制试点，通过建立政策保障、便民惠民、医生培养等机制，推进分级诊疗制度建设，提升基层医疗卫生资源利用效率和服务水平，取得积极成效。目前，宁波市148家基层医疗机构已开展家庭医生签约服务，签约家庭医生3130名，组建家庭医生服务团队1240个，为签约居民共提供诊疗157.4万次，减免一般诊疗费576.7万元。经过3年的先期试点准备，宁波市政府早在2014年11月11日制定印发了《关于推行契约式家庭医生制服务实施意见》（甬政发〔2014〕101号），期望通过深化实施这项制度，进一步发挥基层卫生的基础性作用，促进卫生工作重心下移，使家庭医生逐步承担起群众健康、资源调配和费用投入的"守门人"职责，着力构建起科学合理的分级诊疗制度。

支持政策：（1）建立家庭病床，社区卫生服务机构及家庭医生应优先为签约参保人员、经二级及以上医疗机构下转康复治疗的参保人员建立家庭病床；（2）参保人员经医保经办机构核准建立家庭病床后，社区卫生服务机构应及时为其办理家庭病床登记手续，并提供上门服务，每周不超过 3 次（含）的家庭病床巡诊费按医保规定支付；（3）医保差别支付方面，调整城镇职工医保、城镇居民医保的三级医院住院起付标准；（4）调整城镇居民医保老年居民和非从业人员住院（特殊病种除外）的医保基金支付比例；（5）提高城镇居民医保老年居民和非从业人员转诊住院（特殊病种除外）的医保基金支付比例；（6）参保人员凭本人社保卡办理医保转诊登记，转诊登记有效期为 30 天。基层医疗机构和上级医院应做好转诊、接收的衔接和档案记录。

配套政策：自 2014 年 11 月宁波市政府出台《关于推行契约式家庭医生制服务实施意见》以来，部委围绕 3 年试点工作存在的突出问题，协调市人力社保局、市物价局、市财政局、市民政局等相关部门，从医疗、医保、医药、医价等重点环节入手，先后制定出台了多个配套政策措施，如《关于基层医疗机构部分慢性病门诊用药管理的若干规定》《关于重新核定社区卫生服务价格的通知》《关于贯彻落实契约式家庭医生制服务和开展区域医联体试点有关医保政策的实施意见》《关于做好对困难群体签约家庭医生服务实施有关补助的通知》《宁波市家庭医生基本服务包》《宁波市家庭医生基本服务规范》《宁波市家庭医生绩效考核办法》等，从顶层设计配套政策措施来全面推进契约式家庭医生制服务工作。

签约设立：契约式家庭医生制服务工作于 2017 年 5 月 1 日起在信息网络条件具备的社区卫生服务中心或乡镇卫生院及云医院中先行启动实施，同时加快信息网络等基础设施的升级改造，争取尽早在全市全面实施。居民可以根据当地基层医疗机构的开展情况，按需到辖区所在地的社区卫生服务中心或乡镇卫生院，凭有效证件，自主选择 1 个家庭医生服务团队，与之签订为期 1 年的合约。根据合约内容，确定双方应承担的责任、权利、义务及其他有关事项等。家庭医生服务团队主要根据全市统一的家庭医生基本服务规范和基本服务包内容为签约居民提供基本医疗、基本公共卫生和个性化健康管理等服务。居民则根据合约内容主动配合好家庭医生服务团队的工作，自觉遵从家庭医生服务团队提供的合理的医疗保健指导。期满后需续约或另选服务团队的应在社区卫生服务中心或乡镇卫生院规定时间内重新办理手续。

实施情况：自2011年9月起，宁波市开展契约式家庭医生制服务试点工作，至2017年6月30日，全市已实施城乡居民与全科医生签约服务的社区卫生服务中心（乡镇卫生院）151家，机构实施率为99%；参与签约服务的全科医生3472名，全科医生签约服务率为67.8%；签约家庭58.7万户，签约居民112.3万人，常住人口签约服务率为14.8%。

总体来看，契约式家庭医生制服务机制是政府通过购买家庭医生基本服务包服务，实现基本医疗、基本公共卫生和个性化健康管理等十大类优惠服务内容在全宁波市的统一与公平，确保全市市民可以自由地选择时间获取个性化的健康管理服务。宁波市实施家庭医生制服务，创造了双向转诊的就医格局，优化了医疗资源配置效率，缓解了群众"看病难、看病贵"矛盾，让老百姓有了更多的获得感。

（三）社会服务管理创新：从"踢皮球"到"81890"

针对服务民生问题，宁波市在全国率先成立"81890"社区综合服务平台。在宁波地区，具有代表性的"81890"案例说的是镇海81890市民服务中心。它是受区政府办公室、区行政审批管理办公室双重领导的正科级事业单位，是区委、区政府为进一步改善民生、促进社会和谐发展，推进公共服务体系建设而建立的一个公共服务信息平台。中心成立于2002年3月，2009年8月启用全市统一的81890求助电话号码，2011年12月与区长热线实现全面整合，并与全区41个非紧急公共服务电话实行"一号通"。目前服务区域已覆盖全区六个街道（镇），主要职责是为市民提供咨询、投诉和生活求助服务。

中心以"便民利民、有求必应"为服务宗旨。开设一条81890求助热线（81890000）、一个81890求助服务网站（www.81890.gov.cn）、一个81890民声快递服务平台，为广大市民提供"全天候、全方位、全过程"的服务。镇海81890市民服务中心拥有300多家各类加盟服务企业及100多名镇海81890志愿者,提供家政服务、维修服务等15个便民服务大类、120多个服务项目,以满足广大市民的求助需求。此外,中心还设有"月嫂俱乐部""加盟商之家""失物招领中心"等服务内容。镇海81890市民服务中心作为一个社会管理创新的公共信息服务平台,不向市民、加盟企业收取任何费用。

三 宁波基层社会治理创新的基本规律

宁波市为了保障基层社会治理创新工作顺利推进,要及时发现典型,交流总结经验,分享成功案例,针对试点中的好做法、好经验,在各地形成合力,建立推进基层社会治理创新的良好舆论氛围。宁波市基层社会治理创新的基本思路及其一般特点主要是按照"党委领导、政府负责、社会协同、公众参与",坚持把社会管理创新作为破解社会管理难题、推动转型发展,整体筹划、系统推进,坚持把创新社会管理与转变政府职能结合起来,把完善公共服务与改善保障民生结合起来,加大社会管理创新的探索力度,建立长效机制。在实施过程中,涌现出一批社会管理创新的成功案例和经验,得到了上级的充分肯定和广大群众的普遍赞誉。

(一)雷声小、雨点大——闷声搞创新

宁波地方政府在基层社会管理方面一直处于全国超前的位置,取得过斐然的成绩,由于历来行事低调的风格,许多先进的社会管理经验不易为人所知。这既是人性良善的表现,同时也反映了制度上的实践困境。最大的困境是一旦时过境迁,原来非常有希望上升到制度层面的机制创新也会随着人事的终结而陷入人亡政息的困境。没有能够推动与促成基层社会管理长效机制的制度存在,宁波基层社会管理经验无法长期固定下来,这成为了制约宁波社会经济发展的巨大瓶颈。

无论是宁波还是全国其他地方,都存在一个共性的发展规律。

那就是基层社会管理成功的奥妙在于人心。宁波的81890、契约式社会服务等都说明了这一点。基层社会管理的立足点并不在于管理，而恰在于社会，在于广大市民群众的切身需求的满足。尽管转型期社会经济发展形势日益复杂，但是作为地方政府基层社会管理的立足点和出发点一直是永恒不变的：不断满足日益提高的公众需求。宁波基层社会管理经验在基层成长起来，但它的长效化与制度固化却需要上级领导的持续关注和有力推动，这是由我国当下体制所决定的。

（二）理念超前、行动稳健

基层社会矛盾运动构成了宁波社会管理创新、社会治理变革的内在驱动力，而一个相对成熟的基层社会治理体系，对于社会建设和社会管理创新具有不可替代的意义。宁波市主要从"包容性发展"理念和价值观的确立（理念创新）、基层社会治理主体结构的扩展和优化（组织创新）、合作治理机制的构建（制度创新）等几个方面构建基层社会治理体系，实现社会管理创新。多元主体的发展以及在此基础上形成的各类主体之间的合作协同，实质是基层社会治理过程中组织化与再组织化这两个核心要素的生成及相互递进、相互强化关系的形成。

思想是行动的先导。正是坚持了治理的理念，宁波市基层社会建设实践才保持了清晰的方向感。理念的创新解放了基层社会建设的生产力，并为进一步的实践活动提供了一个更广阔的创新空间。面对社会主体多元化和社会需求多样化、分散化的现实问题，宁波市构建以"包容性发展"为核心内容的社会管理理念和价值观。面对社会主体多元化的现实，在理念上实现从"管理"到"治理"的超越，实现基层社会的包容性发展。

在多年的实践探索中，宁波市逐渐突破传统的管理理念，形成了以需求和问题为导向，以社会多元参与为特征的社会治理理念，开辟了基层社会建设的新视野，为基层社会建设增添了理性的分量。治理理念是宁波市基层社会建设的一个重要路标。治理理念是对传统的"见物不见人"的发展观的扬弃，它强调的是人的主体性、人的需求。在管制型政府向服务型政府转型的过程中，有些地方政府官员曲解了服务型政府的内涵，以为自己只要主动为民提供服务，民众就会感激于心，而不管民众到底需要哪种服务。

（三）接纳法治化公共参与，实时满足公众的需要

社会管理需要直接面对人民根本利益的分配与协调问题，所以它的根本导向应是公共的和民本的，而且这种导向的实现必当置于法治化行动体系当中。从而，社会管理外在的具有互动的、法治化的及公共的特征。而且，人本导向是政府管理的指挥棒，引导政府和民众合法、合理、理性地行动；法治约束则确保政府与民众之间的良性互动，形成对社会秩序的维护作用；公共服务直接表明了政府与民众之间利益博弈的主要内容。进而，人本导向通过法治约束来规制，由公共服务来得到具体化。因此，社会管理实质是基于政民互动之上，通过人本导向、法治约束及公共服务构成的三维一体结构，最终实现公共价值内涵导向。

社会问题必然要由政府和民众这一对辩证统一的主体共同参与才能得到真正解决。由此观之，社会管理必然会宣告当前社会中民众"只计权利不知义务"的盲目功利时代的结束，意在赋予民众在社会管理中的基本参与权利。作为社会管理的一方，民众在管理过程中也应发挥不可忽视的重要作用。让民众参与到社会管理当中来，可使政府容易与民众在公共管理事务中形成秩序与利益共识，确保社会管理职能的根本实现。因此，社会管理深层次上也就是民众的义务所在和福祉寄托。

那么，宁波市基层社会治理创新何以持续？这是个需要思考的根本问题，不仅是宁波市政府，也是中国各级地方政府面临的共性问题。政府实际上实现的是社会管理的基本手段。政府社会管理应当是基于公共价值导向上的职能作用，须具备合法性基础的职能作用。政府注意自身公信力的维护，意味着它已认识到社会问题并不只靠自己就能解决，必须顺应转型时期的时代特点，并借助民众的公共参与力量来实现。例如，在"互联网+"时代，余姚市凤山街道东江社区推出"e线"工作法,通过建立社区网站、QQ群、微信群等,开启社区O2O服务群众新模式。一条看不见的"e线",成为联系辖区12个小区、2937户、7000多名居民的纽带,社区变身快速高效解决居民急事难事、社区大事小事的"管家"。

第五章 政府治理现代化的科技革命

随着全球化的推进，我们已不可逆转地步入信息时代，政府形态也必然发生相应的转变：网下政府—电子政府—网络政府。所谓网络政府即是政府对网络社会变化的适应。信息时代给政府以巨大的职能转变空间，由简单的"人肉搜集"到"人机合一"，网络对维护民众参与政治而形成的新秩序具有划时代的战略意义。与之相应，政府将实现从网下到网上、从现实到虚拟、从电子化到网络化的三大转变，这是政府在信息化时代维系政治稳定、完成形态转变的根本。老子曰："众人皆以为美，斯为恶矣。"在肯定技术革命对社会变革重要性的同时，再度审视具有双刃剑特征的网络技术将成为一个具有辩证意义的价值导向。

第一节 从电子政府到网络政府

20世纪的第三次科技革命，将社会推进到信息时代。1987年钱天白教授发送第一封电子邮件，宣告了我国网络信息时代的到来。信息时代最大的特征莫过于计算机的推广与网络的普及。网络业已成为我们现代生活不可或缺的必需品。网络不但"是一种社会控制工具。网络的本质是信息独裁。网络价值取向是听命于信息富裕者"[①]，而且"带给我们的不仅仅是作为工具的技术，它们已经

---

① 杨雄、毛翔宇：《网络时代行为与社会管理》，上海社会科学院出版社2007年版，第7页。

改变了人们的生活方式、交往方式、思维方式和价值观"[①]。网络带给我们的影响绝不只是技术方面的,而是促使整个人类社会久远和深刻的变化:网络使人类第一次拥有了两个世界——现实世界和虚拟世界。

封建时代铁器的推广和犁耕技术的普及,带给人们决然不同于上古时代的崭新生活方式;较之前工业时代,生活在网络时代的人们会对传统的刀耕火种感到不可思议。"工业制度的危机,面向自由的社会运动的兴起以及信息和通信技术革命之间的相互作用,出现了社会组织的新形势——网络社会。"[②] 德国学者巴巴拉·贝克尔指出,在网络社会中,一组代码、一个角色符号,便成了身份的维持物。也就是说,网络社会兼具复杂和简单的两面性:一方面,网络社会基于数字的堆集;另一方面,网络社会投影了现实社会的事物,又给人以无法预测感。即使在经济欠发达地区,也不能阻挡网络普及的潮流。

一 内涵:网络政府是现实政府在网络上的映射

随着网络的发展,网络民意也开始得到了合法性肯定。最高领导层对网络媒体产生了认同和敬畏,同时亦显示官方对网络的认识不可逆转地进入了一个新阶段。网络民意进入政府的公共决策体系,使公众讨论公共事务与政府公共决策的平台逐步重合,推动了中国政治民主化进程。

(一)信息时代正在改变人们的社会生活

网络的发展带给人们的便利绝不仅是"足不出户而知天下事"的信息优势,而且正在悄然地改变着人们的生活习惯。信息公开过度也造成了信息垃圾充斥、信息爆炸等问题,给人们的社会生活产生了不少负面影响。网络社会秩序未能向稳定有序状态发展,网络

[①] 刘丹鹤:《赛博空间与网际互动——从网络技术到人的生活世界》,湖南人民出版社2007年版,序。

[②] [美]曼纽尔·卡斯特:《网络社会——跨文化的视角》,社会科学文献出版社2009年版,第24页。

民主政治也因此陷于各种社会危机之中。

第一，网络信息的公开。

网络打破地域局限后，便成为人们的远程办事平台。以往人们需要来回跑上几个行程的购物销售、培训上课、登门访友、求职应聘、集会交流、大型会议等，现在可以通过网络平台一键敲定。甚至不可思议的是，民事官司也可以在网上开庭。网络所具有的准入无限制性或少限制性使得人们只要具备上网冲浪条件就可以最大化地获取各种来源的信息资源。不受地域、身份等因素影响的信息公开性揭开了一个信息富裕的网络时代。

"信息时代中信息的根本点在于与土地、劳动、资本等传统的生产要素相比，信息是唯一不服从边际递减率的生产要素。"[①] 民众拥有充分信息之后的必然结果是权利主张日益强烈，而且人们的话语权通过网络得到了强化。然而，人们在享受网络所带来的信息富裕的同时，也在容忍着由此导致的信息污染。网络的双刃剑特性决定着公众工作和生活于大量真真假假的信息海洋之中。

第二，网络秩序的形成。

信息的丰裕通过作用于人们交互关系而引发了崭新的网络社会秩序。现实事物通过网络得到镜像反映，产生了网络社会中的文化生态。

随着时代的发展，人们日益习惯使用网络来表现他们的现实生活活动。从习俗演化而成的社会秩序必须在一定的限度内才能维系自身的稳定；否则新生的网络社会秩序也会陷入混乱。陕西"正龙拍虎"事件虽是网络诚信缺失的体现，却反映了现实社会中的道德危机。

第三，网络民主的发展。

民主是20世纪以来世界政治发展的潮流。传统政治理论认为，民主具有直接高成本、思想意识相互冲突及潜在的阶级暴政等弊

---

① 刘飞宇：《转型中国的行政信息公开》，中国人民大学出版社2006年版，第3页。

端。当代的民主政治也遇到了技术而非理念上的阻碍以致发展滞缓。作为科技进步的象征,网络势必给民主政治的发展带来一种新的契机。信息时代的最大特征是网络带来了更广泛的政治参与。

网络民主是能够最直接导致公众广泛参与的民主形式。美国民主理论家科恩认为,民主政治无论采取何种形式,其关键都在于民主参与。① 作为民主政治的核心,公众网络政治参与实际上是推进民主政体的重要途径。"聚集了强大和真实的民意,它将弥补传统时代'虚假民意'或者'民意不足'的弊端,为中国的民主化进程起到促进作用。网络政治参与的隐蔽性特点使得网络更有可能聚集真实的民意。"②

其一,网络打破地域限制,降低人们的交互成本,使更多的人可以自由地参与政治。网络所带来的信息科技优势可以使民主政治中投票选举及议会政治的成本骤降。便捷的信息获取优势也把人们的生产与生活无缝隙地连接起来。

其二,网络的思想意识传播的迅捷性。网络的普及使很多人迅速得到民主的思想启蒙,长期的耳濡目染也让民主日益深入人心。作为民主思想传播的渠道,大众媒介网络平台可以为民主政治夯实思想基础。

其三,网络推动的大众文化正好为民主理念的普及做好铺垫。由于网络的自由性,不同阶层、群体原本在现实中难以发出且微弱的话语可以在网络上寻找到各自偏好的表达,使得民主更加彻底。

(二) 信息时代也因此改变政府管理

新时期,电子政府不仅是各级政府当下追求的建设目标,也是政府自我革命的契机。深圳市的高层领导与网民互动(2002 年)、青岛成立全国首家民意网(2005 年)、中央人民政府门户网站开通(2006 年)、《中华人民共和国政府信息公开条例》的颁布(2007 年)等标志着我国"政府的手工管理时代将结束,信息管理时代已

---

① [美]科恩:《论民主》,商务印书馆 1988 年版,第 40 页。
② 郭小安:《论网络政治参与与政治稳定的关系》,《中共四川省委党校学报》2008 年第 2 期。

经来临"①。作为信息时代的受益者,网络将引起政府在政治理念上的焕然一新。

信息时代给公众带来的信息公开、秩序重塑及民主政治发展三大鲜明特征最终将反映到政府管理上。政府的网络化使之由凌驾于社会经济之上的主导者逐步演变为平行于社会与经济的博弈者。

(1) 管理方式网络化。一种截然不同于传统的命令或市场行政方式的网络化政府管理方式悄然应时而生：政府开始借助网络平台来高效地处理它的各项职能内容。随着网络时代和网络经济的来临,管理正由传统的金字塔模式走向网络模式。政府管理方式的网络化重要体现为外部政府与民众的行政管理关系与政府序列内部协作关系的网络化。

(2) 管理范畴扩大化。有别于私人领域,政治公共领域以公众舆论为媒介对国家和社会的需要加以调节。② 网络的发展所带来的各种新的社会事物及现象势必给行政管理提出更多的时代要求。政府管理范畴由传统的现实生活领域扩展至网络世界的事务范畴,诸如,网络的监管、保障及维护,网络犯罪的打击等。

(3) 公共物品虚拟化。公共物品是政府在职能范围内为公众提供的实物与服务的总称。网络"虚拟"的根本特征使得政府所供给的公共物品虚拟化。政府网络合同、电子签证、网络监督（反贪反腐反黑）都将会成为政府通过网络提供的虚拟物品。虚拟化的政府服务可以消除公众与政府之间互动的各种麻烦,推动服务型政府的发展。

信息时代政府管理的变化趋势便在于政府对网络的重要适应——网络政府的形成,网络化管理也势必成为信息时代政府管理模式的重要特征。不可避免的信息时代已对政府组织形态造成了冲击和挑战,并对其提出了不同于传统的更高水准的要求。难怪学界有人高喊：一个网络执政的时代到来了。

---

① 沈荣华：《中国地方政府学》,中国社会科学出版社2006年版,第83页。
② ［德］哈贝马斯：《公共领域的结构转型》,曹卫东等译,学林出版社1999年版,第35页。

(三) 网络政府是政府对网络社会的适应

区别于传统的网下政府、现实政府乃至电子政府，基于网络平台的网络政府本质上是网上的虚拟政府、现实政府的影子（替身）及电子政府的内涵深化。政府自身职能由此发生相关转变正是信息时代政府模式变革的重要内容。

第一，由网下政府到网上政府。

"在理论上，电子技术能延伸到任何区域。实际上，经济行为与具体的空间受限的网络纠缠在一起。"[①] 网络仍会受到技术、空间及时间的限制，这是网络自身的局限性，也给当今政府带来了新的使命。在信息时代，网络上政群矛盾和冲突的疏导等社会职能决定了政府必须从网下的现实世界走向网上的虚拟世界，并肩负维系网络时代中由网络民主产生的政治秩序稳定之职责。

第二，由现实政府到虚拟政府。

虚拟政府将现实政府及其职能投射在网络之中并塑造了网络政府的信息化组织结构形式，实质是现实政府在网络虚拟中的一个投影和反映。虚拟政府作为现实政府在网络上的投影和反映，在网络中掌握了信息支配权，是政府实现从实体政府向网络政府的革命性转变。

第三，由电子政府到网络政府。

所谓网络政府，并非单单让政府上网，搞一个"电子政务"。"电子政务建设不是信息技术在政务领域的简单推广和应用，不能简单地将现有政务职能和业务流程电子化，它本质上是政府职能转变的重大创新和改革。"[②] 网络政府包含了电子政府同时又广延涵盖了电子政府（政府上网）与网络社会文化及其信息时代特征的有机融合。

据相关数据表明，至2017年我国网民数量已达4.04亿，而政

---

① ［美］曼纽尔·卡斯特：《网络社会——跨文化的视角》，社会科学文献出版社2009年版，第232页。
② 王长胜：《中国电子政务发展报告NO.1》，中国社会科学出版社2003年版，第3页。

府电子政务率只有 22.6%。并且，自 2010 年以来大部分政府网站在躺着"睡大觉"①。现实中作为网络政府的初级阶段——"电子政府"只是一系列政府网站的集合，起到了一定程度的收集民意及发布政务信息的作用。然而，电子政府"单向沟通"的局限无法使得政府与公众之间形成真正的互动。因此，以社会形态的信息化为根本标志的网络发展使得政府管理方式逐步网络化定会成为一种时代趋势。

网络社会及经济是现实中社会经济的网络镜像。"越是虚拟越是能反映现实"②，虚拟的网络社会和网络经济自然成为网络政府职能的依据和基础。网络政府对应着现实政府、网络经济（电子商务的扩展）对应着市场经济，而网络社会则对应着现实社会（公民社会）。网络政府借助日新月异的信息技术可以有效地在网络媒介中发挥着促进民主政治及维系社会秩序等各项职能，而成为现实政府在网络镜像中的影子替身，并且社会中的人对网络政府的转型起到了重要的推动作用。由网下政府到网上政府、现实政府到虚拟政府及最终的电子政府到网络政府反映着信息时代政府形态变化和网络政府形成的过程。

二 职能：政府现实职能的网络虚拟化

网络政府是政府的职能在网络上的现实体现。信息时代背景下，社会的再分工、新兴行业和职业的出现使得政府必须适应时代变化而进行职能转变。信息时代政府适时地改变管理方式、扩大职能内容及调整服务重心将是其职能转变的关键。网络政府职能内容转变的实现有赖于政府通过改变自身组织结构形态以适应网络环境变化的自我变革。网络政府形态的转变主要体现在其职能的转变上。

---

① 《还有多少政府网站在睡大觉》（http：//www.china.com.cn/news/comment/2010-07/26/content_20571296.htm），2010 年 7 月 26 日。
② ［美］曼纽尔·卡斯特：《网络社会——跨文化的视角》，社会科学文献出版社 2009 年版，第 145 页。

(一) 政府形态——网络化

在信息时代，我国政府建设将由初期的电子政府演进到高层次的网络政府构建阶段，其将对网络民主推动及网络社会维护具有重要作用。网络时代的公共管理将会是一种网络治理生态，也是政府、市场和社会互动参与的治理。

作为网络政府一大重要特征，网络化要求政府管理及服务的内容、方式逐步网络化。政府上网的实现是建构网络政府的必经途径。作为网络政府的基础和根基，电子政府的完善与否直接关系到未来网络政府的构建。网络化不仅意味着政府走进网络虚拟世界，更重要的是它的职能内容及管理方式的网络化。一方面，政府在信息时代要学会用网络化的行政管理方式来应对信息时代的各种社会问题，而不是简单粗暴地将原来的工作作风带到网络上。另一方面，政府内部要形成各层级协作互助的网络化关系，通过减少层级及地域限制来高效地为公众服务。

(二) 政府管理——扩大化

网络政府并不意味着与现实政府的决裂，恰恰相反，很大程度上却是作为现实政府在网络中的影子，并以信息化管理方式承担起现实政府的各项重要职能。同时，网络政府管理范畴也较传统的实体政府要更加丰富。

网络政府的内容是在初级阶段的电子政府基础上进行深化的，除了网络建设和维护、网络办公、网络警察等职能之外，还有网络议事、网络选举及网络社区管理等民主功能。网络民主是新时期的重要政治话题，恰如《工人日报》呼吁政府官员借此能够判断民意、回应民意，并解决现实问题，从而保障公民的参与权、知情权、监督权、表达权。当民意不但得到了充分的表达，而且成为决策参考者的参考时，网络民主才得到最终体现。

第一，网络投票选举。

网络投票选举实质上是通过网络平台将政府与公众联系在一起，使二者互动更具有民主意义。一方面，网络的发展给投票选举降低了成本。对于这种现实生活日益离不开的网络，公众能够迅速适应，而不必担心选举过程的信息不对称性问题；另一方面，这种公众网络生活的变化必然要求政府做好思想准备，为网络民主政治创造各种有利条件和氛围并为之保驾护航。

第二，网络公共议事。

网络公共议事是指由政府为公众通过网络途径而提供参政议政平台，其将为我国民主政治深化发展揭开序幕。网络公共议事使得公众可以方便地行使宪法规定的监督权。公众议事也是民主的一大重要内容。在遵守相关法律法规的前提下，公民可以在公共论坛中自发地制定议事的详细活动规则。

未来学家约翰·奈斯比特认为，在分享信息的时代，代议制民主已过时，参与式民主变得重要。[①] 网络的广域性打破了地域的分割限制，并将民主议事的范围从议会大楼的束缚中解脱出来；不仅群众代表可以讨论国家大事，非议员的普通民众也由此得到政治话语表达的有效渠道，使得"代议制"委托—代理的一些弊端得以消除。政府在其中有不可推卸的职责，其能否为公众民主政治创造有利的条件成为我国民主政治发展的重要前提。

第三，网络社区管理。

所谓"社区"就是一定地理区域中的人群集合，它具有鲜明的空间特征；而伴随社区的出现，社区化变成了发展趋势。随着信息技术的快速发展，网络上也在日益出现社区化现象。这种网络社区化的结果便是网络社区如雨后春笋般涌现。弗斯巴克（Fernback，1999）认为社区有三类，分别是作为场所、符号及虚拟的社区。[②] 网络社区便体现了作为场所的现实社区向作为符号及虚拟的社区的转变。

1990年，威尔（Well）引进了 Cyberspace（网络空间）的名称，从此虚拟社区开始进入世人的视野。虚拟社区，也成为网络社区，在没有固定疆界的因特网上通过 BBS 基于共同的议题展开的不

---

① ［美］约翰·奈斯比特：《大趋势》，中国社会科学出版社1984年版，第161页。
② 畅榕：《虚拟品牌社区研究》，中国传媒大学出版社2007年版，第35页。

限时间的公共对话正向人们展示了网络社区的特性。[①] 与现实社区相比，网络社区由于信息技术的快速发展而具备了自身独特的特征：首先，网络社区的流动性超过了现实社区。网络传播的即时性比现实中的交通便利更能破除现实中的局限性，使得来自不同行业背景、不同地方和不同偏好的人们可以频繁地在网络中生活。其次，网络社区的自主性强于现实社区。网络社区的去个性化却能使人们自如地做自己现实中敢想却不敢做的许多事情。再次，网络社区的陌生化程度远过于现实社区。不同于现实社区，网络社区常常是把一群互不相识的人们联系到一起；其实，网络社区更具有典型的陌生人社会特征。最后，网络社区的私密性高于现实社区。网络社区的匿名性特征使得人们可以在互不知晓底细的情况下进行交往。网络社区的双刃剑特征寓含在网络社区内部、网络社区外部与政府及虚拟与现实之间的互动关系之中，它正如哈贝马斯所说的公共领域，并具有交互过程的私人性，具有私域公共化的重要特征，要求政府能够对此有所区分和突出重点地实施管理。

（三）政府服务——虚拟化

政府服务的虚拟化是对服务型政府的深化发展，使得政府能够凭借网络平台更高效地为公众提供公共服务。虚拟化使得政府服务更加真实可靠，让公众的"怕麻烦"心理一扫而除。网络政府虽然无处不在却无影无踪，更能使公众内心生出较高的自由安全感，同时也保证了政府履行服务理念时获得公众的高度认同。

随着时代的发展，公众的需求层次日益提高和丰富，由现实生活中有形的"衣食住行"需求扩大到网络上无形的公共参与、沟通交流及网络生活等。并且，政府将传统的行政审批、行政合同、行政指导及行政执法等放到网络上虚拟运作，不仅省时省工，还能获得即时性互动效果。网络政府所提供的公共服务从现实生活中虚拟出来并成为类似电子货币、电子证券一样的东西，使得公众不断增

[①] H. J. Rubin and I. Rubin (1996), *Community Organizing and Development*, Columbus, Ohio: A Bell & Howell Company, p. 37.

加的现实生活需求得到极大的满足。

网络时代政府管理职能的根本变化是社区的网络化管理,而且,在政府有效引导下的公众网络公共参与自我培养将会对今后民主政治的形成具有促进作用。网络政府仍然从始至终贯彻着人本理念,对公民政治生活需求的关注成为其职能转变的重要原动力。作为基层民主的体现,社区管理通过网络使得公众能够高效地自我组织和管理、培养公众的民主政治素养,而将我国社会主义民主政治发展推进到一个崭新的时期。

三 结论:网络政府将实现"人机合一"的新公共服务模式

信息时代公众不断增加的生活需求决定了政府网络化职能的扩大化及丰富化。政府管理内容的扩大化并不意味着政府职能的盲目扩张,而是政府厘清自身与社会、市场之间的关系并按照时代要求进行的职能增减和调整,最终使得政府在自我革新后演变为一个信息时代高效的公共组织部门。

当前,领导上网发帖子十分惹人眼球,一些地方领导纷纷跟进上网以征求公众关于地方公共治理的意见也是一大亮点。信息时代催生了网络社会,由此又衍生出网络社区。网络社区将不同兴趣爱好、利益需求的众多网民碎片化为一个个零散的、超地域的以遵守内在的网络交流规则的交互团体。网络社区是现实社区(社群)在网络上的投影,具有一定的自主性、自治性及自律性。

网络社区的这些特征很容易将现实中已出现的一些问题放大到网络中来,反而造成网络秩序混乱,也会引发现实社会的人心不安。当前转型时期网络社区中的一些伦理道德秩序不可能在短期内迅速形成,使得网络社区中的秩序问题更加严峻。其一,网络社区的自主性过大虽使人们交互自由得到了保障,却会恶化道德和信仰危机;其二,网络社区的自治性过度还会使网络中的利益团体固化,反而危害本已稳定的社会秩序;其三,网络社区的自律性难以把握,造成现实中已经滑坡的道德更加边缘化。网络社区带给人们现代生活上的巨大变化的同时,也给生活埋下了巨大的隐患。

信息时代中人的因素仍是不可忽视的。不同于传统的政府管理模式是单纯的"人为"模式，网络政府服务虚拟化应该实现一种"人机合一"状态，使得政府及其公务员能够有效地提供各种虚拟服务，因此，网络政府的虚拟化并不是政府本身的虚拟化，而是政府管理及服务的虚拟化。政府已无法完全按照传统现实的、网下政府或简单的电子政府形态来推行当今的行政管理，伴随着网络社会的变化它必然发生一系列网上的、虚拟化的及网络化的形态变化。

总而言之，信息时代催生了作为现实政府在因特网中影子的网络政府。由于网络政府仍然要承担起适当的网络社会维护及网络经济调节的职能，因此政府将从网下走向网上、从现实政府转变为虚拟政府、从电子政府演进到网络政府，从而引起政府管理方式的网络化、管理范畴的扩大化及服务内容的虚拟化的职能转变。信息时代的背景下，现实政府通过电子政府而得到内涵扩展，电子政府也需要得到现实政府的后台运作支持，最终实现网络政府"人机合一"式职能转变后的公共服务模式建构。

第二节　网络政府的审视

2015年7月4日，经李克强总理签批，国务院印发了《关于积极推进"互联网+"行动指导意见》，这是国家向社会释放"创新与变革"的政治信号。"互联网+"的诞生，意味着社会已从互联网1.0时代向2.0时代跨越，网络也已从单纯的消费领域转入复杂的生产领域。社会治理是政府的重要职能，主要内涵是政府在社会领域职能管理向治理转变。面对社会的"互联网+"意义转型，政府的社会治理职能活动也应随之转变，这是政府社会治理能力现代化的基本内容。

在2015年3月5日召开的十二届全国人大三次会议上，李克强总理在政府工作报告中首次提出"互联网+"行动计划。特别需要指出的是，除了国务院的指导文件外，腾讯老总马化腾提交了

《关于以"互联网+"为驱动,推进我国经济社会创新发展的建议》的议案,它引领学界对本研究领域关注的潮流。例如,黄楚新、王丹(2015)认为"互联网+"行动计划意味着互联网与传统产业的结合,互联网已成为驱动中国经济转型升级的内在引擎。传统媒体通过智能升级、运营升级、服务升级等方式,可以利用互联网完成自身的创新改革。[①] 宁家骏(2015)把"互联网+"解释为以互联网为主的新一代信息技术(包括移动互联网、云计算、物联网、大数据等)在经济、社会生活各部门的扩散、应用与深度融合的过程,本质是传统产业的在线化、数据化。[②] 因此,"互联网+"不仅包含传统网络(互联网)的技术特征,还包括了新兴网络时代的社会内涵。这需要我们从三个维度来理解和看待"互联网+":

第一,应当完整地、辩证地认识"互联网+"。它不只是被视作一种技术工具,而且还应是一种理念思维。众所周知,随着互联网信息技术的日益发达,这种强大的网络已成为一种普遍现象,正在方方面面地影响我们的现实生活,强烈需要我们打开封闭的头脑,并逐步习惯于在以多元价值为特征的社会中开放思维,即任何事物不再局限于时空的限制。

第二,"互联网+"的核心是O2O,即线上—线下(online to offline),但随着网络技术在日常生活中的广泛应用实践,O2O的内涵实际上已扩展并延伸到线下—线上、线下—线上—线下、线上—线下—线上等多种新形式,这样一来移动互联网的信息优势就被充分运用起来,不再受限于传统的网上冲浪,更多时候将目光转移到手机、平板等新兴电子媒介之上。

第三,"互联网+"给传统产业的服务理念及思维带来了深刻的影响和变化。过去,我们是被动地提供服务与接受服务;如今完

[①] 黄楚新、王丹:《"互联网+媒体"——融合时代的传媒发展路径》,《新闻与传播研究》2015年第9期。

[②] 宁家骏:《"互联网+"行动计划的实施背景、内涵及主要内容》,《电子政务》2015年第6期。

全可以凭借互联网消除信息不对称的劣势，而主动实施服务（提供服务和寻找顾客）的策略；原来的"以生产为中心"的理念思维让位于"以顾客、用户为中心"；服务提供者不仅可以主动提供服务，而且服务接受者也可以谋求个性化和品牌化的定制服务。

诸如，腾讯云平台、阿里巴巴（淘宝、天猫、支付宝）、Q+、微信等电子商务品牌，都已深刻意识到"以顾客、用户为中心"的理念是一种全新的获取口碑的方式，这就需要这些电子商务公司整合网络信息资源，把握网络主动权，实现从"靠人为的产品/服务代言"转变为"让产品自己说话"的营销模式。而且，"参与式设计"、"产品/服务差异化与品牌化"、二维码、在线支付、用户线下体验等营销模式战略已经让电子商务引领了Web 3.0时代的"互联网+"潮流。

截至目前，互联网经历了三次时代转型：第一次是被称为Web 1.0时代（1992—2002年），特征是将网络当作工具和门户，如IE、UC、GOOGLE、百度、搜狗等网页浏览器的使用；第二次是Web 2.0时代（2002—2008年），特征是游戏与社交的网络需求激增，各类网游层出不穷；第三次是Web 3.0时代（2008年至今），即移动互联网时代，基本内涵是将移动通信与互联网技术合二为一，而进入全新的以电子服务为潮流的网络时代。其中，Web 3.0时代也是我们习惯上常说的"互联网+"，它可以与任何传统产业及服务相结合，从而转型为崭新的行业领域，例如，电子商务、电子工业、电子农业、电子金融、电子零售业，等等，与政府的结合则变成了电子政务。

事实上，"互联网+"与政府的现实结合并未真正达到我们预期的理性目标。毕竟，互联网作为一种科学技术，它自身的应用效果还取决于现实中的推广和实践措施。电子政府不仅是各级政府当下追求的建设目标，也是政府自我革命的契机。《中华人民共和国政府信息公开条例》的颁布（2007年）等标志着我国"政府的手工管理时代将结束，信息管理时代已经来临"[1]。作为信息时代的

---

[1] 沈荣华：《中国地方政府学》，中国社会科学出版社2006年版，第83页。

受益者，网络将引起政府在政治理念上的焕然一新。信息时代给公众带来的信息公开、秩序重塑及民主政治发展三大鲜明特征最终将反映到政府管理上。

电子政务是专门属于政府的公共服务行业，尽管它与推广私人服务为目标的电子商务存在着巨大的本质差异，但是二者之间在新时代下营销各自服务产品的思维及手段方面并无二别。因此，"互联网+"作为一个时代发展的趋势，也给政府应对社会治理能力现代化提供了重要的技术契机。在信息背景下，政府在现实中的线下社会治理由于公众对行政效率及服务质量的双重要求而凭借网络信息技术实现"人机一体"的网络政府变革，从而真正使得社会治理的内核由管制彻底转变为服务，最终呼应了社会治理能力现代化的时代要求。所谓社会治理即指政府通过为社会公众提供公共服务的方式来实现社会秩序的长治久安，它的现代化也就是在信息社会中利用网络技术来更好地为社会公众提供高效优质的公共服务。国家治理现代化和社会治理创新已成为新时期党和政府新的时代使命和叙事话语[1]，而虚拟社会治理密切影响着国家治理现代化。[2]

在"互联网+"时代，网络本身是作为一种现代信息技术而存在的，但是它对社会经济的影响又远非如此。真正能使"互联网+"政府从 Web 1.0 升级到 Web 3.0，在组织形态上由传统政府演进到网络政府，要求慎重看待政府关于网络信息技术利用的看法。我们对科学技术的态度可分为两种：一是纯粹利用的工具理性；二是有目的的利用的价值理性。从长远来看，政府利用网络的初衷绝非停留在原始的、低层次的政府上网与电子政务阶段。如果恰是由于网络的出现使社会分化出网络社会，那么与此相适应的发展趋势是政府也会分化出作为现实政府影子的网络政府。由是，在这种价值理性而非工具理性的引导下，政府须从组织形态、职能内

---

[1] 王连伟：《国家治理现代化进程中的社会治理创新：非均衡性及其应对》，《教学与研究》2015年第2期。
[2] 陶鹏：《虚拟社会治理的中国逻辑及其进路——基于国家治理现代化的客观思考》，《广东行政学院学报》2015年第2期。

容、行政方式等方面对自身采取全面性网络化变革。社会治理能力是政府管理社会的重要职能内容，它的现代化也就是在信息时代网络政府的兴起中所形成的对政府的变革与发展要求。

"互联网+"对政府社会治理的重要意义主要表现在三个方面：第一，使政府适应互联网2.0时代的转型变化。政府的基本属性就是为社会提供公共服务，社会治理也是广义上的公共服务内容，政府应当善于适应和把握社会的发展与变化，才能承担网络时代的社会治理职责。第二，试图降低政府社会治理的成本。政府社会治理的价值导向是营造公平正义的社会氛围，维系政治秩序稳定，然而，政府也只能利用自身有限的社会资源来展开治理活动。考虑社会治理成本问题也有利于减轻社会的税负负担，实现社会治理的基本价值。第三，推动政府向网络政府的发展进步。"互联网+"远不止是互联网与传统产业的融合，而是将带给产业、社会，甚至人们的生存状态深刻的变革，"互联网+"不但具有"第三次工业革命"的色彩，它还可谓是新思维、新范式，是将一切重新构造的力量。[①]"互联网+政府"最终会带来政府网络化的基本特征，这也将反映在它的社会治理行动上。网络政府的好处在于它能够比当下的传统政府更能实施符合网络时代的高效治理行动。那么，"互联网+"对政府社会治理能力产生影响，事实上也构成政府自身为了实现社会治理能力现代化的变革目标。

首先，由电子政府转变为网络政府。电子政府是一种对网络信息技术的工具理性，而网络政府则是一种价值理性。二者之间的联系是：电子政府是实现网络政府的必经途径。区别于传统的网下政府、现实政府乃至电子政府，基于网络平台的网络政府本质上是网上的虚拟政府、现实政府的影子替身及电子政府的内涵深化。政府自身职能由此发生相关转变正是信息时代政府模式变革的重要内容。虚拟政府将现实政府及其职能投射在网络之中并塑造了网络政

[①] 官建文、李黎丹：《"互联网+"：重新构造的力量》，《现代传播（中国传媒大学学报）》2015年第6期。

府的信息化组织结构形式,实质是现实政府在网络虚拟中的一个投影和反映。虚拟政府作为现实政府在网络上的投影和反映在网络中掌握了信息支配权,是政府实现从实体政府向网络政府的革命性转变。所谓网络政府,并非单单让政府上网,搞一个"电子政务"。"电子政务建设不是信息技术在政务领域的简单推广和应用,不能简单地将现有政务职能和业务流程电子化,它本质上是政府职能转变的重大创新和改革。"[①] 网络政府包含了电子政府同时又广延涵盖了电子政府(政府上网)与网络社会文化及其信息时代特征的有机融合。

其次,由传统治理转变为现代治理。传统治理立足于现实社会中的矛盾问题,而现代治理立足于网络社会中的矛盾问题,虽然网络社会中的问题是对现实社会的印象反映,但是更为复杂,对政府的社会治理能力提出更高的要求。二者的联系是治理目标的趋同性。"在理论上,电子技术能延伸到任何区域。实际上,经济行为与具体的空间受限的网络纠缠在一起。"[②] 网络仍会受到技术、空间及时间的限制,这是网络自身的局限性,也给当今政府带来了新的使命。在信息时代,网络上政群矛盾和冲突的疏导等社会职能决定了政府必须从网下的现实世界走向网上的虚拟世界,并肩负维系网络时代中由网络民主产生的政治秩序稳定之职责。信息时代政府管理的变化趋势便在于政府对网络的适应——网络政府的形成,网络化管理也势必成为信息时代政府管理模式的重要特征。不可避免的信息时代已对政府组织形态造成了冲击和挑战,并对其提出了不同于传统的更高水准的要求。

最后,由一般化职能转化为网络化职能。一般化职能是政府应对现实社会所配备的治理职能,包括了通常意义上的公共服务、市场管理、秩序维护等方面,网络化职能则是在一般化职能的基础上

[①] 王长胜:《中国电子政务发展报告 NO.1》,中国社会科学出版社 2003 年版,第 3 页。
[②] [美]曼纽尔·卡斯特:《网络社会——跨文化的视角》,社会科学文献出版社 2009 年版,第 232 页。

使得政府可以及时有效地处理各类新生的网络社会问题，而且还能与网络融合为一体，最终驾轻就熟地通过网络来进行社会治理。在信息时代背景下，政府的职能内容及重心虽然并未发生较大的变化，但是它的职能方式（工作方式）却在网络信息技术的引入下发生了根本性的变化。

第三节 网络政府的利弊

"互联网＋"是社会的发展命题，这是由现代社会自身的网络化本质决定的。政府的职能体现在对社会的治理，因此社会的网络化发展也要顺时变革。但是，作为一种现代科学技术，网络对政府的变革并不只是发挥积极作用，它的双刃剑本质也催生了其对政府的制约影响的批判思考。这种批判思考是辩证的，体现在关于政府看待网络管制的态度、组织扁平化变革的效果、对待新技术的工具理性等方面。顺应"互联网＋"的时代形势，政府亟须从 Web 1.0 演进到 Web 3.0，实现自身彻底性的组织变革。

"互联网＋"在社会的蓬勃兴起，特别是在浙江乌镇召开的世界"互联网＋"大会，各行各业都在围绕"互联网＋"推行相应的时代性技术变革。2015 年的"两会"，"互联网＋"的概念首次出现在政府工作报告中，更是刮起了一股"互联网＋"旋风。上至政府领导，下至居民群众，皆以谈论"互联网＋"为时尚；各级政府的发展规划及纲要里，从此多出了一个"互联网＋"的时尚表述，"互联网＋"一词也成为大众的宠儿。然而，在肯定技术革命对社会变革重要性的同时，再度审视具有双刃剑特征的网络技术将成为一个具有辩证意义的价值导向。

一 政府对网络的管制困境

"互联网＋"并不能被当作纯粹的科学技术，这是因为它对社会经济的影响是革命性的，也将会是深入骨髓的。数千年来，无人能想象当代的社会生活将会全面置控于网络之下。网络也已由生活附属品摇身一变成为生活的必需品。在此种条件下，政府对"互联网+"带来的网络发展三波态势（从 Web 1.0 到 Web 3.0）持以一定的审慎态度是值得肯定的。网络不但"是一种社会控制工具。网络的本质是信息独裁。网络价值取向是听命于信息富裕者"[1]，而且"带给我们的不仅仅是作为工具的技术，它们已经改变了人们的生活方式、交往方式、思维方式和价值观"[2]。网络除了带给我们科技方面的影响，还促使整个人类社会久远和深刻的变化：网络使人类首次拥有了两个世界——现实的世界与虚拟的世界。"工业制度的危机，面向自由的社会运动的兴起以及信息和通信技术革命之间的相互作用，出现了社会组织的新形势——网络社会。"[3] 在网络社会里，人与人之间的沟通交流与现实社会中发生实际接触而引发的情感交流具有异样的特质，由于沟通的媒介源于网络，而网络的扩散性、渗透性十分活跃，人与人之间在不需要任何实际接触的情况下就可以通过网络媒介完成复杂的信息交换过程，甚至对机器的操作和控制，因而网络社会中的虚拟世界并非传统社会中某些人或者某群人简单的集合，它与历史上任何组织形式的团体、政党等形式所构成的人的集合体不一样，网络社会中的网民都有着自己的特殊网络文化，这种网络文化在现实世界中并没有特别明显的外部特征或者符号可以区别于非网民的人群。开放性、隐蔽性、匿名性、低门槛性等成为网络文化的基本特征。在当代社会，"从政治参与和社会管理来说，如何充分释放互联网有助于社会秩序建设的功能，而消减其弱化社会秩序的功能，这是所有国家都面临的问题。"[4]

---

[1] 杨雄、毛翔宇：《网络时代行为与社会管理》，上海社会科学院出版社2007年版，第7页。

[2] 刘丹鹤：《赛博空间与网际流动——从网络技术到人的生活世界》，湖南人民出版社2007年版，序。

[3] ［美］曼纽尔·卡斯特：《网络社会——跨文化的视角》，社会科学文献出版社2009年版，第24页。

[4] 郑永年：《不确定的未来 如何将改革进行下去》，中信出版社2014年版，第227页。

第五章 政府治理现代化的科技革命

网络时代的到来使得普通民众也能在日常的生活中借助网络系统获取大量的信息,更何况日益觉醒的民主意识和知识的储备也让民众的权利意识愈加强烈。"互联网技术的发展过程也就是一个赋权大众的过程,从早期 BBS 讨论版、网络论坛到后来的博客、微博,普通的而且经常是匿名的大众为互联网提供了丰富信息。这种人人皆可参与、人人皆可传播的状况构成了网络传播的民主化特征。不过,在没有把关的环境中,这种人人参与既可以进行公共讨论,也催生了一些独特的网络传播现象,如网络流行语、网络红人、人肉搜索、网络恶搞等,在具体的社会环境中可谓利弊互现。"[1] 但是,我们也应该看到网络时代赋予民众信息红利的同时,也存在着诸如以信息垃圾、网络不文明,甚至网络暴政、网络流氓等为表现形式的隐患。这些网络隐患的困扰尚没有严重到一定程度的时候,网民往往只会选择隐忍的态度,而长时间地面对这些网络隐患容易给人带来情绪紊乱。

网络原本是推动与促进现代社会民主化的最佳媒介,但是,这柄双刃剑也会把社会驱向"暴乱"。这种暴乱意味着在民主不彻底的前提下公众缺乏必要的正式利益诉求渠道,而网络立法尚有待程序与技术上的支持。社会泄愤已成为现实中无效的信访制度(多元化与缺乏权威性)的直接催化物。然而,困惑并不在于政府要不要管制网络,"怎么管"已成为总是滞后于社会经济发展的政府的职能重心。如果现代社会的核心理念还是服务的话,那么,管制也应是服务,这将是一个真命题。"怎么管制"即"怎么服务"。

因此,对政府来说,网络时代的到来不仅是一次机遇,也是一次挑战。换句话说,如何充分利用好网络这把双刃剑——充分发挥网络所具有的便捷、高效的优势为行政管理服务,同时通过出台相关保障措施堵住网络可能引发的隐患,是新时期摆在政府面前的一项重大课题。唯有如此,政府才能借助网络的平台实现由传统管理转变到现代管理。在秩序与自由之间仍存在不可调和的矛盾时,政

---

[1] 陈红梅:《互联网上的公众表达》,中国人民大学出版社 2006 年版,第 3 页。

府对网络的管制可以起到一定的矛盾调和作用。

总体来讲,网络对于政府供给自身公共服务具有时代意义。网络不仅给予网民巨大的信息渠道优势,对于政府而言也是如此。网络时代的来临,倒逼着政府若想优化管理必须要适时进行转变,原有现实生活公共服务的领域保持较好的管理的同时,还要兼顾到虚拟的网络世界和电商部门的监管,由单一现实生活管理转变到现实与网络齐抓共管的公共服务模式,是时代发展的必然要求。

二 政府现实组织结构变革难题

"互联网+"的本义是要使政府迅速从 Web 1.0 推进至 Web 3.0 时代。从 Web 1.0 演化到 Web 3.0 阶段的飞跃意味着,网络政府时代政府服务虚拟化成为可能。所谓的政府服务虚拟化,不是对政府应尽的责任踢皮球似的虚无主义者,也不是对现实政府中作为的不担当,更不是对现实中政府作为的架空。相反,它是基于网络技术之上的新型政府服务职能,其服务形式将更加自由、灵活、多样,服务受众将更加广泛,服务内容将更加丰富,一句话:政府服务虚拟化是基于网络系统上的对传统政府职能的深化和优化。虚拟化使政府服务更加真实可靠,在组织结构上实现扁平化。网络化不是政府对现实生活的不负责任,也不是对现实生活的放任自流和逃避责任,而是一种把网络、生活和服务更好地优化结合在一起的新形态。

网络政府的服务和管理强化了政府在民众心目中的存在感,网络政府虽无形却存于心。一方面,能进一步强化和优化网络政府的管理工作;另一方面,这种存于心的网络政府能给予网民更多的安全感,是网络政府服务理念的彰显。从长期来看,当政府与网络的兼容性达到一定程度的时候,政府是可以充分发挥二者共同的优势来解决各种难题,这既可以在异地同时进行,也可将不同时期的难题同一时间解决,"信息交流、集体标准的发展、提供培训和技术援助、正在进行的监督和支持以及在政府网络中可以也的确正在发生的积极参与执法合作,可给予虚弱、贫穷和转型的各国政府官员以他们所需要的支持"①。政府职能的网络化并非政府职能的盲目扩张,而是根据时代特色和实践发展赋予政府管理更多体现时代要求与民众要求的服务形式和服务内涵。唯有如此,才能使政府职能更好地契合人民群众、社会、时代和科学发展的要求。

但现实中的情况却是政府在职能内容、组织形式等方面停留在 Web 1.0 阶段。据调查显示,截至 2016 年 12 月我国网民数量已达 7.31 亿,与此同时 2016 年全年全国累计关停无力维护的、空转运作的政府网站近 20120 个!作为网络政府现实中初级阶段的"电子政府"只是一系列政府网站的集合,尽管可以起到一定程度的收集民意及发布政务信息的作用,但是,电子政府"单向沟通"的局限性无法使政府与公众之间形成真正的沟通和互动。因此,网络发展的社会形态信息化特征使政府管理方式逐步网络化将会成为一种时代趋势。然而,囿于如此组织变革困境,"互联网+"异军突起,它更像是一切高级形态文明与较低级形态文明之间的较量。

三 政府对网络的工具理性滥觞

随着信息时代的迅猛发展,具有合理性的网络民意开始得到了来自政府的合法性肯定,互联网技术的发展也越来越受到政府的重视。2015 年 3 月 5 日,李克强总理在十二届全国人大三次会议上的政府工作报告中首次提出"互联网+"概念,同时公布了"互联网+"行动计划;同年 10 月 29 日,中国共产党第十八届中央委员会第五次全体会议指出:"实施网络强国战略,实施'互联网+'行动计划,发展分享经济,实施大数据战略。"国家各级领导层对网络媒体产生的认同和敬畏显示了官方对网络的认知步入到一个新的高度。

作为信息时代的重要受益者,政府在网络上必然会发生政治理

---

① [美]阿特:《政治的细节》(第10版),世界图书上海出版公司2014年版,第445页。

念上的焕然一新。这种理念就是不可忽视信息时代中人的因素，不同于传统的政府管理模式是单纯的"人为"模式，网络政府服务虚拟化应该实现一种"人机合一"状态，使政府及其公务员能够有效地提供各种虚拟服务，使工具理性升华到价值理性。"合理的政府绩效评估制度应实现工具理性与价值理性的统一，价值理性统领工具理性，工具理性反映和服务于价值理性。没有工具理性作为支撑平台，绩效评估的价值理性根本就无法形成。因为单纯的工具理性所追求的是一种极端功利化的实用价值，在单纯的工具理性的驱使下，地方政府绩效评估应当是工具理性与价值理性相融合。"[①] 政府的工具理性使之在对网络的态度上显现得过犹不及。况且，功利的社会只会用做事的结果评判政府"互联网+"的好坏。

政府的理性从来都只是工具性理性，任何新生事物也能且只能为它的政治目的而服务。事实上，无论政府采用何种方式，互联网与政府二者的融合是未来大势所趋。这要求政府在今后的运作过程中，必须改变传统的政务信息公开、新闻发布、权力运行、权力监督等方式方法，发挥政府勤政廉政效应，对事关民生的重大问题及时作出回应。诚然，作为互动的双方，政府应该放下姿态主动亲民，网民也应该保持理性，而且只有二者共同努力才能促使社会和谐发展。

因此，政府管理互联网发展的关键在于，如何让互联网发挥功用，更好地服务于人民，政府要紧紧把握好互联网双刃剑的利害关系来实现不同的政策目标，将工具理性与价值理性平衡起来。因而，政府的工具理性让它不能不考虑民众满意度因素，即政府的网络管理工作必须贯彻群众路线。"互联网+"在本质上也应被看作是一项群众性的历史活动，随着历史活动的深入，必将是群众路线的扩大化。

---

① 芦刚：《地方政府绩效评估中的公民参与：制度、方法与战略》，中国社会科学出版社2014年版，第181页。

四 结束语

政府管制网络存在着逻辑理性与技术困难性之间的矛盾，要解决这样的矛盾困境的思路应是政府顺应"互联网+"的时代发展，实现自身的扁平化组织变革。社会主义性质的中国政府，代表的是中国最广大人民的根本利益，始终是权为民所用。千百年来，传统的政治权力首次遇到了从未有过的新媒介——网络，网络的应时而生与迅速发展似乎给政府施展权为民用带了无限希望。然而，这种美好的愿望不可能一蹴而就，权力的善用和监督还需实践和时间的推动。"互联网+"是重要的技术契机，但能否给新时期的中国政府注入新生力，以达到党群鱼水关系更加融洽之功效，还需政府自身善用常用方能用好。

社会的再分工、新兴行业和职业的出现使得政府应当适应"互联网+"时代变化而采取组织变革。政府已无法完全按照传统现实的网下政府或简单的电子政府形态来推行当今的行政管理，伴随着网络社会的变化它必然发生一系列网上的、虚拟化的及网络化的形态变化。信息时代的政府适时地改变管理方式、扩大职能内容及调整服务重心将是组织变革的关键。从传统政府到网络政府组织变革的实现有赖于政府通过改变自身组织结构扁平化形态以适应网络环境变化。"互联网+"的出现和应用，对于政府而言同样具有划时代的非凡意义。

第六章　政府治理现代化的激励机制

习近平总书记曾强调：推动职能下沉、人员下沉、人员力量下沉，建立与基层改革实际需要相匹配的权责体系。要完善考核评价和激励机制，既鼓励创新、表扬先进，也允许试错、宽容失败，营造想改革、谋改革、善改革的浓郁氛围。公共治理通常以公共目标（公共利益）作为自身的驱动要素，这却不太符合中国的公共治理实践，其中也存在了一定的驱动困境，这值得我们深入探讨。政绩也是公共治理的驱动要素，同时衍生出来的政绩工程、扭曲的官员政绩观等公共腐败现象，都在现实中对中国公共治理过程提出了严厉的制度考问。压力逻辑、倒逼逻辑、典型逻辑则是将矛头直指政绩驱动机制本身，并对之形成了深度解读。将现实中的公共治理看作一种政绩驱动机制现实，反倒使其中的规律更加明朗、清晰。

第一节　政绩导向的困境

理论上对公共治理的经典定义是政府和其他公共部门依靠集体的公共行动来为社会公众提供公共物品及服务的活动，它的核心靶的自然是由公共利益演化而来的公共目标。本书探讨公共治理与公共目标之间的联系，而非直接的公共利益，正是基于前者比后者更加具体，也更容易为政府或其他公共部门所捕捉。然而，结合当代中国公共治理实践来看，以公共目标为公共治理的靶的，却显得极理想化。那么，中国公共治理到底以何者为驱动呢？这个问题引起了笔者的探讨兴趣。

一 公共目标、政绩与公共治理的理论评判

量化导向的目标管理、数据考核、指标评估直接把公共管理学带入了"大数据"时代，在这种技术理性思维下必须达到可视化、可量化的效果，才使得学科实现了科学化的目标。

目标管理（Management by objectives，缩写为 MBO）是 20 世纪 50 年代中期出现于美国，以泰罗的科学管理和行为科学理论（特别是其中的参与管理）为基础形成的一套管理制度。凭借这种制度，可以使组织的成员亲自参加工作目标的制定，实现"自我控制"，并努力完成工作目标。而对于员工的工作成果，由于有明确的目标作为考核标准，从而使其对员工的评价和奖励做到更客观、更合理，因而可以大大激发员工为完成组织目标而努力。由于这种管理制度在美国应用得非常广泛，而且特别适用于对主管人员的管理，所以被称为"管理中的管理"。要想准确地指明究竟谁是目标管理的创始人并不容易，但公认为彼得·F. 德鲁克对目标管理的发展和使之成为一个体系作出了重大贡献。

MBO 理论意指用目标实施管理的策略与办法。它的实际应用范围非常广泛，社会中的各行各业为了追求组织绩效而尽可能最大化发挥个人能力，都可以采取这种理论来实现既定的行动目标。

MBO 理论也被形象地称为"胡萝卜加大棒"的策略，是人类在社会实践中总结出来的历史经验。在这种策略指导下，社会被认为不应存在懒汉现象，这种现象不仅不被认可，还会受到严厉的惩罚，以此达到以儆效尤的效果。

实践会对理论产生极强烈的反作用力：它会迫使理想化的理论不得不修正自我。我们的假设是：中国的公共治理过程通常是由政绩引发的，而非理论上的公共目标，这在公共治理的概念与内涵之间产生了悖论。公共治理是指政府或其他公共部门以一定的措施及手段（一般是依照法律的规定，符合法治要义）来实现公共目标的集体行动，这意味着既定公共目标以社会公共问题的形式被提上公

共议程,然后,形成公共决策,最终付诸实施。

公共目标与个人政绩之间事实上存在着差异:

表6-1　　　　　　公共目标与个人政绩之间的差异

公共目标	个人政绩
立足:公共意志	立足:官员升迁
表现:社会问题	表现:领导关注
结果:治理应从长远上解决社会问题	结果:治理只需在领导任期内解决社会问题

陈家喜、汪永成(2013)认为政绩具有包容性、政治性、个体性、可比较性和竞争性等特征。[1] 从政治学的批判角度来看,政府中的官员们追求政绩本应是公共治理过程中的自利人性表现,而且政府自利性[2]早已不是什么无人知晓的秘密。中国公共治理的政治设计应通过制度规范来引导政府官员自觉追求公共目标的实现,同时还要转变他们狭隘的个人政绩观。新华网很早就将这些歪斜的政绩观总结为"游离根本,沉湎于个人得失","好大喜功,热衷于政绩工程","作风飘浮,习惯于表面文章","以官为本,醉心于权力游戏"。[3]

政绩只是分析地方官员行为逻辑的中性概念,当然不能把官员追求政绩的一切行为武断地看成"政绩工程"。实际上,政绩追求

---

[1] 陈家喜、汪永成:《政绩驱动:地方政府创新的动力分析》,《政治学研究》2013年第4期。

[2] 彭宗超(1999)最早论述了政府自利性问题(《试论政府的自利性及其与政府能力的相互关系》,载于《新视野》1999年第3期),自此至今已有95篇关于该主题的论著,代表性的文章还有高庆年的《政府的自利性及其法律调控》(载于《探索》2000年第1期)、崔光圣的《政府的自利性与行政权力畸变分析》(载于《探索》2000年第4期)、祝君灵、聂进的《公共性与自利性:一种政府分析视角的再思考》(载于《社会科学研究》2002年第2期)、金太军、张劲松的《政府的自利性及其控制》(载于《江海学刊》2002年第2期),等等。这些学者对政府自利性的共识是"自利性是政府公共性的隐藏一面,虽然是客观现象,也须得到有力控制,才能防范腐败与行政权扩张"。

[3] 《领导干部政绩观存在的突出问题》(http://news.xinhuanet.com/theory/2009-02/18/content_10837284.htm)。

只是解释官员行动的一个因素或是主要因素，不排除一些官员基于个性、理想和抱负下的施政行为。同时，政绩也是与干部制度所配套的激励机制，是上级动员、引导下级政府工作方向的重要工具。《瞭望周刊》细数了政绩的"十宗最"[1]：招商引资的刚性化、地方债务的无底洞化、拆迁的冲动化等，而民生、环保、基建、改革等长远的"事在当代，功在千秋"的政绩却做得少。这显然与公共目标追求的内涵在根本上不相符合。

一般地，学界多认为公共治理的输出是政治绩效。秉持这种观点的人们企图在理论与现实之间进行一种协调，旨在让大家相信公共目标遇到各类现实因素的影响才会表现为政绩结果。它的合理性在于公共目标可以作为政府既定议程，局限性在于公共目标的捕捉困难。在现实中，要么是要求官员具备圣人的理性人格，要么是社会资源极其丰裕，否则，集体行动中很难消除"搭便车"现象。

二 政绩驱动机制：历史、现状及逻辑

新中国成立以来，中国的公共治理一直都是由政绩引起的，但是，因为政绩考核的表现形式不同，从而大致分为两个时期与阶段：第一个阶段是新中国成立之初至改革开放前，政府官员的治理活动主要围绕着政治转；第二个阶段是改革开放后至今，以经济建设为中心使得公共治理的政绩考核方式转变为GDP模式。

截至2016年底，全国公务员总数为708.9余万人。如果从正常渠道升迁（包括竞争与资历）来看，全国县处级公务员约有60万人，这相对于整体队伍而言，其晋升比例大约在12∶1的状态。职务升任之路随着职位数量减少，难度越来越大。破格提拔是公务员晋升的一条快捷通道，但近年发生的个别"火箭提升"事件异化了这一途径。相比个别跳级晋升的案例，更多官员的提拔还是依靠基层经验和实干成绩，GDP（地区生产总值）成为了这其中最耀眼

---

[1] 《地方官员政绩追求十宗最》（http：//news.sina.com.cn/c/sd/2011-08-27/151823061233.shtml）。

的光环。

无论政绩是以政治评判还是经济考量,都直接将公共治理的制度运作从原来设想的围绕公共目标偏向为政绩驱动,以致路径依赖地形成了一种政绩驱动机制,它对中国的公共治理活动产生了不可小觑的影响。而且,政绩驱动的解释也契合了公共选择理论。公共选择理论认为,政治活动和经济市场在本质上是一致的:都是个人出于自利动机而进行的交易活动,都是利益的交换。公共选择理论建立于人性自利与博弈决策策略行动的基础上,认为社会中一切人与组织都是在既定规则中围绕着各自的利益进行策略行为,因此,它的兴趣范围绝不仅仅是投票行动、公用地悲剧等内容。在这种理论视角下,所谓的既定规则是指制度体系中的公共目标指向,寓含了制度设计目标的初衷内容,但是,如果动态的制度运作遇到了各类现实困境的干扰时,也会把制度内在的公共目标异化掉。

总而言之,目标管理背后的绩效评估机制是当下政绩考核制度不断精细的理论源泉。这种绩效评估机制的最大特色是高度依赖于量化的数据形态的指标体系。这样做的好处非常明显:一是上级对下级的政绩考核工作可以极大地简化;二是下级在数据指引下有了清晰的工作任务目标;三是隐形和潜在的好处,即社会公众已经很难清楚认识政府实绩与公共目标之间的关联。同时,积极的一面是可以减少政绩考核的随意性,原先散漫无序的风气可以得到一定的抑制;消极的一面是它无形中强化了政绩驱动机制在公共治理过程中的作用。

三 结论与思考

将单纯的 GDP 导向转变为多元政绩考核体系是当前流行的公共治理变革思路,但是,如果政绩考核不能实现政府官员们公心秉政的目标预期,那么,我们在公共治理过程中的制度设计应当是存在问题的,至少它与运作现状之间还存在巨大的差距。该怎么办呢?建议对采用已久的政绩驱动机制进行制度性的变革,让它重新恢复到公共目标驱动的本源状态中。

第一,终身责任制与政绩考核制相结合。这是为了推动社会公共目标的长远治本解决,而政绩不再以官员任期为期限。并且,在制度上保障官员在推行长远的公共绩效项目时不受惩罚,必要时还应得到嘉奖;而仓皇上马的短期绩效项目,即便见效快,但如果招致民众不满,也要受到惩罚。

第二,社会评价制与个人政治生涯制相结合。一方面,社会公众评价将作为地方官员政绩考核的重要内容,甚至可以加重它的重要性,与体制内的行政考核相提并论,迫使政府官员们为官一任、造福一方。另一方面,无论升迁前后,只要未犯错误,所有的从政经验都应当被作为一个整体的政治职业生涯来看待,同时在任何时候可以经受起抽查性考核。

第三,公共财政制度与人大监督制度相结合。我国的公共财政制度体系必须加快实现现代化,完成财税收支一条线管理机制,这样极有利于人大对政府展开的预决算监督。并且,这两项制度也是一体两面的,只有公共财政制度体系不断健全,才会有人大的议会监督权的强大。政府官员所代表的国家精英理性也才能得到由人大代表的社会大众理性的公共制约,才有可能把已经异化的公共目标从扭曲的政绩中挽救回来。

只有政绩不再成为公共治理的驱动剂,而是作为官员追求公共目标实现的附属品时,我们的公共治理才是真正意义上的公共治理,这不仅实现了法治化的运作目标,还逐步朝向现代的民主政治演变。政绩驱动机制俨如中国公共治理过程中的发动机,是激发我们公共治理活动的根本动力。在激发基层干部改革动力的时候,要做好制度保障,保障那些积极推动改革的干部有能干成事的环境。但是,转型期国家治理能力现代化与全面法治建设的中国特色社会主义政治发展目标,却深刻要求在公共治理活动中把已异化的政绩现象重新还原为代表政治善的公共目标。改变公共治理过程的政绩驱动机制的目的,旨在为我国社会发展提供具有高集体行动力的现代治理体系。

第二节　政绩驱动失灵

公共治理过程中存在一种政绩驱动机制，意即政绩在现实中对作为公共治理的行动者的政府及其官员产生深刻的影响。政绩包括国家战略上的集体绩效和官员自身的个人绩效，学界研究颇注重关于政绩驱动的成因、机理及效果等方面。事实上，政绩驱动存在着失灵问题，本质表现为政府失败现象。政绩驱动的 MBO 内核受到激励规则、官员的个人利益及施政能力等方面的影响，这致使官员自身的个人绩效未必总是与国家战略上的集体绩效保持一致，造成懒庸现象、贪污等问题。长此以往，会极大地折损国家行政效能。

一　理论回顾与问题缘起

自新中国成立以来，中国的公共治理过程一般是由政绩诱发的，但是，政绩驱动表现形式却是不同的。无论政绩是以政治评判还是经济考量，都直接将公共治理的制度运作偏向为政绩驱动，以致路径依赖地形成了一种政绩驱动机制，它对中国的公共治理活动产生了不容小觑的影响。相比个别跳级晋升的案例，更多官员的提拔还是依靠基层经验和实干成绩。政绩源自政府的公共管理行为的结果，表明行为的有效性和受益性，而并非仅指政绩的指标内容。所谓政绩是指政府在积极履行公共管理职能和承担公共责任的过程中，所作出的满足人民需求的行为结果。政绩的内涵包括：一是任务完成情况、工作效率和工作效益；二是整体政绩和个体政绩；三是显政绩和潜政绩；四是任务政绩和周边政绩等。[1] 从类别上来看，政绩包括国家战略上的集体政绩与官员的个体政绩，二者有机地组成了政绩的全部内容。这是理论上的一种正向积极的预期绩效，是一种公共利益与公共目标的有效体现。然而，现实中也存在着异化的政绩，它容易被夹裹在官员的私人利益之中。

---

[1] 肖鸣政：《正确的政绩观与系统的考评观》，《中国行政管理》2004 年第 7 期。

第六章 政府治理现代化的激励机制

"政绩驱动"问题在学界的探讨由来已久，它被认为是驱使官员致力于公共治理活动、创造经济发展效能、推进社会进步的核心奥秘。周黎安（2007，2010）用"晋升锦标赛"形象地阐述了"政绩驱动"在地方政府行为产生过程中的作用及影响。[①] 周飞舟（2009）将之比作为我国行政体制的"竞标赛"现象。[②] 钱颖一、Weingast（2005）等人将之演绎为学界著名的"中国特色的联邦主义"假说。[③] 除了经济发展之外，政绩驱动与地方政府的其他方面有着内在关联。有学者运用1979—1995年以来各省级的数据系统地验证省级官员的升迁概率与省区GDP的增长率呈显著的正相关关系。陈家喜、汪永成（2013）则将政绩驱动当作地方政府创新的动力。[④] 还有，庄国波（2005）阐述了深藏在政绩观背后的政绩成本意识对地方治理的深刻影响。[⑤]

近年来，学界还认识到地方政府的公共性与自利性的两面，在制定地方公共政策与实施地方治理的过程有意识地将自身利益最优化表达与公益性和自利性相均衡。因此，在政绩的驱动下，政府一面用"扶持之手"来促进社会经济的快速发展；另一面也衍生出了助长腐败风气的"贪婪之手"。这足以说明利益也是政绩驱动机制的重要因素。此外，国企具有类政府的公共属性，政绩由此对之也产生了相应的影响。李辉（2011）、郑志刚等人（2012）基于国企的主体角度来看待政绩驱动的辩证影响。[⑥] 随着政绩驱动

[①] 周黎安：《官员晋升锦标赛与竞争冲动》，《人民论坛》2010年第5期；周黎安：《中国地方官员的晋升锦标赛模式研究》，《经济研究》2007年第7期。

[②] 周飞舟：《竞标赛体制》，《社会学研究》2009年第3期。

[③] Jin, Hehui, Yingyi Qian, and Berry Weingast, "Regional Decentralization and Fiscal Incentives: Federalism, Chinese Style", *Journal of Public Economics*, 2005 (89), pp. 1719 - 1742.

[④] 陈家喜、汪永成：《政绩驱动：地方政府创新的动力分析》，《政治学研究》2013年第4期。

[⑤] 庄国波：《政绩成本意识的缺失及其负效应》，《中国行政管理》2005年第7期。

[⑥] 郑志刚等：《国企高管的政治晋升与形象工程——基于N省A公司的案例研究》，《管理世界》2012年第10期；李辉：《嵌入性腐败与政绩驱动的地方国家：一个国有企业集团兴起与衰亡的故事》，复旦大学出版社2011年版。

出现了时代性的困境（腐败问题），学者们开始反思政绩本身存在的问题。

综上来看，学界诸多文章旨在探讨政绩驱动的可能性及运作机理，这是对行政体制中政治服从的最佳解释。所谓政治服从即指人们出于认同、信仰等原因而对权力及其衍生现象——如法律、政策等——的自我行为规范性调适的状态，它的对立面是政治不服从。所谓政治不服从是指集体的有目的的脱离政治权力轨道的行为，如公开地故意地拒绝执行官方机构命令、停止工作或学习、逃避法律责任等。事实上，政绩驱动存在合理性是有限的，这也意味着政绩驱动会出现故障，也会失灵，存在政治不服从的官员并不能完全地忠实于发动它的行政体制。政绩驱动本身作为体制中的一种具体体制，其中存在的故障失灵问题是值得重视的。

二　政绩驱动失灵

从政绩驱动的本质来看，目标管理背后的绩效评估机制是当下政绩考核制度不断精细的理论源泉。这种绩效评估机制的最大特色是高度依赖于量化的数据形态的指标体系。一般来说，政绩驱动的构成要件是：

（1）激励规则。它是一种能够将利益与目标协调统筹为一体的制度设计，包含了一系列关于追求政绩目标实现的奖惩措施及机制。"制度（规则）是达成目标的工具"[1]，激励是指持续地激发人的动机和内在动力，使其心理过程始终保持在兴奋的状态中，鼓励人朝着所期望的目标采取行动的心理过程。对于激励的方式在学术界有很多种理论和方法，比如马斯洛需求层次理论、激励—保健双因素理论，等等。其实激励的形式中都不外乎两种方式：正面激励与反面激励。激励理论的基本思路，是针对人的需要来采取相应的管理措施，以激发动机、鼓励行为、形成动力。因此，

---

[1] ［美］罗伯特·D. 帕特南：《使民主运作起来——现代意大利的公民传统》，王列、赖海榕译，中国人民大学出版社2014年版，第8页。

行为科学中的激励理论和人的需要理论是紧密结合在一起的。规则一般是指由人们共同制定、公认或由代表人统一制定并通过的,由群体里的所有成员一起遵守的条例和章程。规则具有普遍性、常态性、规范性等特征。它存在三种形式:明规则、潜规则、元规则。明规则是有明文规定的规则,存在需要不断完善的局限性;潜规则是无明文规定的规则,约定俗成且无局限性,可弥补明规则不足之处;元规则是一种以暴力竞争解决问题的规则。政绩驱动中的规则主要是围绕官员政绩的 MBO(目标管理)的相关法律与政策文件。"以经济绩效为核心的相对绩效考核机制的确在中国省级地方层面存在着,为地方官员晋升激励的存在提供了一定的经验证据。"[1]

(2)个人利益。它是指激励对象的行动立足,如声誉等。围绕着政绩当中的利益,人们会产生个人算计:个人利益(升迁、声誉)。集权制度的政治结果是行政命令与层级服从,把官僚体系(政府)的集体行动指挥建立在上级对下级的感性且冲动的垂直权威之上,这种单向的命令—服从关系会让上下级的双方都感受到一种缺乏内部互信的制度基础。一方面,"官大一级压死人";另一方面,"没有人敢与上司交朋友",这些观念在现实中给公共治理注入了极大的压力。上级须鞭策下级齐心协力才能产生政绩结果,而下级也须按照上级的政绩心意去做才能在机关里安身立命。官员追究政绩的重要目标之一就在于获得政绩回馈。他们希望通过"看得见"的实际行动,让上级关注与赏识自己,看到自己"年富力强""独当一面""积极进取"的一面,展示个人能力,实现获取职务升迁的个人动机。

(3)施政能力。在制度主义看来,人与制度之间的互动是促使各类规则(制度、体制、机制)实现有效运作的核心动力。"通过构建政治行为构成制度的规则和标准操作程序,在政治运行中打上

---

[1] [美]李侃如:《治理中国——从革命到改革》,胡国成、赵梅译,中国社会科学出版社 2010 年版,第 190 页。

了自己的烙印。"①

如果激励规则完全满足于个人利益预期,同时在社会评价中不会有损于个人利益时,政绩驱动是有效的,反之是失灵的。激励规则不满足于个人预期,但是社会评价对个人利益的补偿可以弥补个人利益损失,至少从心理上,政绩驱动也是有效的,反之就是失灵的。

从本质来看,政绩驱动失灵是政府失败的一种内在机理,集中体现为政府追求公共目标的效率低下现象。所谓政府失败即指政府做了不当做之事,造成了影响社会的负面后果。政绩驱动下的主体产物包括了明星官员、腐败官员、庸碌官员,所造成的客体产物则有政绩工程、贪污腐败,它在本质上是政府失败的表征。政绩驱动失灵不仅指政绩驱动在客观机理上的运作失灵,也指主观上由于政治服从的不彻底。客观上的运作机理问题体现为规则的制度设计缺陷。主观上的政治服从则与政绩驱动机制中的激励对象(客体)密切关联。

表6-2　　　　　　　　政绩驱动失灵的基本内涵

客观：机理失灵	主观：政治不服从
规则的制度设计缺陷	激励对象的利益算计

研究假设是：(1) 从过程上来看,有时候公共治理过程中政绩驱动机制也会遇到激励不足、人心异动的情形,直接表现为政绩驱动机制的失灵;(2) 从结果上来看,实现不了既定的政绩目标,或者变相、扭曲执行,也会导致政绩驱动机制失灵问题。

一般地,施政能力越强,越容易受到政绩驱动(MBO)的激励影响;在此种情况下,官员越是愿意担责办事。当然,官员施政能力的资质在一定程度上是影响官员将政绩追求付诸行动的局部性和间接性因素,而官员的个人利益需求将比他们的施政能力更能对政

---

① [美] 罗伯特·D. 帕特南：《使民主运作起来——现代意大利的公民传统》,王列、赖海榕译,中国人民大学出版社2014年版,第7页。

绩驱动产生直接性影响与作用。激励规则须与官员的个人利益算计及施政能力之间形成制度上的互动，才能促使政绩驱动机制运转起来。如果官员胆大妄为，不顾国家战略绩效的部署与安排，眼里只有个人政绩，也会导致预期政绩难以得到实现，导致政绩驱动的本质上失灵问题。

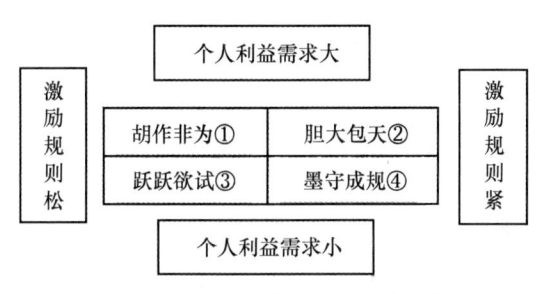

	个人利益需求大	
激励规则松	胡作非为① 胆大包天② 跃跃欲试③ 墨守成规④	激励规则紧
	个人利益需求小	

图 6-1　政绩驱动失灵的要素分析

三　结论与思考

责任意识即公务员在执法过程中要学会辩证看待自身责任：一是积极的作为责任而不是懒政、庸政和消极的后果责任，出了问题自己要主动承担责任。二是忠诚的责任，对党和国家、对社会和民众要忠诚负责。

不可否认，政绩驱动机制俨如中国公共治理过程中的发动机，是激发我们公共治理活动的基本动力。尽管它伴随着我国政治进程几十年，实现了不少既定政绩目标及效果，但是，转型期国家治理能力现代化与全面法治建设的中国特色社会主义政治发展目标却要求深刻反思已然在公共治理活动中政绩驱动失灵的现象。从长远来看，政绩驱动失灵对国家行政效能产生的根本影响是：

（1）出现庸官、懒官现象，但求无过，不求无功，影响整个行政体制的运作效率。例如，某省出现的"豆腐渣"工程，该项目建设总工期为 4 年，工程投资 87.513 亿元人民币，但运行仅半年路面就出现了坑槽、裂缝、沉降等重大病害，两年不到竟两次塌陷。

（2）为达目的不择手段，结果所预期的政绩并未能让社会公众满意。例如,某些官员以手中公共权力干预公共工程建设,以政绩工程的面目来饱中私囊,与不法商人勾结,形成"利益联盟",而其治下的官员上行下效。

在此种情形中,各级官员处于一个分散与牵制的权力格局之中,他们凡欲有所作为,难免会需要采取单打独斗的策略,这使得政绩驱动机制在国家战略上的集体绩效被支离破碎为个体原子式、相互缺乏有机联系的个人绩效。英雄主义式的明星官员、贪多求快的冒进赶超等现象,最终反而致使原本运作有效的政绩驱动机制陷入了尴尬的失灵困境之中。

冒进是懒散的另一个极端,表现为胡作为、蛮作为、乱作为,与不作为之间并无多大差别;前者看似正在"高效"地追求绩效的实现,事实上它在影响我国地方政府的政治形象。尽管政绩驱动机制失灵问题给我国政府机关的行政效率带来了一定的运行困境,但从长远来看,其体制内核是与社会主义制度本身相适应的,其中的些许不适应时代发展特征的问题只要有效加以改进与完善,总会体现出我国社会主义制度的优越性。

总之,原本运作高效的政绩驱动机制遇到时代性的政策导向转型,由经济转向生态,它的废除仍然会造成失灵问题。当然,这并未超脱出能力、利益、激励、评价的阐释模式之外。这是因为政绩驱动失灵并不完全是由于政绩及其导向造成的,受到政绩驱动的官员,作为具有主观能动性的客体,却在深刻地影响政绩驱动机制的运作状况及效率。只有政绩驱动机制充分考虑作为驱动客体的官员的个人现实利益需求与施政能力发挥,以此为立足来实施制度设计,政绩驱动机制才会引向实绩高效,同时政绩驱动才不会陷入失灵的困境。唯有正视与解决政绩失灵问题,我国的政府治理现代化一定会迎来崭新的局面。

第三节 政绩评估机制

我们从公共价值导向重建、多元评估体系构建及其民主程序设计三个方面入手,从而摸索出一条地方民主发展之路。政府绩效评估体制完善有利于政府制度的创新①,同时民主暗合了政府绩效评估体系完善的导向;因此,政府绩效评估民主化可以作为促进地方民主发展的突破口。我们可以从现状出发,并思考地方民主构建对策。

一 政府绩效评估及其现状

我国政府绩效评估体制正式肇始于改革开放以后,学界将之分为三个阶段:(1) 20 世纪 80 年代到 90 年代初期;这个时期绩效评估体系采取的"目标责任制",将政府绩效评估考核和"分灶吃饭"的经济分权结合起来,也即完成了多少税收指标任务就等于取得了多少行政绩效;(2) 20 世纪 90 年代初期至 21 世纪初;这个阶段的评估体制由简单的"目标责任制"演进为以 GDP 为主为自上而下的经济指标考核体系,却造成了许多社会发展问题;(3) 21 世纪初至现在;由于单一 GDP 导向的绩效评估体制造成了诸如地方上盲目投资、重复建设及恶性竞争等种种弊病,使得中央政府开始摸索新的综合指标体系的评估体制。我国地方政府绩效评估体制经历了坎坷的发展历程,同时也出现了政府的行政导向失调及种种社会发展问题,这些不得不令我们深刻的反思。

政府绩效评估是地方政府自身或社会其他组织"通过多种方式对政府的决策和管理行为所产生的政治、经济、文化、环境等短期和长远的影响和效果进行分析、比较、评价和测量"②的活动,这大致分为内部与外部评估两大类:内部评估主要是指国家政治系统内的评估,包括横向的党委绩效考核、人大的绩效评估及纵向上的行政系统自身的评估(中央及上级政府的考核及下级政府的反馈评估);而外部评估主要是指公民、企业等政府服务对象的评估测验,

---

① 何凤秋、张丽红:《绩效评估对政府制度创新的促进作用》,《中国行政管理》2010 年第 1 期。

② 付含宇:《新时期政府绩效评估体系研究》,《求实》2006 年第 2 期。

多以民意调查测验的形式。[1] 政府绩效评估按照评估内容标准可以分为政府角色和绩效评估、政府管理和组织运行方式及效率评估[2]，还可以按照评估标准分为以效益为标准的管理型评估、以科学为标准的专业型评估和以公民满意和政治支持为标准的政治性评估等。

政府绩效评估体系构建失当，所造成的影响不仅仅针对地方政府本身，还波及中央政府与社会；这理所当然地是个发展问题，甚至还关系到国家和社会的稳定。

首先，评估导向功利化，偏离公共导向。当下我国地方政府绩效评估可以描述成带有GDP数据刻度的政绩指挥棒；尽管它能促使地方政府推进社会经济发展，但也导致了地方政府为追求经济发展而不择手段，反倒造成了潜在的破坏性影响甚于长远的经济发展效益；这种只计成效、不计成本的绩效导向，只会加重令社会深恶痛绝的腐败现状。在地方政府眼里，除了GDP数据之外，很难再有他物；它们热衷于搞一些"形象工程""政绩工程""一把手工程"，并围绕GDP进行统计造假，完全到了唯GDP论英雄的地步了。[3]

政府绩效的根本导向是以地方公共利益实现为标志，它更多涉及设定公共权力的行使状态（是否符合法定要求及程序）和公共权力行使的经济和社会效益等方面，而不是面向单一的GDP考核。一旦评估的手段和目标混淆了，就会导致评估的异化。

其次，评估手段化，给社会稳定埋下隐患。将绩效评估当作手段，恰如将反腐当作腐败工具一样，不但导致宏观上地方政府间恶性竞争和地方政群关系紧张，还造成微观方面的地方官场宗派势力抬头。比如，促进地方社会经济快速发展本来是为了增进民众福祉，但是地方政府在政绩棒的指引下为了发展而发展；某些地方政府日益固缩为体系内小利益团体，最后民众对地方政府的信任感急

---

[1] 王立军：《我国地方政府绩效管理——理论及合理化构建》，《生产力》2009年第18期。
[2] 周志忍：《中国绩效评估：中国实践的回顾与反思》，《兰州大学学报》（社会科学版）2007年第1期。
[3] 莫勇波：《论地方政府"形象工程"的蜕变及其治理》，《理论导刊》2006年第12期。

剧下降。

最后，评估利益化，反倒造成了央地关系紧张。在单一集权国家里，社会矛盾最终都将集中指向中央政府，导致中央政府直接与社会对立起来，这里面的缘由根本在于央地关系失调。尽管绩效评估的核心是国家利益与地方利益两者之间的利益均衡问题，但是也不尽然纯粹是利益关系；中央与地方之间尚有政治分工协作，共同构成一个完整的国家政权系统。因此，将评估等同于中央与地方及上下级之间的利益契约，注定了央地及上下争利的局面。

二 民主和政府绩效评估

民主可以被认为是民主政治发展的简称，也是我国特色社会主义民主政治的重要组成部分。从长远来看，我国民主是伴随着地方行政——政治体制改革而推进的，必然要求我国政治形态由行政与经济分权逐步转型为政治分权，从而步入中央与地方合理权限划分的关系和谐阶段。民主主要有几大特征：（1）政府权力源头由中央转变为民众，并且地方民众由单纯的被治者变成两位一体的治理者与被治者的综合角色，实现权力主体和客体的重合[1]；（2）地方政府不仅听命于中央政府，更要服从民众的监督和控制；（3）民主选举成为地方政治生活的重要组成部分，人大也恢复了宪定的权威地位。有学者已经通过实地调查[2]，发现了单一推行基层民主及村民自治是无法完全实现民主的。那么，要实现民主、保障民众能够在国家法治框架下管理和参与本地事务，需要具备三个方面的条件：①发达的经济水平；②完善的法治框架；③有序的社会自治。因此，为了推进民主，"政府鼓励人民更广泛地参与政治进程的作用也很重要。[3]

---

[1] 江德兴：《马克思社会化理论与政治权力的演变》，社会科学文献出版社2005年版，第15页。

[2] 王淑娜、姚洋：《基层民主和村庄治理——来自8省48村的证据》，《北京大学学报》2007年第2页。

[3] ［美］杰弗里·庞顿、彼得·吉尔：《政治学导论》，张定维译，社会科学文献出版社2003年版，第265页。

总而言之，人民满不满意而非仅仅中央和上级政府满不满意将是政府绩效评估体系的根本导向；并且，地方政府绩效体系民主化还内含了"只有人民满意了，中央和上级政府才会满意"的实践逻辑。地方政府绩效评估体系的完善——民主化构建，根本上促进了民主政治建设和发展；同时，民主发展又会反过来推动政府绩效评估体系的不断完善。

三 政府绩效评估民主化建构

构建民主化绩效评估体系的基础在于人民主权的价值导向，而落实这一导向的根本又在于评估主导权的人民归属性。因此，在政治实践中考量构建民主化绩效评估体系的首要任务，便在于合理适当地划分评估主导权归属。政府绩效评估主导权在于上级政府，则下级政府就会唯上级政府是从；而如果主导权在民众手里，则地方政府唯民意是从。但问题是民主毕竟并不直接等于稳定，政府只"唯民"的隐忧——民主的不稳定性，也会表现出来。因此，政府绩效评估主导权建议在于上级政府与民众共同掌握，才会保障政府结构和社会秩序稳定；不过，主导权限之间又该如何划分呢？

评估主导权在于政府与民众之间划分则意味着权力与责任范畴的确定；政府责任在于综合发展和维持稳定，而民众义务是控制行政权和参与地方治理。那么，政府的绩效评估内容也不言自明。这样，按照政府和民众的职责范围设定与政府职能相关的评估指标，并确定出关键指标，从而做到更直观地对政府绩效作出评价。通过上述分析之后，我们立足于地方民主发展的长远来考虑地方政府绩效评估体系完善，这主要从三个方面入手：

1. 设计一整套公共服务导向的综合量化指标体系

公共服务导向是完善地方政府绩效评估体系的价值前提和制度根本[1]，从而驱使地方政府实现公共利益、促进地方福祉；只有让

---

[1] 盛明科：《服务型政府绩效评估体系的基本框架与构建方法》，《中国行政管理》2009年第4期。

地方政府自觉地认识到自身服务角色和服务对象后,才能更好地推动地方民主的发展。

人民生活的改善应是全面的、可持续的,因此绩效指标也应当是综合统一的。那么,基于公共导向之上创建一系列综合的社会政治经济文化的量化指标系统,这样可以对政府的绩效评估正本清源。由于地方政府并不能自发自觉地追求公共价值导向,因此,必须为政府打造一套公共导向的客观合理的绩效评估指标体系,以促进地方民主发展。

2. 构建多元化主体的评估体系

"单一的绩效评估主体"和"单一的绩效评估指标"是当前我国政府绩效评估的重大弊病。很明显,政府绩效评估的相关主体,并不惟中央政府、上级政府与党政机关,还应有人大机关、社会公众等。推动地方民主,势在必行;民众能否加入政府绩效评估的主体队伍事关绩效评估成败。为了实现人大和公众的有效参与评估体系,我们应当采取如下措施:

(1) 设立绩效考评委员会

有学者主张建立绩效考评委员会[1],这是个不错的建议;而且,这个绩效考评委员会由官民共建、协商运作,共同负责绩效评估内容、范围和指标的制定及监督评估过程事宜,但不负责官员迁转事宜(仍由中央政府据此考评结果来决定)。若双方出现纠纷,可以申请绩效申诉[2]或司法救济。为了保障其根本权威,应当建议以立法的形式将该委员会固定下来。

(2) 构建公开透明的信息机制

以往,由于缺乏可操作、明确的回应机制和政府垄断评估信息等缘故很容易使官民合作形式化。[3] 本质上,绩效评估是一种信息

---

[1] 王建民:《中国地方政府机构绩效考评目标模式研究》,《管理世界》2005年第10期。

[2] 李春、刘期达:《论政府绩效评估中申诉机制的构建》,《湘潭大学学报》(哲学社会科学版)2005年第5期。

[3] 安锦:《论地方政府绩效评估研究的基本前提》,《社会科学论坛》2009年第11期。

活动，特点是评估过程中信息的透明公开。故而，让整个绩效评估过程置于社会的公共监督之下，将评估过程中一切信息全部公开化，则官民之间除了诚心合作之外，别无他法。

（3）打造有效互动的沟通机制

多元主体的评估体系意味着体系中不同主体之间的平等协商，官民之间也需要在法律规范下平等磋商、双向沟通；给被评估者提供"绩效面谈"的途径和"绩效申诉"的管道，目的是给被评估者一个客观、公平、公正的开放平台，从而有利于评估的民主化，更重要的是能够极大地改善官民、政群之间的矛盾冲突现状。

3. 设置评估系统民主程序

应当立法建议评估系统程序民主立法路线，而不是政府自己主导下的行政立法途径。这里，我们将政府绩效评估作为整个民主的突破口，而不是作为狭隘行政民主（实际不易于控制）的替代品。

总之，民主本质上是一种民主政治的视角，将之与政府绩效评估联系起来，就是评估体系的民主化。我国民主发展在于政治民主化；这里，政府绩效评估民主化构建是踏出了万里长征关键的第一步。我们从公共价值导向重建、综合评估体系构建及其民主程序设计三个方面入手，从而可以尝试一条民主发展之路。

第四节　政绩机制法治化

政绩机制是我国驱动公务员队伍奉公守职的重要法宝，在历史上曾发挥了重要作用。变革期这种以 MBO 理论为内核的政绩机制遇到了时代的困境，根本表现为公务员队伍行动效率与快速发展的社会节奏不相适应。从本质上来看，政绩机制属于制度范畴，包含指标体系、激励体系及其辅助体系，应受到法治原则的约束。在现实中，以个人意志为导向的人治因素对政绩机制产生了不容忽视的影响，使得政绩机制内在的管理职能与制度设计初衷无法吻合，指标体系与激励体系并非按照法治的原则设立，公务员队伍在行动中存在各种问题，这导致了政绩机制失败的困境。

第六章　政府治理现代化的激励机制

一　研究缘起

新中国成立以来,逐步形成并产生了一套政绩机制,从无到有,从零散到完备,这对于国家驱动一支庞大的公务员队伍去奉公守职发挥着巨大的作用。然而,世上本没有一成不变的事物,随着时代的进步,这种政绩机制也出现了一些与社会发展、体制变革等新形势不相适应的症状,诸如官员的懒散、不作为问题、吏治腐败问题等,这些都正在考验着我国政府的行政伦理、政治生态,是一国所要推行高效政治统治和行政管理所无法回避的根本性发展问题。

自党的十八届四中、五中全会召开以来,法治成为了国家政治发展不可逆转的趋势。早在 2014 年中央就出台了《中共中央关于全面推进依法治国若干重大问题的决定》,揭开了我国全面法治建设的开端。中央的全面法治建设战略,是我国法治政府建设的指引与领航。

法治作为治国理政的基本方式,在推进国家治理体系和治理能力现代化中具有基础性地位与作用,它具有平等性、规范性、统一性等特征。构建现代新型国家治理体系,实现治理能力现代化,有赖于国家各项工作的法治化、制度化、规范化和程序化。[1] 在法治视野下,法治与人治之间有着绝对的分水岭:

第一,法治是规则统治;法治是常态的,包含了理性与逻辑,是法治政府赖以存在的根基。法治也指深刻贯彻"法律统治社会一切"要旨的政治制度运作形式,也是"一个能够统摄社会全部法律价值和政治价值内容的综合性概念"[2]。

第二,人治是感情统治;它总是特殊形态的,是兽性与感性的并存。因人而异的领导主观主义作风、革命时期漫浸的小农意识与历史承袭下来的"官本位"思想是对转型期我国政府法治化进程的

---

[1] 徐汉明等:《深化司法体制改革的理念、制度与方法》,《法学评论》2014 年第 4 期。

[2] 刘作翔:《迈向民主与法治的国度》,山东人民出版社 1999 年版,第 100 页。

现实障碍。若要消除这些人治作风惯性影响,就应当采取法治化途径来实现之。

法治的主要优点表现在它妥善地解决了人的欲望和人的精神追求之间的矛盾,而这对矛盾是所有的传统文化无法避免但又无法解决的矛盾。① 更为关键的是,各类制度中不严格按照法治的原则及要求进行设计,致使寻租与腐败也由此获得了捷径。法治暗合了法律的统治不受任何的人治(人情)因素干扰及影响从而使得整个社会处于一种理性自动运作的价值要义,必须通过一种国家与社会之间的良性互动来实现"权力依附于组织而非个人"的制度设计目标。

所谓政绩机制是一种建构于政治统治与行政管理解构成为无数小目标以促使作为驱动对象的各级公务员队伍而追求整体的公共目标(政治或行政)实现的一系列制度措施安排。政绩机制是一种中国特色的制度形式,但在一定程度上带有自身的企业化特征。从政绩驱动的本质来看,MBO(目标管理)背后的绩效评估机制是当下政绩考核制度不断精细的理论源泉。从本质上来看,政绩机制的基本内涵是:

其一,政绩机制是一种制度形式,包含着制度要素。政绩机制是一种能够将利益与目标协调统筹为一体的制度设计,包含了一系列关于追求政绩目标实现的奖惩措施及机制。"制度(规则)是达成目标的工具"②,制度可以被看作是一种由零部件组成的机器。政绩机制便是这么一种制度范畴,包括政绩指标体系、激励体系及辅助体系。其中,政绩指标体系是整个政绩机制的制度运作前提,它的设立是否合理在很大程度上决定了整个政绩机制能否运作顺畅;激励体系是它的执行机构,足以确保政绩机制可以真正运作起来。辅助体系包括各类与之相适应的纪律监督与人事管理系统。

政绩指标的设立是否科学与客观决定了自身具有人治(人的意

---

① 於兴中:《法治东西》,法律出版社2015年版,第16—17页。
② [美]罗伯特·D.帕特南:《使民主运作起来——现代意大利的公民传统》,王列、赖海榕译,中国人民大学出版社2014年版,第8页。

志）还是法治（法的统治）的分水岭，也成为政绩机制运作顺畅与否的关键。那么，如何评判人的意志还是法的统治就要求政绩指标的设立符合法治的原则及要求。政绩机制的关键在于可量化的、客观的政绩指标，奖励或惩罚相应的公务人员，督促他们致力于政绩目标的实现。

其二，政绩机制是一种管理手段，包含了管理的职能。这种绩效评估机制的最大特色是高度依赖于量化的数据形态的指标体系。这样做的好处是明显的：一是上级对下级的政绩考核工作可以极大地简化，二是下级在数据指引下有了清晰的工作任务目标。同时，积极的一面是可以减少政绩考核的随意性，原先散漫无序的人治风气可以得到一定的抑制，消极的一面是它无形中过分强化了政绩驱动机制在公共治理过程中的作用。在管理职能上，政绩原本是将政治统治与公共管理在目标上保持一致，但是囿于个人认知差异，在不同的政绩观影响下政治统治与公共管理目标之间出现了异化。

政绩驱动中的规则主要是围绕官员政绩的MBO（目标管理）的相关法律与政策文件。"以经济绩效为核心的相对绩效考核机制的确在中国省级地方层面存在着，为地方官员晋升激励的存在提供了一定的经验证据。"[1] 自新中国成立以来，中国的公共治理过程是政绩驱动的。无论政绩是以政治评判还是经济考量，都直接将公共治理的制度运作偏向为政绩驱动，以致路径依赖地形成了一种政绩驱动机制，它对中国的公共治理活动产生了不容小觑的影响。

其三，政绩机制的制度设计初衷是驱使一支有能力又忠诚的公务员队伍致力于实现政治统治与公共管理的目标。事实上，在当代民主社会，政治统治与公共管理在目标上已经重合。本来政治统治与公共管理之间是不存在矛盾的，但是在一种人为的操作下变得日益异化，偏离了它原本的初衷。

在制定地方公共政策与实施地方治理的过程中须要有意识地将

---

[1] ［美］李侃如：《治理中国——从革命到改革》，胡国成、赵梅译，中国社会科学出版社2010年版，第190页。

自身利益最优化表达抑或是公益性和自利性的均衡解释。因此，在政绩的驱动下，政府一面用"扶持之手"来促进社会经济的快速发展；另一面也衍生出了助长腐败风气肆虐的"贪婪之手"。随着政绩驱动出现了时代性的困境（腐败问题），学者们开始反思政绩机制本身存在的问题。政绩机制存在的合理性是有限的，这也意味着政绩驱动会出现故障，也会失灵。政绩机制本身作为体制中的一种具体制度，其中存在的故障失灵问题是值得肯定和重视的。

二 困境的分析

学界的诸多文章重在探讨政绩机制的可能性及运作机理，这是对行政体制中政治服从的最佳解释。所谓政治服从即指人们出于认同、信仰等原因而对权力及其衍生现象——如法律、政策等——的自我行为规范性调适的状态，它的对立面是政治不服从。所谓政治不服从是指集体地有目的地脱离政治权力轨道的行为，如公开地故意地拒绝执行官方机构命令、停止工作或学习、逃避法律责任等。为了实现全面法治建设，各类制度设计应当与必须严格依照法治的原则及要求进行设置。基于法治的视野下，当前的政绩机制的评判结果是：

第一，政绩指标是否符合法治的原则？

2015年12月27日，中共中央、国务院印发的《法治政府建设实施纲要（2015—2020年）》在"总体要求"中提出了"衡量标准"的概念，这又是一次对政府责任制度建设的细化指导。当下，我国正处于政治改革的深水期，法治建设的核心即在于对政府权力的制约。但是，在现实中制度的执行往往与设计初衷不相吻合，甚至还会被扭曲。

政绩指标在一定程度上直接指向隐藏于政治统治目标之后的公共目标。由于基础建设、食品安全、改善民生、幸福指数、环境保护等硬政绩指标，政绩产出周期太长，且不在上级政绩考核的重点内容中，也由此难以变成驱使地方政府运作的动力所在。行政系统里政绩是自上而下的考核形态，也可以是自下而上的考核形态。短视的政绩总会取代最接近公共目标的长期政绩。在政绩推动下的地方政府创新,会导致创新的变形与变味,出现改革形式化、盲目推广、一窝蜂攀比以及忽视配套等现象,最终沦为急功近利的政绩工程。① 地方政府追求创新政绩的可持续性非常重要,但是,当前一个矛盾现象正在显现:一边是地方政府层出不穷地推动创新;另一边却是一些创新探索难以为继,缺乏可持续性,有的项目甚至在短时间内就偃旗息鼓、昙花一现。长期关注"中国地方政府创新奖"项目的包国宪教授通过对已经获得入围奖的112个项目的回访研究发现,"差不多三分之一名存实亡了"②。

第二,激励系统的设置是否合理?

上级须鞭策下级齐心协力才能产生政绩结果,而下级也须按照上级的政绩心意去做才能在机关里立足。官员追究政绩的重要目标之一就在于获得政绩回馈。他们希望通过"看得见"的实际行动,向自己的上级,展示个人能力,实现获取职务升迁的个人动机。

如果激励规则完全满足于个人利益预期,同时在社会评价中不会有损于个人利益时,政绩驱动是有效的,反之是失灵的。激励规则不满足于个人预期,但是社会评价对个人利益的补偿可以弥补个人的利益损失,至少从心理上,政绩驱动也是有效的,反之就是失灵的。

政绩驱动失灵在本质上受到官员个人的政治能力素质、政绩的自利算计、官员政治前途与政绩之间管理关联度的制度设计之间的影响。

第三,法治因素到底在机制运行过程中起到多大作用?

政绩机制在本质上属于制度范畴,在现代政治发展的过程中,应当服从法治的原则及要求。政绩机制需要在政治环境中运行,讲求公共道德,而非私人道德,完全地采用市场中企业的运作模式,无异于直接放纵政府及其公务员队伍去使用手中的公共权力逐利。

---

① 胡小君:《地方民主创新的政绩化倾向初探》,《桂海论丛》2004 年第 5 期。
② 陈朋:《地方政府创新的三个基本命题》,2016 年 7 月 21 日(http://theory.people.com.cn/n/2015/0304/c207270 - 26635499.html)。

政绩机制失败是政府失败的一种重要表现。从本质来看，政绩驱动失灵是政府失败的一种内在机理，集中体现为政府追求公共目标的效率低下现象。这种困境须通过法治化的途径来得到解决。

三 困境解决思路

2013年以来，习近平总书记多次强调，"再也不能简单以国内生产总值增长率来论英雄了"。当前各地各部门政绩考核评价制度的一个普遍问题，就是过分偏重经济指标的考核，考核评价指标体系片面、单一，没有很好地解决政绩评价"唯GDP"的倾向。过重的经济指标考核路径依赖也会导致地方官员的施政积极性不高。因此，基于上述（前文）的分析（困境），可以设想以下的困境解决方案，以寻求我国政府治理现代化事业迈上新的台阶。

第一，将单一的经济指标改变为综合的复合指标，不仅要考核地方政府的经济政绩，也要考核它们的政治政绩、文化政绩、生态政绩、社会政绩等多方面内容。在我国即将迈入全新的现代化社会之际，"两个一百年"奋斗目标也要得到快速实现和完成。人民的衣食温饱问题已经不是社会发展的主要矛盾问题，在政府治理现代过程中人民日益增长的美好生活需要才是各级政府着重解决的问题，也必将成为它们政绩考核的中心内容。

第二，转变过去的单一政府内部考核方式，适度引入民众评价机制，以作为地方政府公务员奖罚的一个重要内容。特别是随着行政服务中心制度在全国各地遍地开花，社会民众的各项公共服务需求得到大力满足的同时，地方政府公务员的口碑日渐改变，机关官僚作风也得了极大的扭转，这种良好开端的局面应继续保持下去，同时也可应用在政府政绩考核当中。毕竟，地方政府开门办公，其行政服务绩效好坏的直接感受人便是社会民众，从而回应了邓小平同志当年所说的"人民群众满意不满意、高不高兴、答不答应"才是对各级政府的最佳评价。

第三，改变激励机制设计，通过制度的手段来预防与引导地方政府公务员公心办实事，可以考虑通过公务员职位分类制度，来改变原来的"官本位"思想。不断满足公务员的职业生涯需要以有效引导他们公心实意地为社会公众办实事。同时也可以让公务员在繁忙的机关事务（公共服务供给）中获得必需的物质与精神的满足，增进他们"全心全意为人民服务"事业的信心和耐心，全身心投入到我国政府治理现代化大业中。

总而言之，公务员队伍建设，包括能力与作风，受到政绩机制的根本影响，国家不仅需要一支忠诚的干部队伍，还需要打造一支廉洁高效的队伍，全方位地满足社会公众的服务需求。因此，本书揭示政绩机制失灵困境的目的旨在为我国政治的良序发展，促进国家治理体系现代化目标的实现，构建高效集体行动力的现代官僚体系。

第七章　结论与思考

全面推进依法治国对于实现国家治理体系和治理能力现代化具有重大的现实意义。党的十九大报告指出："全面依法治国是中国特色社会主义的本质要求和重要保障。必须把党的领导贯彻落实到依法治国全过程和各方面，坚定不移走中国特色社会主义法治道路，完善以宪法为核心的中国特色社会主义法律体系，建设中国特色社会主义法治体系，建设社会主义法治国家。"国家治理体系及其治理能力现代化的基本内容是法治政府建设。

法治政府建构路径已经跳出了传统狭隘的政府权力制约视角，继而把思维放宽到更广阔的政府关系调适的大政治生态之中，央地关系、府际关系、政社关系、政民关系、政市关系、政企关系是法治化所要调整的重要内容，也是构成政府结构的重要关系。所以，一个政府法治的权力制约机制必须是一个能在政府与民众之间保持权利义务关系平衡的制度体系，它既能够迫使政府公心谋取公共利益，另外还需要推动公众监督政府的公共精神生成，使得国家与社会（政府与民众）互动之间达成共识并形成良性互动。这使得我们可以同时从政府的内部构成与外部环境等方面具体着手来更全面、更有针对性地思考与构思各类制度措施。

政府公信力是指政府在行政实践中汲取民众信任与支持的能力，主要体现在政府与民众之间的政群互动关系之中。政府公信力的影响因素主要有税基、政策及公务员廉洁等三个方面。由于对政群关系的认知、处理方式及角色偏差等原因，政府与民众之间的互动关系失序，并且政府公信力也在骤降；因此，我们分析政群关系

第七章 结论与思考

的矛盾现状,并系统地思考提高政府公信力的相应对策。政府公信力主要包括公众对政府的评价与信任及政府公共执行效果两大部分;它不仅是静态的政府信任,还包括政府与民众之间的动态互动关系。因此,在一种政群互动关系的角度下把握政府公信力,有助于我们分析现状,并思考提高政府公信力的途径。国家(政府)治理体系及其治理能力现代化的实现在于以社会中确立法治的共识作为政治认同基础,政府公信力是这种对现代国家产生的政治认同的基本前提,从国家(政府)的外部实现治理现代化转型。

一 政府公信力是政群互动关系的产物

政府公信力不仅是法治政府建设的外部条件,也是加速推进国家(政府)治理现代化的前置措施,它从国家(政府)和社会(公众)之间的沟通与互动来"倒逼"治理现代化转型的实现。现代国家的思想基础是民主、法治、诚信等基本政治理念。正所谓理解政府公信力是打开国家(政府)治理现代化奥秘的黄金钥匙。

(一)政府与民众之间的相互信任程度构成政府公信力

什么是政府公信力?学界众说纷纭;诸如,"公信力是建立在政府行使公共权力效果的社会反馈基础上的政府获取公众信任的能力,是社会信用体系的基石和核心"[1];"政府公信力是政府在其公共行政活动中依据自身的道德状况所表现出来的与社会公众建立自愿的稳定的并能在紧急状态下外化为物质力量的信任关系的能力"[2];"政府公信力体现的是政府的信用能力,它反映了公众在何种程度上对政府行为持信任态度"[3];"政府公信力,是社会公众对

---

[1] 刘达禹:《构建责任政府视角下提高政府公信力研究》,《学术交流》2007年第9期。
[2] 高卫星:《试论地方政府公信力的流失与重塑》,《中国行政管理》2005年第7期。
[3] 张旭霞:《试论政府公信力的提升途径》,《南京社会科学》2006年第7期。

政府整体形象的一种反馈"①;"政府公信力是指政府依据于自身的信用所获得的社会公众的信任程度"②;"政府公信力是政府本身以及政府行为在社会公众中的信誉程度"③;"政府公信力是指政府行政活动的公正、诚信、廉洁程度、负责精神及对社会公众的感召力和凝聚力,同时也是民众对政府社会管理、公共服务以及提供公共产品、维护公共利益能力水平的满意度和信任度"④;等等。这些定义都将政府公信力等同于民众对政府信任程度的政府信任,然而,"政府公信力"的主体侧重在"政府",那么它应是针对"政府"的概念。

政府公信力通过依靠社会成员对普遍性的行为规范和网络的认可而赋予规范和网络的信任,形成一种有条不紊的社会秩序。"政府公信力是社会公众对政府行为的一种评价"⑤,作为一个为社会成员提供公共服务的组织,政府的公信力由政府履行职责的各种行为反映出来。实际上,政府公信力就是政府行为的公正、民主和法治程度,社会公众对政府履行职责权力的满意度和信任度,以及政府获取社会认同的能力⑥;它主要包括政府行为的客观效果(政府行为的公正、公平、公开性和守诺、践约、信誉度)和社会公众对政府的认同、信赖、拥戴感,最终表现为政府对公众的感召力、影响力和凝聚力。⑦因此,政府公信力应是一个动态的概念,并体现于政府行为之中。

考察政府公信力可以通过两个方面来把握:(1)政府公共执行

---

① 陶学荣、吕华:《政府政策执行力与公信政府的构建》,《江西社会科学》2007年第9期。
② 龚培兴、陈洪生:《政府公信力:理念、行为与效率的研究视角——以"非典型性肺炎"防治为例》,《中共中央党校学报》2003年第3期。
③ 杨勇:《公开推进政府公信力建设完善政务》,《理论与当代》2009年第5期。
④ 高保全、乔耀章:《重塑和提升政府公信力的对策建议——基于对山西治理车辆超限超载问题的分析》,《生产力研究》2010年第3期。
⑤ 贺培育、杨畅:《政府公信力建设研究综述与展望》,《求索》2005年第12期。
⑥ 唐铁汉:《提高政府公信力建设信用政府》,《中国行政管理》2005年第3期。
⑦ 姚亮、彭红波:《提高政府公信力与群体性事件之消除》,《中国党政干部论坛》2009年第9期。

效果及效率。高公信力的政府公共决策,容易得到民众的支持和理解,从而得以有效、顺畅地执行。(2)民众对政府的信任。政府对自身的评价并不是公信力的客观反映,但是民众对政府的评价和感知却能够有效地体现政府施政绩效;民众高不高兴、满不满意才是地方政府施政的根本导向。

总而言之,政府公信力是一种能够体现政府工作的权威性、民主程度、服务程度、法治建设程度及政府行政能力的客观结果;同时,它也是民众对政府满意和信任的反映。因此,政府公信力涉及政府和民众两个主体,并且通过它们之间的互动关系体现出来。政府与民众之间的政群互动关系是一种动态变化过程,这也决定了政府公信力是置于政群互动关系之中动态现象的概念,也是推进国家(政府)治理现代化转型的抓手。

(二)政群互动关系是政府与民众之间彼此信任程度的反映

简要而言,政群互动关系是指政府与民众之间的互动联系,它主要表现在民众对政府行政的评价和响应及政府对其的认识。在政群关系中,政府和民众两大主体在国家政治生活中形成有序的互动,本质上二者是紧密依存、不可缺离的。政群互动关系的顺畅与否对政府治理现代化转型事实上产生了不可忽略的影响。

只有民众信任政府同时政府服务人民的前提下,才会有良性的政群互动。这里,政府与民众之间所形成的互动关系,并不是单向的服从关系;政府和民众都会有自己的认知和感受,只有二者互动起来,才会形成共识和谐的局面。

政府公信力的变化体现于政府行动、社会生活和民众口碑中;因此,政府公信力的影响因素,在于与民众社会生活密切相关的事物。基于政群互动关系的视野来看,政府公信力的影响因素主要包括税基的合理、法令的稳定及公务员的廉洁程度等方面。

第一,合理的税基。

税收是政府主要的财政收入,也是政府行动力保障的基础。然而，一国民众对国家的税务奉献也是有限度的；不管政府出于什么目的，如果一味地加重民众税负，就会直接降低公信力。

税基合理与否，一个根本导向在"取之于民，用之于民"。政府征税的价值导向是增进本国民众的利益；当人民意识到税收的征取目的在于自己福祉时，税基才有合理性可言，进而政府公信力才能得到提高。

第二，法令的稳定。

政府的法令，对国民生活有重大的调节作用，如果朝令夕改就会给民众带来极大麻烦，造成他们的生活无所适从；"法令稳定"的意义，早已为古今中外的哲学政治家阐明得很通透。然而，"人"的因素对政府行为具有很大的影响作用，因此，保障政府法令稳定必须在国家制度和人事管理中妥善考虑。只有在法令稳定的国家里，才会有高公信力。

第三，公务员的廉洁奉公。

民众无须关心政府内部运作（各种政治博弈）情况，但可以监督政府外部情况；政府外部情况主要是指公务员"廉洁奉公"的情况。腐败是社会中的敏感词汇，民众并不希望自己的政府是个腐败政府；民众的政治期望未必是万能政府（"有困难找政府"），但一定是个能办实事、有效率和讲公义的政府。那么，公务员的廉洁度是直接影响政府公信力的重要因素。

（三）政府公信力通过政群互动关系得到根本体现

政府公信力与政群互动关系之间密切联系；政府公信力是内涵，而政群互动关系是表征，前者通过后者得到根本上的体现。政府公信力依赖于社会成员对普遍性的行为规范和网络的认可而赋予规范和网络的信任，并由此形成稳定的社会秩序。政府信任是公众与政府之间的一种互动关系，也是公众对政府能够代表他们利益的一种心理期待。[①] 因此，政府公信力本质上是一种动态互动联系，

---

① 周红：《政府公信力：服务型政府的基础》，《西北师大学报》2007年第6期。

它通过政群互动关系得到根本体现。

政府的行政能力,对政府公信力具有不可忽视的影响作用。即使是政府的公益代表性很高,然而,无法满足公众服务要求的政府是很难得到公众的满意和认可的。作为双向性的概念,政府公信力既要基于政府能力的视野,也须关注民众的满意度;否则,政府公信力低迷会体现为政群矛盾激化。

要观察政府公信力,就要回到群众当中去,真正做到"看群众的脸色办事","以人民为中心",为人民服务。在政府治理现代化转型过程中,顺畅政群互动关系、提升政府公信力有利于政府治理体系从组织变革、权力监督、职能转变、方式创新、科技辅助、激励改进等方面实现从传统到现代的转变。

二 政府公信力的提升有赖于政群互动关系的顺畅

为了实现政府治理现代化的变革目标,应提升政府公信力。而政府公信力的提升必须建立在民间资信的强大的基础上。[①] 只有巩固了政府在民众之间的信用基础之后,政府公信力才能稳步提升起来;同时,政府公信力是政群关系的内在结果,二者相辅相成、彼此促进。然而,如果我们能够将政群关系疏导畅通,就可以有效地提高地方政府的公信力。我们认为从以下方面着手,可以逐步地提升政府公信力。

第一,提高政群关系的法治化。

政群关系的法治化,可以避免政府与民众之间的关系从一个极端走向另一个极端。制定有关政群关系的法律使政群关系法治化,政府和民众在这些法律的规范下,有秩序地参与国家政治生活,政群矛盾由此得到疏导。

---

① 叶育登:《信息的透明度 政府的公信力 社会的凝聚力——从政府对禽流感信息发布工作说起》,《中国行政管理》2004年第4期。

第二，明晰政府角色。

政府识别不清自身角色，也就意味着难以界定自身与民众之间的互动关系；一旦肆意妄为，则必然造成政府公信力下降的局面。政府角色的再定位，实质上就是调整其自身与民众之间的互动关系，使得政府能够在政群关系中得到良性运作。那么，要保持高公信力就必须将政府调适为公信政府、服务型政府及法治政府的角色；保证政府能够为民众提供满意的公共服务，则民众对政府的信任就会逐渐恢复，公信力自然会提升上来。

第三，建立政府信用评估及舆论监督制度。

为了打造和谐有序的政群关系以提高政府公信力，可以构建一个民主导向的政府信用评估制度；当政府真正意识到民众对之的信用评价直接关系到它的行政绩效时，它就会认真对待政群互动关系，注重自身公信力的维系。政府信用评估及舆论监督制度的建立有益于积极激励地方政府公心实意为社会公众办实事，全面推动政府治理现代化目标的实现。

三　思考与展望

党的十九大报告指出，全面推进依法治国是实现国家治理现代化的必由之路，法治体系是现代国家治理体系不可或缺的重要内容，应当在法治轨道上推进国家治理现代化，树立良法善治的现代法治观，用良法善治助推国家治理现代化。因此，为了推进国家（政府）治理现代化，就应为建立法治体系实现全面推进依法治国战略，而不断增进政府公信力，积极顺畅政群互动关系。政府公信力的实质是政群互动关系中民众对它的动态评价和信任程度。只有具备合理的税基、稳定的法令及公务员的廉洁奉公，政府公信力才能得到高效的维护。然而，现实中政府对政群关系的认知、处理方式和自身角色定位偏差造成了其公信力下降，造成政群关系冲突化，政府若得不到民众的信任和支持，行政执行效率也会日益低下。中国基本实现社会主义现代化第一个阶段是在全面建成小康社会的基础上从2020年到2035年再奋斗15年的时间，然而，这个期限仍然比较紧张，在政府治理转型过程中依然还有许多重大的历史使命需要国家和政府去实现。

为了打破政府公信力下降的现状，我们有针对性地思考政群关系法治化、政府角色再定位及建立政府信用评估制度等举措；通过改善和规范政群关系，保障民众合法权益的可靠途径，我们既可有效地提高政府公信力，还能促成政群关系良性互动。政府公信力提升的基本途径在于转变社会管理能力，以期加速政府治理现代化体系建设。

其实，社会管理是一种由政府与民众双方辩证统一构成的功能结构，它一面表现为政府的职能与作用；另一面还体现为民众的义务与福祉，并且，还是在稳定的社会秩序基础上架构起来的政民互动的行动体系。基于一种政民互动视野下，社会管理内涵则可被重新解读为一种以人本为导向、以公共服务为内容的法治化行动体系。只有如此，我国政府的社会管理能力才会得到长足提高和大幅进步。

社会管理也即政府和民众对社会领域中的各种利益矛盾纠纷所共同采取的合理、合法及理性的社会公共活动，是政府自身社会责任与职能的重要体现，也是民众的基本社会义务和根本长远福祉的集中表现。

社会管理不仅是属于政府自身的一项基本职能，也直接与作为行政相对方的民众发生密切的关联。唯有政府不单向地把社会管理当作自身一项职能，民众也不惯性地将之认为政府固有的任务，而是二者能够达成共识地看到社会管理内在的法治本质内涵，才可真正理顺政民关系，突破现实困境，解决社会矛盾。

其一，社会管理是政府的职责与作用。

政府社会管理，简要而言就是政府对社会领域中存在的各种关于国计民生事务的介入与干预活动，通过自身强大的组织力量来实现对社会问题的有效解决。由此，政府社会管理，从广义上来看，也实际蕴含了政府的全部职能范畴；从狭义上来看，也是政府自身基本的且最为重要的职能。密尔指出,"政府整个来说只是一个手段,手段的合适性必须依赖于它的合目的性"①。所以,政府实际上也可看作是实现社会管理的基本手段。

政府注意自身公信力的维护,意味着它已认识到社会问题并不是只靠自己就能解决,而必须借助民众的参与力量来实现。

其二,社会管理是民众的义务与福祉。

社会问题本来就是牵涉政府与民众双方的矛盾现象,其中最为核心的是人民自身利益的合理分配(福祉),而不是政府内部特殊利益与人民利益相冲突。

作为社会管理的一方,民众在管理过程中也应发挥不可忽视的重要作用。让民众参与到社会管理当中来,可以使政府容易与民众在公共管理事务中形成秩序与利益共识,从而最终确保社会管理职能的根本实现。而且,民众应当在理性的引导下合法地参与社会公共管理。

其三,社会管理的本质在于人本理念下的法治化公共行动。

社会管理是一种基于稳定社会秩序之中的政民双向互动联系,它外在地表现为政府自身的基本职能和重要作用,也内在地牵涉民众的基本义务和根本福祉,由此,社会管理是一种能够自动维系社会秩序的政民互动联系,而这样的互动联系只能是法治化的行动。

政府与民众作为社会管理过程中重要的能动载体,只有形成彼此之间的法治化互动,才能有力地疏导社会矛盾,使得社会能够良性发展,从根本上实现社会管理的终极目标。只有让法治意识深入政府与民众心里以实现对社会公共行动指导的价值目标,才能确保社会和谐。

因此,社会管理的本质是一种法治化的政民互动联系的行动体系。着力"将改革进行到底",在我国政府高度社会管理的职能转

---

① [英]约翰·密尔:《代议制政府》,汪瑄译,商务印书馆1982年版,第17—18页。

变之时，国家（政府）治理体系和治理能力现代化实现重大飞跃，开创了国家治理的崭新局面，中国的政治发展站在了新的历史起点上，中国特色社会主义也进入了新的历史发展阶段。新时期，政府治理现代化赋予了社会管理更多的政治内涵。

首先，人本导向是社会管理的逻辑起点。

维护人民的根本利益和促进人民的长远福祉是社会管理人本导向的核心价值内涵，并形成了对社会管理的公共引导作用。无论是政府还是民众，二者在社会管理的过程中都只能以人本导向为根本立足。社会管理本着公心解决社会矛盾的目标，无可避免地在人本导向处找到了自身的逻辑起点。

一方面，人本导向意味着民众的公共意义才是社会管理关注的核心问题。对于政府而言，它主要着重考虑的是公共利益的协调与实现问题；对于民众而言，公共利益便是自身的切身利益，要求自身的合法参与。人本导向的焦点在于社会管理能够实现有效的政民互动。社会管理以由众人所组成的社会为管理对象，要求政府与民众贯彻一种以人为本的价值理念。"以人为本"的价值理念要求人们始终要把生命、财产、自由等放在公共行动的首位。没有这个理念引导政府与民众的公共行为，就不能使二者之间形成良性的法治化互动。而且，国家治理现代化是国家现代化的历史过程，是人类在政治文明建设过程中所选择的处理不同关系的政治方式与政治形态，它与制度文明相结合，文化是根脉、是纽带，文化共识、价值认同是制度实施、有效治理的基础。中国国家治理现代化确立了"人本价值导向"，开启了现代国家的思想锋领。

另一方面，人本导向也意味着人民利益矛盾的内部缓和。社会管理本来就要政民双方理性地解决社会矛盾，摆脱利益纠纷，因此便需要政府超然地公正协调属于人民内部的利益矛盾，而人们则可凭借政府强大的组织行动力来实现自身的利益纠纷的解决。所以，从历史的发展来看，以人为本是我国政府完善自身行为模式的既定方针，其真实性与理性体现在"为人民服务"根本宗旨的制度性回归。①

作为社会管理的逻辑起点，人本导向对政府与民众双方都提出了必然的公共行动要求，使二者能够在理性的引导下通过国家规则的力量来解决社会中各种利益矛盾问题。社会管理必须以民众利益为自身行动的根本价值导向。从全面建成小康社会到基本实现现代化，再到全面建成社会主义现代化强国，是新时代中国特色社会主义发展的战略安排，也使得社会管理必须以现代社会中人本价值导向为自身的逻辑起点。

其次，法治约束是社会管理的行动框架。

如何让政民双方能够以理性的态度和国家规则的力量来解决社会利益矛盾正是社会管理的行动焦点所在。不需要特别的推导，我们就很容易想到法治的行动力。通过法治来打造社会管理的行动框架，可以让政民双方在利益博弈过程中展开规则化及制度化行动。正如博登海默所说："法律的基本作用之一仍是约束和限制权力，而不论这种权力是私人权力还是政府权力。在法律统治的地方，权力的自由行使受到了规则的阻碍，这些规则迫使掌权者按一定的行为行事。"②

法治不仅是约束政民互动在社会管理中的表现，而且还是一种通过约束来实现政府与民众高效社会公共行动自由的中介。由此，法治赋予了社会管理的公共行动框架的同时，也规范了社会管理的基本行动内容。加快建设法治政府，推动全社会树立法治意识，以凝聚共识形成合力，那么"法治中国"的宏伟蓝图终将成为现实，国家治理现代化的愿景也终将得以实现。

最后，公共服务是社会管理的基本内容。

社会管理不能被简单化为社会管制，而应被理解为一种复杂的、动态的及公共的社会利益矛盾协调机制，它以公共服务为基本

---

① 沈荣华、王宇灏：《以人为本：我国政府的价值定位》，《中国行政管理》2008年第12期。
② ［美］博登海默：《法理学：法律哲学与法律方法》，邓正来译，中国政法大学出版社1999年版，第358页。

行动内容。管理也是服务。对于政府而言，公共服务是其应然的行动宗旨；对于民众而言，公共服务则是其实然的行动效果。

  国家治理现代化是国家现代化的历史过程，在这个历史进程中为了增进政府公信力，而推进政民互动，顺畅社会管理，积极建构好国家与社会、政府与公众之间的政治"桥梁"。既然社会管理是政民互动的双向过程，那么，它的公共服务内容也必然是具有双向意义的。在社会管理中公共服务并不是政府的单向输出、民众被动接受，而恰是政民双方在各自的能动状态下共同追求和实现的公共行动产物。公共服务是对社会管理的人本导向的价值体现，也是对其法治行动框架的结果展示。实践充分证明，只有坚决破除阻碍经济社会发展的各类体制机制束缚，国家治理才能走向现代化，中国特色社会主义制度才能更加成熟而稳固，运用中国特色社会主义制度有效治理国家的能力才会不断提高，终而迎接中国的全面现代化愿景到来。

参考文献

一 专著类

畅榕：《虚拟品牌社区研究》，中国传媒大学出版社 2007 年版。

陈红梅：《互联网上的公众表达》，中国人民大学出版社 2006 年版。

陈阔、G. 克劳斯：《从哲学看控制论》，梁志学译，中国社会科学出版社 1981 年版。

陈振明：《公共管理学》，中国人民大学出版社 2005 年版。

费巩等：《中外政治比较》，浙江大学出版社 2011 年版。

何勤华、任超：《法治的追求——理念、路径和模式的比较》，北京大学出版社 2005 年版。

黄建洪：《公共理性视野中的当代中国政府能力研究》，中国社会科学出版社 2009 年版。

江德兴：《马克思社会化理论与政治权力的演变》，社会科学文献出版社 2005 年版。

李辉：《嵌入性腐败与政绩驱动的地方国家：一个国有企业集团兴起与衰亡的故事》，复旦大学出版社 2011 年版。

梁漱溟：《中国文化要义》，学林出版社 1987 年版。

林嘉诚：《社会变迁与社会运动》，（台北）黎明文化事业股份有限公司 1992 年版。

刘丹鹤：《赛博空间与网际流动——从网络技术到人的生活世界》，湖南人民出版社 2007 年版。

刘飞宇：《转型中国的行政信息公开》，中国人民大学出版社 2006

年版。

刘新生、王彦智、王宏波等：《基层地方政权改革的模式研究》，中国社会科学出版社 2012 年版。

刘作翔：《迈向民主与法治的国度》，山东人民出版社 1999 年版。

芦刚：《地方政府绩效评估中的公民参与：制度、方法与战略》，中国社会科学 2014 年版。

马骏：《西方公共行政学理论前沿》，中国社会科学出版社 2004 年版。

马庆钰：《中国非政府组织发展与管理》，国家行政学院出版社 2007 年版。

彭澎：《政府角色论》，中国社会科学出版社 2002 年版。

沈荣华：《地方政府学》，社会科学文献出版社 2006 年版。

沈荣华、金海龙：《地方政府治理》，社会科学文献出版社 2006 年版。

沈荣华：《政府大部制改革》，社会科学文献出版社 2012 年版。

沈荣华、钟伟军：《中国地方政府体制创新路径》，中国社会科学出版社 2009 年版。

宋玉波：《比较政治制度》，法律出版社 2012 年版。

王长胜：《中国电子政务发展报告 NO.1》，社会科学出版社 2003 年版。

王景伦：《走进东方的梦——美国的中国观》，时事出版社 1994 年版。

王名等：《中国社团改革——从政府选择到社会选择》，社科文献出版社 2001 年版。

王浦劬：《政治学基础（第二版）》，北京大学出版社 2006 年版。

王绍光：《分权的底线》，中国计划出版社 1997 年版。

王蔚：《现代化视野中的当代中国政治运动研究》，中国社会科学出版社 2010 年版。

许源源：《中国农村扶贫：对象、过程与变革》，中南大学出版社 2007 年版。

杨光斌:《中国政治发展战略选择》,中国人民大学出版社2011年版。

杨雄、毛翔宇:《网络时代行为与社会管理》,上海社会科学出版社2007年版。

叶劲松、詹建芬:《转型期的地方政府职能与管理方式》,国家行政学院出版社2002年版。

於兴中:《法治东西》,法律出版社2015年版。

俞可平:《政治学教程》,高等教育出版社2010年版。

俞可平:《中国治理变迁30年（1978—2008）》,社会科学文献出版社2008年版。

臧乃康等:《功能拓展与范式创新：政府治理研究》,新华出版社2006年版。

曾繁正:《行政组织管理学》,红旗出版社1998年版。

张泽厚:《统计信息理论与实践》,中国统计出版社1992年版。

赵永伟、唐璨:《行政服务中心理论与实践》,企业管理出版社2006年版。

郑谦:《中国：从"文革"走向改革》,人民出版社2008年版。

郑永年:《不确定的未来　如何将改革进行下去》,中信出版社2014年版。

钟君、吴正杲:《中国城市基本公共服务力评价》,社会科学文献出版社2014年版。

朱光磊:《地方财政与治理能力》,商务印书馆2010年版。

朱光磊:《中国政府发展研究报告——服务型政府建设（第2辑）》,中国人民大学出版社2010年版。

二　译著类

《马克思恩格斯选集》（第4卷）,人民出版社1995年版。

［德］F. A. 冯·哈耶克:《个人主义与经济秩序》,贾湛、文跃然等译,北京经济学院出版社1991年版。

[德] 戴维·波普诺：《社会学》，中国人民大学出版社 2005 年版。
[德] 哈贝马斯：《公共领域的结构转型》，曹卫东等译，学林出版社 1999 年版。
[德] 亨廷顿：《变化中的政治秩序》，王冠华等译，生活·读书·新知三联书店 1989 年版。
[德] 马克斯·韦伯：《经济与社会》上卷，商务印书馆 1997 年版。
[德] 马克斯·韦伯：《经济与社会》下卷，商务印书馆 1997 年版。
[德] 皮休特·索罗金：《社会和文化的动力（第三卷）——社会关系的波动、战争与革命》，美国书刊公司 1973 年版。
[法] 托克维尔：《旧制度与大革命》，商务印书馆 2012 年版。
[古希腊] 亚里士多德：《政治学》，商务印书馆 1993 年版。
[美] G. A. 阿尔蒙德等：《比较政治学：体系，过程和政策》，上海译文出版社版 1987 年版。
[美] N. 维纳：《控制论》，郝季仁译，科学出版社 1963 年版。
[美] 阿特：《政治的细节》（第 10 版），世界图书上海出版公司 2014 年版。
[美] 安东尼·唐斯：《官僚制内幕》，中国人民大学出版社 2006 年版。
[美] 伯尔曼：《法律与宗教》，梁治平译，中国政法大学出版社 2003 年版。
[美] 博登海默：《法理学：法律哲学与法律方法》，邓正来译，中国政法大学出版社 1999 年版。
[美] 查尔斯·T. 葛斯塞尔：《为官僚制正名——一场公共行政的辩论》，复旦大学出版社 2007 年版。
[美] 戴维·盖布勒、特德·奥斯本：《改革政府——企业家精神如何改革着公共部门》，周敦仁译，上海译文出版社 2006 年版。
[美] 戈登·塔洛克：《官僚体制的政治》，商务印书馆 2010 年版。
[美] 汉密尔顿等：《联邦党人文集》，程逢如等译，商务印书馆

2009年版。

[美] 汉娜·阿伦特：《论革命》，陈周旺译，译林出版社2007年版。

[美] 杰弗里·庞顿、彼得·吉尔：《政治学导论》，张定维译，社会科学文献出版社2003年版。

[美] 科恩：《论民主》，商务印书馆1988年版。

[美] 克里斯蒂纳·阿尔恩特、查尔斯·欧曼：《政府治理指标》，杨永恒译，清华大学出版社2007年版。

[美] 莱斯利·里普森等：《政治学的重大问题》，刘晓等译，华夏出版社2000年版。

[美] 劳伦斯·迈耶等：《比较政治学》，罗飞等译，华夏出版社2001年版。

[美] 李侃如：《治理中国——从革命到改革》，胡国成、赵梅译，中国社会科学出版社2010年版。

[美] 李普塞特：《政治人》，张绍宗译，上海人民出版社1998年版。

[美] 罗伯特·B. 丹哈特：《公共组织理论》，项龙、刘俊生译，华夏出版社2002年版。

[美] 罗伯特·D. 帕特南：《使民主运作起来——现代意大利的公民传统》，王列、赖海榕译，中国人民大学出版社2014年版。

[美] 迈克尔·罗斯金：《政治科学》，林震等译，华夏出版社2001年版。

[美] 曼纽尔·卡斯特：《网络社会：跨文化的视角》，社会科学文献出版社2009年版。

[美] 欧文·E. 休斯：《公共管理导论》，彭和平等译，中国人民大学出版社2007年版。

[美] 斯坦利·海文：《协会管理》，尉晓欧等译，中国经济出版社1985年版。

[美] 特里·L. 库珀：《行政伦理学：实现行政责任的途径》，张秀琴译，中国人民大学出版社2001年版。

［美］托马斯·潘恩：《潘恩选集》，马清槐等译，商务印书馆1981年版。

［美］文森特·奥斯特罗姆：《美国公共行政的思想危机》，毛寿龙译，三联书店1999年版。

［美］约翰·罗尔斯：《正义论》，何怀宏译，中国社会科学出版社2001年版。

［美］约翰·罗尔斯：《政治自由主义》，万俊人译，译林出版社2000年版。

［美］约翰·奈斯比特：《大趋势》，中国社会科学出版社1984年版。

［日］神岛二郎等：《日本政治学动向》，马斌等译，商务印书馆1983年版。

［英］洛克：《政府论》（下卷），叶启芳、瞿菊农译，商务印书馆1996年版。

［英］韦农·博格丹诺：《布莱克维尔政治制度百科全书》，中国政法大学出版社2011年版。

［英］约翰·密尔：《代议制政府》，汪瑄译，商务印书馆1982年版。

［英］约翰·密尔：《论自由》，许宝骙译，商务印书馆1998年版。

三　论文类

安锦：《论地方政府绩效评估研究的基本前提》，《社会科学论坛》2009年第11期。

陈家喜、汪永成：《政绩驱动：地方政府创新的动力分析》，《政治学研究》2013年第4期。

陈嘉明：《黑格尔的市民社会及国家之间的关系》，《中国社会科学季刊（香港）》1993年第4期。

崔光圣：《政府的自利性与行政权力畸变分析》，《探索》2000年第4期。

单鑫：《运动式治理与地方政府治理转向——以 N 县社区建设为个案》，《江南大学学报》（人文社会科学版）2010 年第 4 期。

邓维杰：《精准扶贫的难点、对策与路径选择》，《农村经济》2014 年第 6 期。

冯志峰：《中国运动式治理的定义及其特征》，《中共银川市委党校学报》2007 年第 2 期。

冯志峰：《中国政治发展：从运动中的民主到民主中的运动——一项对 110 次中国运动式治理的研究报告》，《甘肃理论学刊》2010 年第 1 期。

付含宇：《新时期政府绩效评估体系研究》，《求实》2006 年第 2 期。

高保全、乔耀章：《重塑和提升政府公信力的对策建议——基于对山西治理车辆超限超载问题的分析》，《生产力研究》2010 年第 4 期。

高狄：《治理现代化的国家必须有完备的法律》，《党政论坛》1989 年第 2 期。

高洁：《政府公共管理职能及其边界研究综述》，《湖北经济学院学报》2004 年第 3 期。

高庆年：《政府的自利性及其法律调控》，《探索》2000 年第 1 期。

高卫星：《试论地方政府公信力的流失与重塑》，《中国行政管理》2005 年第 7 期。

葛志军、邢成举：《精准扶贫：内涵、实践困境及其原因解释——基于宁夏银川两个村庄》，《贵州社会科学》2015 年第 3 期。

宫留记：《政府主导下市场化扶贫机制的构建与创新模式研究——基于精准扶贫视角》，《中国软科学》2016 年第 5 期。

龚培兴、陈洪生：《政府公信力：理念、行为与效率的研究视角——以"非典型性肺炎"防治为例》，《中共中央党校学报》2003 年第 3 期。

谷志军：《服务型政府建设的新模式——基于浙江省庆元县异地便民服务中心的考察》，《中共杭州市委党校学报》2016 年第 1 期。

官建文、李黎丹：《"互联网+"：重新构造的力量》，《现代传播》（中国传媒大学学报）2015年第6期。

郭道晖：《社会权力：法治新模式与新动力》，《学习与探索》2009年第5期。

郭道久：《在国家形态民主与非国家形态民主间寻求契合点——关于当代中国民主发展路径的思考》，《理论探讨》2010年第5期。

郭蕊、麻宝斌：《全球化时代地方政府治理能力分析》，《长白学刊》2009年第4期。

郭小安：《论网络政治参与与政治稳定的关系》，《中共四川省委党校学报》2008年第2期。

汉明等：《深化司法体制改革的理念、制度与方法》，《法学评论》2014年第4期。

郝治中：《便民服务中心如何更便民》，《农村财务会计》2009年第11期。

何得桂：《乡镇政府职能转变：内涵、困境与出路》，《古今农业》2007年第1期。

何凤秋、张丽红：《绩效评估对政府制度创新的促进作用》，《中国行政管理》2010年第1期。

何增科：《政府治理现代化与政府治理改革》，《行政科学论坛》2014年第2期。

何增科：《中国治理评价体系框架初探》，《北京行政学院学报》2008年第5期。

贺培育、杨畅：《政府公信力建设研究综述与展望》，《求索》2005年第12期。

胡鞍钢、魏星：《治理能力与社会机会——基于世界治理指标的实证研究》，《河北学刊》2009年第1期。

胡小君：《地方民主创新的政绩化倾向初探》，《桂海论丛》2004年第5期。

黄楚新、王丹：《"互联网+媒体"——融合时代的传媒发展路径》，《新闻与传播研究》2015年第9期。

黄建彬：《提升政府治理能力　转换城市发展模式——以深圳市罗湖区为例》，《改革与战略》2005年第2期。

黄晴、刘华兴：《"软实力"理论视角下我国地方政府治理能力分析》，《成都行政学院学报》2010年第3期。

蒋保信、俞可平：《"城管式困境"与治理现代化》，《同舟共进》2014年第1期。

金太军、张劲松：《政府的自利性及其控制》，《江海学刊》2002年第2期。

句华：《政府如何做精明的买主——以上海市民政部门购买服务为例》，《国家行政学院学报》2009年第4期。

赖明等：《财政扶贫的效率损失——基于财政激励视角的县级面板数据分析》，《经济问题》2014年第5期。

李春、刘期达：《论政府绩效评估中申诉机制的构建》，《湘潭大学学报》（哲学社会科学版）2005年第5期。

李金龙、游高端：《地方政府环境治理能力提升的路径依赖与创新》，《求实》2009年第3期。

李鹍、叶兴建：《农村精准扶贫：理论基础与实践情势探析——兼论复合型扶贫治理体系的建构》，《福建行政学院学报》2015年第2期。

李里峰：《运动式治理：一项关于土改的政治学分析》，《福建论坛·人文社会科学版》2010年第4期。

李穆基：《彰显契约精神提升政府治理能力》，《河南纺织高等专科学校学报》2005年第1期。

李盛基等：《中国扶贫资金支出结构的动态减贫效果研究》，《技术经济与管理研究》2014年第8期。

李玉勇、杨成：《滥用政府信用的表现、危害及治理》，《探索》2003年第1期。

梁学轩：《西部地区县级地方政府治理能力建设》，《湖南科技学院学报》2006年第4期。

廖恩：《论志愿服务的社会功能及其形成》，《中国青年研究》2012

年第 3 期。

刘达禹：《构建责任政府视角下提高政府公信力研究》，《学术交流》2007 年第 9 期。

刘旺洪：《国家与社会：法哲学研究范式的批判与重建》，《法学研究》2002 年第 6 期。

刘伟：《政策议程创建模式转型与政府治理能力提升》，《改革》2008 年第 8 期。

柳成洋、李涵：《标准化与服务型政府建设》，《中国标准化》2012 年第 11 期。

陆汉文：《落实精准扶贫战略可行途径》，《国家治理》2015 年第 38 期。

罗德刚：《从行政服务中心遭遇"开倒车"看我国服务型政府建设的困境》，《中国行政管理》2006 年第 11 期。

罗杰群：《服务型政府的构建与社会阶层和谐的实现》，《中国行政管理》2007 年第 11 期。

闵凡群：《论乡镇便民服务中心的设立与推广》，《机构与行政》2011 年第 7 期。

莫勇波：《论地方政府"形象工程"的蜕变及其治理》，《理论导刊》2006 年第 12 期。

宁家骏：《"互联网＋"行动计划的实施背景、内涵及主要内容》，《电子政务》2015 年第 6 期。

彭新武：《官僚制：批判与辩护》，《福建论坛·人文社科版》2009 年第 9 期。

彭宗超：《试论政府的自利性及其与政府能力的相互关系》，《新视野》1999 年第 3 期。

钱振明：《善治城市与城市政府治理能力建设》，《城市管理》2005 年第 3 期。

沈荣华、吕承文：《从服务结构转身看体制改革逻辑——基于吴江行政服务局的考察》，《理论探讨》2012 年第 3 期。

沈荣华、王宇灏：《以人为本：我国政府的价值定位》，《中国行政管理》2008 年第 12 期。

盛明科:《服务型政府绩效评估体系的基本框架与构建方法》,《中国行政管理》2009 年第 4 期。

施雪华:《政府综合治理能力论》,《浙江社会科学》1995 年第 5 期。

孙文中:《创新中国农村扶贫模式的路径选择——基于新发展主义的视角》,《广东社会科学》2013 年第 6 期。

覃道明:《乡镇政府改革与乡村治理能力重塑》,《社会主义研究》2008 年第 5 期。

唐皇凤:《常态社会与运动式治理——中国社会治安治理中的"严打"政策研究》,《开放时代》2007 年第 3 期。

唐任伍:《习近平精准扶贫思想阐释》,《人民论坛》2015 年第 10 期。

唐铁汉:《提高政府公信力建设信用政府》,《中国行政管理》2005 年第 3 期。

陶鹏:《虚拟社会治理的中国逻辑及其进路——基于国家治理现代化的客观思考》,《广东行政学院学报》2015 年第 2 期。

陶学荣、吕华:《政府政策执行力与公信政府的构建》,《江西社会科学》2007 年第 9 期。

王国勇、邢溦:《我国精准扶贫工作机制问题探析》,《农村经济》2015 年第 9 期。

王和顺:《广东精准扶贫经验及对对我区的启示》,《北方经济》2014 年第 11 期。

王建民:《中国地方政府机构绩效考评目标模式研究》,《管理世界》2005 年第 10 期。

王立军:《我国地方政府绩效管理——理论及合理化构建》,《生产力》2009 年第 18 期。

王连伟:《国家治理现代化进程中的社会治理创新:非均衡性及其应对》,《教学与研究》2015 年第 2 期。

王淑娜、姚洋:《基层民主和村庄治理——来自 8 省 48 村的证据》,

《北京大学学报》2007 年第 21 期。

文建龙：《改革开放以来中国共产党的扶贫实践》，《大庆师范学院学报》2016 年第 3 期。

吴家庆、徐容雅：《地方政府能力刍议》，《湖南师范大学社会科学学报》2004 年第 2 期。

吴志敏：《转型期政府危机治理能力的缺失与再造》，《学术论坛》2010 年第 12 期。

肖鸣政：《正确的政绩观与系统的考评观》，《中国行政管理》2004 年第 7 期。

谢庆奎：《服务型政府建设的理论研究》，《学习与探索》2005 年第 5 期。

新加坡南洋理工大学南洋公共管理研究生院课题组：《完善服务型政府体系，实现全面均衡发展——2012 年连氏中国服务型政府调查报告》，《经济决策参考》2013 年第 10 期。

徐湘林：《以稳定为基础的中国渐进政治改革》，《战略与管理》2000 年第 5 期。

杨秀丽：《精准扶贫的困境及法制化研究》，《学习与探索》2016 年第 1 期。

杨雪冬：《走向以基层治理为重点的政府创新——2010 年政府创新综述》，《行政管理改革》2011 年第 1 期。

杨勇：《公开推进政府公信力建设完善政务》，《理论与当代》2009 年第 5 期。

姚亮、彭红波：《提高政府公信力与群体性事件之消除》，《中国党政干部论坛》2009 年第 9 期。

叶育登：《信息的透明度 政府的公信力 社会的凝聚力——从政府对禽流感信息发布工作说起》，《中国行政管理》2004 年第 4 期。

易学志：《善治视野下政府治理能力基本要素探析》，《辽宁行政学院学报》2009 年第 4 期。

臧雷振、徐湘林：《国家治理结构性指标研究的兴起》，《公共行政评论》2013 年第 5 期。

张全红:《中国农村扶贫资金投入与贫困减少的经验分析》,《经济评论》2010年第2期。

张旭霞:《试论政府公信力的提升途径》,《南京社会科学》2006年第7期。

赵慧峰、李彤、高峰:《科技扶贫的"岗底模式"研究》,《中国科技论坛》2012年第2期。

赵武、王姣明:《新常态下"精准扶贫"的包容性创新机制研究》,《中国人口·资源与环境》2015年第11期。

郑杭生、杨敏:《社会与国家关系在当代中国的互构——社会建设的一种新视野》,《南京社会科学》2010年第1期。

郑志刚等:《国企高管的政治晋升与形象工程——基于N省A公司的案例研究》,《管理世界》2012年第10期。

周端明、蔡敏:《政府治理能力与转轨绩效》,《当代经济研究》2009年第4期。

周飞舟:《竞标赛体制》,《社会学研究》2009年第3期。

周红:《政府公信力:服务型政府的基础》,《西北师大学报》2007年第6期。

周黎安:《官员晋升锦标赛与竞争冲动》,《人民论坛》2010年第5期。

周黎安:《中国地方官员的晋升锦标赛模式研究》,《经济研究》2007年第7期。

周志忍:《中国绩效评估:中国实践的回顾与反思》,《兰州大学学报》(社会科学版)2007年第1期。

朱立言、陈宏彩:《政府治理能力与人民群众的根本利益》,《长春市委党校学报》2003年第4期。

朱志松:《官僚制弊病的根源性分析》,《行政与法》2008年第3期。

祝君灵、聂进:《公共性与自利性:一种政府分析视角的再思考》,《社会科学研究》2002年第2期。

庄国波:《政绩成本意识的缺失及其负效应》,《中国行政管理》

2005年第7期。

左停、杨雨鑫、钟玲:《精准扶贫:技术靶向、理论解析和现实挑战》,《贵州社会科学》2015年第8期。

陈首宇:《乡镇服务型政府建设研究》,湖南大学,2010年。

古怡凡:《论我国服务型乡镇政府的构建》,河北大学,2012年。

李献策:《西部地区县级地方政府治理能力研究》,燕山大学,2010年。

刘鲁敏:《服务型乡镇政府建设研究——以桓台县起凤镇为例》,山东大学,2013年。

孙广琦:《强镇扩权:苏南乡镇治理模式的重构——以苏州经济发达镇为研究对象》,苏州大学,2014年。

曾谛:《乡镇公务员激励机制及其优化对策研究——以成都市新民镇为例》,西南交通大学,2013年。

四 外文类

Berger C. R. and Chaffee S. H. eds, *Handbook of Communication Science*, Sage Publican Inc. 1987.

Bruce L. R. Smith D. C. Hague, *The Dilemma of Accountability in Modern Government*, New York: St. Martin's Press, 1967.

Dahl, Robert A. And Lindblom, Charles E. Politics, *Economics and Welfare*, *New Brunswick*, U. S. A: Transaction Publishers, 1992.

Ekaterina V. Zhuravskaya. "Incentives to Provide Local Public Goods: Fiscal Federalism, Russian Style", *Journal of Public Economics*, 2000 (76).

Eugene P. Dvorin & Robert H. Simmons, *From Amroal to Humane Bureaucracy*, San Francisco: Canfield Press, 1966.

Gerald E. Caiden, *Administrative Reform*, In Understanding Public Administration, G. R. Currnow and R. L. Wetten hall edited, Sydney: Allen and Unwin, 1965.

H. J. Rubin and I. Rubi, *Community Organizing and Development*, Columbus, Ohio: A Bell & Howell Company, 1996.

James Mac, Gregore Burns, *Leadership*, New York: Harper and Row, 1978.

Janet V. Denhardt and Robert B. Denhardt, *The New Public Service Serving, Not Steering*, New York: M. E. Sharpe, 2003.

Jin, Hehui, Yingyi Qian, and Berry Weingast. "Regional Decentralization and Fiscal Incentives: Federalism, Chinese Style", *Journal of Public Economics*, 2005 (89).

Kenneth and Oksenberg, Michel, *Policy Making in China Leaders, Structures and Process*, Princeton, New Jersey: Princeton University Press, 1988.

Kenneth Lieberthal and David Lampton ed., *Bureaucracy, Politics, and Decision Making in Post Mao China*, Berkeley and Los Angeles: University of California Press, 1992.

Lampton, M. David, "Health, Conflict, and the Chinese Political System", *Michigan Papers in Chinese Studies*, 1974 (18).

Lewis C. Mainzer, *Political Bureaucracy*, Illinois: Scott, Foresman and Company; 1972.

Lewis C. Mainzer. Political Bureaucracy, Illinois: Scott, Foresman and Company; 1972. EUGENE P. Dvorin & Robert H. Simmons, From Amroal to Humane Bureaucracy, San Francisco: Canfield Press, 1966. Bruce L. R. Smith D. C. Hague, The Dilemma of Accountability in Modern Government, New York: St. Martin's Press, 1967.

L. M. Salamon, *America's Nonprofit Sector: A Primer*, New York: Foundation Center, 1992.

Michel Crozier, *The Bureaucratic Phenomenon*, Chicago: University of Chicago, 1964.

Monha, *Designing Organizations for an Information-Rich World*, Computers Communication and the Public Interest Baltimore. The Johns

Hopkins Press, 1971.

Peter Bergere, Brigitte Berger, and Hanfried Kellner, *The Homeless Mind: Modernization and Consciousness*, New York: Vintage Books, 2006.

William A. Niskanen, *Bureaucracy and Representative Government*, Atherton: Aldine Press, 1974.

五　其他类

T. F. Hoad：《牛津英语词源词典》，上海外语教育出版社2000年版。

邓光耀：《广东"精准扶贫"成全国经验》，《南方日报》2013年3月26日。

李东慧：《窗口"集约化"服务更规范》，《洛阳日报》2014年4月29日。

李思辉：《强迫慈善源自政绩驱动》，《光明日报》2011年9月5日。

联合国开发计划署：《千年发展目标报告（2015年）》，《联合国》2015年。

巫永平：《公共管理教育提升政府治理能力》，《发展导报》2002年4月9日。

吴建军：《我市7341个审批事项亮相浙江政务网》，《丽水日报》2014年7月2日。

陈朋：《地方政府创新的三个基本命题》（http：//theory. people. com. cn/n/2015/0304/c207270 - 26635499. html），2016年7月21日。

《城管下跪执法，只能救一时之场》（http：//news. xinhuanet. com/politics/2012 - 05/07/c_ 123086722. htm）。

《从论资排辈到竞争上岗》，国家公务员局（http：//www. scs. gov. cn/gwygl/zsgl/201409/t20140902_ 1886. html）。

《地方官员政绩追求十宗最》，新闻中心，新浪网（http：//news. sina. com. cn/c/sd/2011 - 08 - 27/151823061233. shtml）。

读秀词条，搜索关键词为"中国运动式治理"（http：//book. duxiu. com/EncyDetail. jsp？dxid = 900009942527&d = 6ECC8F0902826514103F75673B6EF19F）。

《官僚制》，百度百科（http：//baike. baidu. com/link？url = xC2vvUl_ NQZI_ lqE_ zp4ee3g_ 85hUDldvXxDz0FYhHutXwXzWdZxbKhgOhIJ_ SxI0rM-WlYzZMayPtRmC-Cboq）。

广东省：《"两化融合"助力服务型政府建设》（http：//city. ifeng. com/cskx/20130225/346409. shtml）。

《郭美美事件引发红十字会危机》，凤凰网（http：//news. ifeng. com/society/special/guomeimei）。

《还有多少政府网站在睡大觉》，中国网（http：//www. china. com. cn/news/comment/2010 - 07/26/content_ 20571296. htm），2010年7月26日。

《领导干部政绩观存在的突出问题》，理论频道，新华网（http：//news. xinhuanet. com/theory/2009 - 02/18/content_ 10837284. htm）。

《我国地方政府债务危机绝不只是财政管制危机》，财经，凤凰网（http：//finance. ifeng. com/news/special/dfzwwj/20100807/2488575. shtml）。

在线汉语字典，《新华字典》（http：//zd. chinesehelper. cn/27267. html）。

《指挥棒变了带来什么影响？不考核GDP淳安压力更大了》（http：//zjnews. zjol. com. cn/system/2014/01/09/019801202. shtml），2016年8月25日。

《中国共产党十八届三中全会公报发布（全文）》，新华网（http：//news. xinhuanet. com/house/tj/2013 - 11 - 14/c_ 118121513. htm）。

《中央通过户籍改革意见 城市实行差别化落户政策》，新华网（http：//news. xinhuanet. com/politics/2014 - 07 - 01/c_ 126693286_ 2. htm）。

后　　记

本书实际完稿于我在复旦大学公共管理流动站做博士后研究期间，属于复旦大学博士后研究的重要科研成果。本人先前任职于宁波大学，后又调离到南京审计大学，本书的出版正好跨越了这段工作变动时间。本书还是我的中国博士后科学基金第62批面上项目（2017M621374）的资助成果，同时也得到了宁波市社会科学"地方政府治理"研究基地项目的支持。感谢中国社会科学出版社的大力支持，本书才有机会面世。

吕承文

谨识于复旦大学梓园

2018年10月25日